U0336903

ToB的本质

行业逻辑与商业运作

[美] 尚书 ◎ 著

MARKET ESSENCE OF

TOB IN CHINA

机械工业出版社

CHINA MACHINE PRESS

北京市版权局著作权合同登记　图字：01-2022-6557号。

图书在版编目（CIP）数据

ToB的本质：行业逻辑与商业运作 /（美）尚书著. —北京：机械工业出版社，2023.5
ISBN 978-7-111-72917-4

Ⅰ. ① T… 　Ⅱ. ①尚… 　Ⅲ. ①企业管理 　Ⅳ. ① F272

中国国家版本馆 CIP 数据核字（2023）第 077487 号

机械工业出版社（北京市百万庄大街 22 号　邮政编码 100037）
策划编辑：杨福川　　　　　责任编辑：杨福川
责任校对：王荣庆　　张　薇　　责任印制：常天培
北京铭成印刷有限公司印刷
2023 年 6 月第 1 版第 1 次印刷
170mm×230mm・19.5 印张・1 插页・314 千字
标准书号：ISBN 978-7-111-72917-4
定价：99.00 元

电话服务　　　　　　　　　网络服务
客服电话：010-88361066　　机　工　官　网：www.cmpbook.com
　　　　　010-88379833　　机　工　官　博：weibo.com/cmp1952
　　　　　010-68326294　　金　书　网：www.golden-book.com
封底无防伪标均为盗版　机工教育服务网：www.cmpedu.com

献给我的奶奶赖湘云女士，
您是我终生的学习榜样。

中国的 SaaS 乃至企业服务产业正处在从无序到有序，从高歌猛进到重整旗鼓、再度出发的转折点，"同质化""内卷"成了大家对行业现状的普遍感受。而本书则从更深远、更广阔的社会背景出发，对中国 ToB 行业所面临种种问题的产生原因进行了深入分析和阐述。作为行业的从业者，我阅读本书后对企业和行业在发展过程中遇到的现象（比如供给的同质化和需求的碎片化之间的矛盾、内卷现象），以及出现这些现象的合理原因等都有了更加深刻的认识。本书的许多洞察发人深省，让我们能够穿透迷雾，重新理解行业的变化趋势，重新理解自身所处的行业格局、产品定位及发展机会。软件行业或者企业服务领域的从业者，以及希望理解中国企业数字化转型现状的朋友，阅读本书都会大有裨益。

——杨炯纬 卫瓴科技创始人兼 CEO、360 集团前高级副总裁

中国的 ToB 行业还处于早期阶段，市面上相关的书籍很少，仅有的几本也偏向实践，而本书从理论层面比较系统地探讨了 ToB 的本质，可以说是独树一帜。从每章的扩展阅读可以看出，作者的社科知识储备非常深厚。他也因此能够从社会学层面分析 ToB 的现状、本质及破局之路。在和作者的面谈中，我也深深地感受到了这一点。作者在海外的求学经历，使其能够从中外两个视角做对比分析，并对市场做出更加客观的判断。推荐阅读本书，这样我们可以更加理性、客观地看待市场现状，一起推动中国的 ToB 行业发展。

——桑文锋 神策数据创始人兼 CEO

对于企业软件方面的思考，我曾读过一些碎片化的自媒体和营销号文章，但近些年鲜见系统的梳理和独立深入的分析。而国内从20世纪90年代以财务、杀毒软件为代表的企业软件热潮，到今天企业应用SaaS的激烈竞争，市场似乎进入了"乱花渐欲迷人眼"的阶段。本书的作者显然很有雄心和勇气：敢于对我国企业软件发展的表象、结构、需求与供给的博弈、SaaS的逻辑进行解构，再从规模定价、商业营销推演产品的长久发展路径，并覆盖软件出海走向国际化的布局考虑。希望本书能促进新一代企业软件创业者与行业研究者进行更具建设性的实践、研究和探讨，并能结合国内外优秀和失败的案例做进一步的数据分析，建立行业学习靶标，助力中国企业软件最终破茧化蝶，构建服务全球产业的体系和能力，获得长远发展。

——万涛（老鹰）　IDF极安客实验室联合创始人

ToB是一条难走的路，我们需要深刻地分析和审视企业软件赛道健康发展所需的原动力、路径、时机、节奏，剖析我们当下遇到的问题、挑战和机遇，在行业繁荣的黎明前，让越来越多从业者能辨析本质、看清趋势，继而充满希望、坚定信念、步履向前。

作者就是这样一位行动派。本书从中国企业的宏观底色入手，分析中国企业软件客户的各种现状，再回归企业软件供给侧，进行全面分析、呈现。更难能可贵的是，作为这个行业的资深从业者、亲历者，作者基于自身多年的实战和观察，不仅给出了非常多的从业实践方面的观点和方法，还系统性地给出了自己对一些现象的思考和答案。他是业内年轻人中少有的优秀"老者"。

在本书中，作者既勇敢地提出观点，又将自己的系统性思考视为"抛砖引玉"，让我们看到在中国ToB企业软件赛道上的每一个从业者不懈努力、披荆斩棘的缩影。相信有他们的孜孜以求，中国企业软件终将找到自己的位置，赢得一片广阔天地，为社会、企业、每一个用户贡献巨大力量。

——王铭　ToB创业者、钉钉开放生态负责人

要洞察任何一个行业，你都需要亲自在其中摸爬滚打10年以上，除此以外，别无他法。你不仅需要了解行业的统计数字，还要参与各种价值创造的全过程，感受上下游不同角色的成功和失败。本书作者把自己数十年积累的经验

和理念用高质量的结构、逻辑呈现给了全行业的读者。看到本书的读者若正在深受困局的苦痛，则必能从中得到一些破局的启发。

——任向晖　明道云创始人

中国企业软件行业面临很多挑战。企业软件是管理体系的沉淀，而在中国这个剧烈变化、具有自己特点的软件市场中，欧美软件市场的一些经验并不适用。要做好中国ToB行业，就必须了解ToB行业的本质，找到那些"看不见的手"，这是我们在过去很少讨论的。而在本书中，我终于看到有人从投资、政策、需求等方面去洞察行业的本质。

——陈霈霖（Kelly）　Vika创始人、前喜茶CTO、36UNDER36人选

作者的新书非常翔实地介绍了他在企业服务领域长期工作的所见、所闻、所思，对于希望在企业服务领域有所建树的读者而言，本书将有助于他们对该领域形成整体性认识。作者行文中亦有诸多独立的研判，对热衷思辨的读者提供了值得深思的命题。感谢作者投入心血创作这部作品。

——齐俊元　Teambition创始人

我在ToB行业沉浸十数年，依然能从本书观点中得到领悟。本书鞭辟入里，字句描述的就是ToB行业这些年的真实发展过程。ToB是极难的创业方向，倒下了无数勇士。我一边阅读，一边回想微盛这些年的奋斗历史，庆幸我们赢得了客户认可。我想将本书推荐给大家，因为它能帮助你更了解ToB的本质，让你感受到ToB行业的实践过程，而这正是ToB赛道的魅力所在。

——杨明　微盛创始人兼CEO

决定经营管理动作的，是底层逻辑；而决定底层逻辑的，是哲学。这是一本能引起ToB从业者进行哲学思考的书。读完此书后，我既惊叹作者的学识，也陷入由诸多ToB本质话题带来的思想震荡。推荐各位读者慢慢品读。

——吴昊　《SaaS创业路线图》作者、SaaS创业顾问

虽然我们经历了 15 年的互联网高速发展，但是大部分互联网产品是面向个人消费者的，要么是移动端的通信软件，要么是社区直播或短视频工具，而面向企业端的软件一直发展非常缓慢。现在面对国际形势的不断变化以及消费者业务增长的放缓，更多企业家及创始人开始思考如何提高人效，这让我们看到国内更多的 ToB 机会。作者在本书中给广大创业者带来了更多的视角和更深入的洞察。

——张岩　Airgram 及 Notta 国际化 SaaS 创始人、前 mobike 联合创始人

市面上系统写 ToB 的书并不多，而如此全面且有理论高度的书就更加难能可贵。本书除了对应用的阐述外，还有大量应用与现象之下的底层理论分析，颇有研究价值。对于想从更宏观的角度来看当下 ToB 生意的读者而言，本书会提供新的视角与切入点。

——万敏　上上签创始人兼 CEO

作为同样在企业软件领域摸爬滚打的产品人，我曾经跟作者有过几次深入的交流，甚至有几分惺惺相惜。作者乐观且充满激情，却又有这个年龄段少有的沉稳和思考深度，对北美和中国的企业软件市场都有自己非常独到的见解。这次他能够花时间把所思所想整理成书，真是企服从业者的一大幸事。

本书的视角很宏观，系统阐述了企业软件发展的内在逻辑、国内企业软件市场的发展现状及成因，以及企业软件发展的路径和框架。既有对过去和现在的高屋建瓴的系统分析，又有对未来的展望和发展建议。通读全书，读者可以迅速打开视野，厘清思路。虽然书中有很多方法论总结，不过它并不是一本工具书，对于希望学习工作技能的人来讲显然起不到立竿见影的作用。但是对于立志长期耕耘企业软件领域的从业者，或者企业软件领域的高管，本书不失为一本好的事业内参。

企业软件领域发展方兴未艾，希望大家能够随作者的思路一起去探究和碰撞，享受思辨之美。Just enjoy it！

——韩光明　阿里巴巴产品总监、36 氪"企服点评"

平台创始人、世优科技合伙人

作者对产业、软件设计以及商业本质，特别是对企业软件市场和用户的洞见，在科技世界里具有强大的穿透力。给我印象至深的是他论述中国企业软件市场时的深度洞察和系统思考。作者在和很多企业软件团队的交流中提到 ToB 的本质，把近年跌宕起伏的企业软件行业的根本问题用一套严谨的体系进行了透彻阐述。企业软件的实践者作为利用"非职权影响力"改变世界的群体，在世界上越来越重要。本书将令更多致力于改变世界的企业软件行业从业者理解行业、理解客户、理解竞争、理解政策，从而少走弯路，尽快走上企业健康发展的坦途！

——张溪梦　GrowingIO 创始人兼 CEO

本书是作者呕心之作，最让人惊喜和难忘的至少有三点。首先，本书还原了许多行业细节，令从业者身临其境，同时抽象出在中国做 SaaS 生意所面临的系统性问题的方方面面。其次，本书通过经济学、博弈论、社会学等跨学科视角的穿插结合，类比、洞察、升华了 SaaS 行业，使其成为我们了解真实世界运转法则的一扇窗。最后，本书务实、客观、冷静的视角结合作者热忱、充满期冀的赤子之心，让吾辈接收到了感召和指引，愿意以 SaaS 为马，向着科技强国之梦奋进。

——侯杰超　义柏资本创始合伙人兼 CEO

中国企业软件行业面临重重困局，最需要的就是破局！阅读本书感觉更像在讨论中国企业软件经济，分析发展进程中必然会有的机遇和挑战。供给与需求是经济学中的永恒话题，希望中国的企业软件能够切准需求、做好供给，推动市场繁荣发展。道阻且长，需要吾辈协力前行。

——薄智元　轻流创始人兼 CEO

中国有特殊的企业软件环境，本书就是 ToB 企业在特殊环境下的制胜之道。作者总结、抽象能力强，本书循序渐进，从宏观背景到微观组织架构一应俱全，是 ToB 创业者的必读参考书。我与作者相识多年，本书让我再次领略到了作者的魅力。

——谢扬　Authing 创始人兼 CEO

作者及其作品有三种难得的融合特质，这些是中国现在的 SaaS 生态中很宝贵的：中国视角和全球视角的融合、创业者视角和平台视角的融合、产品视角和产业视角的融合。本书中的深刻思考及独特洞察给了我很多启发和信心。

——范向伟　和鲸科技创始人兼 CEO

"学而不思则罔，思而不学则殆。"学而思的朋友总是稀缺而难得。我在一场云峰会上认识作者，惊叹他在演讲中表现出的知识结构，在旁征博引间能举重若轻地揭示深刻主旨。后来每次与作者的简短交流我都能从中获得启发。读一本好书，如与老友相伴而行，收获新知，并提醒我们在埋头赶路时偶尔抬头看天、看时、看势。作者的书犹如他精心设计的产品，匠心中闪烁着他友善的目光和耐心的思考。本书正是软件行业如今欠缺的，是认知和经验的纵深载体而非简单的功能载体。若人人都能成为学而思的践行者，那么各位在漫长的职业生涯中则更容易获得享受，不是吗？

——文赢　百度云互联网行业销售总监

作者是我见过的对中国 ToB 发展最忧心又最热忱的人。读书即读人。本书是作者组织的一个 ToB 从业者的思维碰撞平台。"事莫明于有效，论莫定于有证。"在享受思维的碰撞之后，我们带着从本书中获得的科学、理性的概念体系和思考框架，不低估现实的复杂性，不高估工具的权威性，随着最后作者的呼喊，一起破圈。

——王导　腾讯云高级产品专家

我一直是作者文章的读者，其中《ToB 的破局之道》这篇文章给我的印象很深，它既有市场分析，也有高屋建瓴的思维方式。而本书写得更有意思。读它，就好像在领略中国 SaaS 的发展画卷和未来篇章。我很好奇本书会给 SaaS 及相关从业者带来什么样的影响，相信所有人都会像我一样有所收获。

——Jack　靖亚资本合伙人

国内的互联网创业有个现象：做 ToC 产品的人羡慕 ToB 的业务模式，做 ToB 产品的人羡慕 ToC 的商业模式。我创业 7 年间一直在做 ToC 产品，2021 年尝试探索 ToB 的 SaaS 业务，虽然最终产品做出来了，但业务并没有得到长久发展。如果那时候我就能学习到本书中的深入分析和对 ToB 市场的深刻洞察，那么可能我的 ToB 探索会有不同的结局。

让我惊喜的是，作者不仅将 ToB 行业的发展特性和现象总结得十分到位，还让读者跟随他的分析思路深刻理解现象背后的原因，从而真正建立对企业软件行业的完整认知。

——吴亮亮　风变科技 CTO

血拼价格战、产品同质化、解决伪刚需，在我创立 ToBCGO 的这 3 年里，我看到太多的 ToB 企业陷入了这个"什么都有，就是没有核心竞争力"的泥潭。国外的企业服务软件公司，无论是在收费层次上还是在核心竞争力上，早就百花齐放、各领风骚，但我们这些国内的公司似乎还在原地打转。所以当我看到这本书的名字时，我不禁心头一颤，惊觉终于有人懂我心中困惑。愿本书可以解开广大 ToB 创业者的困惑，重新思考自身的核心竞争力，走出泥潭，摆脱逆境。

——朱强　ToBCGO 创始人

看到这本书，我第一时间被"本质"这个词吸引。无论在工作中还是在和业界同人的交流中，我个人也频繁使用这个词，以深度剖析在业界已经被用烂的"价值"之说。我用一下午时间读完了这本书，最直接的感觉是本书的内容逻辑完全配得上"本质"这个词，本书是上升到哲学高度的精品，而不是在喧嚣中一闪而过的商业软文。非常钦佩作者能够在浮躁的市场环境里正本清源，高屋建瓴地构建 ToB 的思考逻辑和理论体系。本书也许可以帮助很多人少走弯路，值得阅读。

——马俊　上海爱湃斯科技联合创始人兼 CPO、
Salesforce 大中国区前首席顾问、联合国工业发展组织国别顾问

为何 SaaS 在中国的发展不够顺利？对此，归因不是容易的事情。本书从宏观、微观角度给出了答案，也为 ToB 企业软件从业者提供了很多破局的思考和方案。

——何润　致趣百川创始人兼 CEO

在产业互联网和数字化转型的大潮下，越来越多的企业加入 ToB 赛道。企业软件一定是未来。但企业软件创业的隐性门槛特别高：既要了解行业的过去，又要洞察行业的未来，还要抵制当下的诱惑与压力。作为企业软件创业者，我在读本书时获益匪浅，因此强烈推荐其他企业软件创业者阅读。ToB 难，多歧路。在躬身入局之前，一定要清醒地认识到当前行业面临的各种困局，再义无反顾地破局。

——智锦　杭州云霁科技创始人兼 CEO

国产软件振兴的号角响起，每位从业者砥砺前行。回首中国企业软件走过的弯路，我心中五味杂陈。作者在 ToB 和 ToC 领域研究传统软件、运营 SaaS，历经万千磕绊，取得宝贵经验，10 年酿造 ToB 之大作品。希望管理者、从业者阅读本书，能在管理、营销、产品、技术、交付、客户成功、渠道、出海方面汲取甘露，加速本土数字化转型。

——张向凡　元年云前 CMO

国内关于 ToB 软件行业的好书比较少，大多数的书只是引用海外的一些知识和经验。但是真正在国内、国外的 ToB 软件行业都工作过后会发现，国内市场与国外市场有很大区别，客户购买流程、产品与研发流程都有很大的不同。因此我很高兴看到有一本针对中国 ToB 软件行业的书上市。

企业每天都要面对一系列的选择：做什么，不做什么，怎么做。这些选择终将得出企业发展的结果。能否做出好的选择决定了企业是否可以生存与发展，而选择的决策来自知识的积累。本书全面分析了国内软件行业的现状与问题，如 SaaS 和传统软件的区别、软件行业的核心竞争力，对这些问题的深度分析与解决办法为企业的决策提供了很好的知识支持。

——陈迪　集简云创始人兼 CEO

近年来中国企业主体数量持续增加。随着数字化和智能化不断加深，ToB 企业软件服务市场迎来了爆发期。市场空间巨大，对这一点大家非常坚信。但是对 ToB 软件公司来说，这是一条艰难之路。很多对标国外优秀 SaaS 软件的公司，在国内面临的情况却不同。企业应当如何做？怎么做？面对困局，突破思路是什么？对此，本书系统分析了市场、客户、软件需求等多方面的影响因素，指出了一条非常具有可操作性的可行出路。这不仅来自作者的工作实践与思考，还来自作者亲身创业经历的所思、所得，这就是这本书有实战价值的原因。

在阅读一行行文字时，我能深刻感受到作者的真情实感，他就像一个多年老友坐在对面，与我讨论怎样才能把一件事情做好。本书应该是每个 ToB 软件创业者的案头书。

———贾学锋　上海绘话智能创始人兼 CEO

我从 2011 年开始进行 ToB 创业。诸多创业者从定制化软件到 SaaS，从个人办公工具到团队项目协作工具，再到战略目标管理 SaaS 平台，虽然遇到困局无数，但也依靠"小强精神"不断升级认知，持续破局。云时代最大的机遇在于中小企业数字化的普遍趋势。随着企业数字化的加速，对于过去中小企业"获客难、付费差、留存低"的问题，一定会有聪明的创业者找到创新方法进行突破，并由此建立伟大的事业。本书对我们了解"冰山"之下的市场本质将有莫大帮助，特此推荐！

———刘磊　日事清创始人兼 CEO

近几年，中国数字化转型时代到来，企业发展战场从线下转到线上，软件行业蓬勃发展。但由于从业者学习能力、总结能力的欠缺，很多企业举步维艰。跨越鸿沟，这是很多创业企业的愿景。本书有助于软件从业者构建全局思维，提升认知格局，学习具有可操作性的工具和方法，是一本不可多得的 ToB 好书。

———班丽婵　CMO 训练营创始人

企业服务在中国是一个被寄予厚望却总也免不了争议的行业。很难得能有作者这样的亲历者，以创业者的真实视角，与大家分享对中国企业服务行业从历史到现在、从需求到竞争、从产品到文化的全面思考。创业维艰，走在时代转折点的创业企业更是不易。相信从业者能从本书中找到很多共鸣，也希望想要投身这个行业的同人，看到艰难背后的进步、坎坷前方的光芒，相信软件改变世界。

———Monica　经纬创投投资人

从 1999 年 Salesforce 创立至今，美国诞生了一批 SaaS 行业的上市公司，而中国的 SaaS 投资浪潮也从 2015 年开始兴起。乘着 SaaS 的时代热潮，我离开了工作多年的 IBM 中国研究院，义无反顾地投身于 SaaS 创业的浪潮之中。蓦然回首，原来我已亲身经历了中国 ToB 商业史中跌宕起伏的 10 年。本书对过去 30 年来中国软件企业的发展和中国软件行业结构的形成做了非常宏大的叙述。为什么过去 10 年中 SaaS 以及更宽泛的 ToB 企业软件行业在国内的发展未达预期？面对困境，行业未来的破局之道在哪里？作为行业的资深从业者，作者通过这本呕心沥血的著作给出了可能的答案。做 ToB 企业服务要耐得住寂寞，道阻且长，行则将至，与大家共勉。

——陈冠诚　云测 CTO

无论从市值还是从 SaaS 核心指标上看，国内 ToB 领域的发展均未成熟，很多人不停地探索其中的本质原因。

本书就是寻找该原因的第一手资料，其中分享了很多中国的 SaaS 公司会遇到的挑战，这些挑战只有在长时间躬身入局的情况下才能遇到。更重要的是，从业者在国内面临的很多实际挑战与从国外市场成功案例中得出的结论很不一样，甚至有一些是完全相反的。企业最重要的一点是做市场需要的产品，但是真正的市场需求会受到很多因素的影响，比如人力成本、采购决策链条、企业数字化水平等。对此，本书是一个很好的深入理解市场的开始，并且提供了对现象的思考和分析。期待这本书能给广大的 SaaS 创业者带来帮助。

——陈龙　鳄梨科技创始人兼 CEO

本书逻辑严谨、体系完善，涉及 ToB 业务若干关键层面的核心问题。作者作为 ToB 老兵，从自己的行业经历和见闻中萃取精华、总结规律，再落笔成书，可谓用心良苦。相信立志从事 ToB 行业的读者读后会受益匪浅。

——常丰峰　探马企服科技创始人兼 CEO

本书是作者在企业软件领域耕耘多年后的经验总结。在行业低谷期，从业者更需要这样接地气的经验总结和分享，以了解 ToB 的本质，找到破局之道。

——陈清国　企客云科技创始人兼 CEO

希望广大读者在阅读本书后能够对本地企业软件和 SaaS 有新的认知。本书以介绍 ToB 本质为核心，系统分析了 ToB 行业的现状和面临的挑战，很值得相关从业者了解、学习。

——李国锐　即时设计创始人兼 CEO

从 20 世纪 90 年代 SAP、Oracle、IBM、微软等公司在中国市场布局，到东软、用友、金蝶等国产企业服务软件 IPO，再到阿里巴巴、腾讯、华为、百度等云服务商的基础设施构建完成，最后到各类 SaaS 创业公司百花齐放，这一路从信息化到数字化，从制造业到服务业再到各行各业，中国的企业服务走过了 30 年的发展历程。本书系统分析了中国企业服务市场的特点与面临的挑战，让我们看到，如今的中国企业服务处于一个承上启下的历史节点：这个市场拥有成熟稳定的基础设施、大量优秀的工程师和产品经理，以及全球化的视野。相信中国的企业服务在之后的 30 年会更加精彩。

——李黎　嘉程资本创始合伙人

作者是极少数具备科技、人文和全球视野，且有勇气、有方法突破 ToB 困局的人，也是极少数真正跨越企业软件创业全周期的人。如果你要涉足 ToB 领域，此书值得一读。

——许子强　获客多创始人兼 CEO

ToB 企业软件是一个不容易讲清楚的大话题，本书对历史视角、行业背景、中外差异及落地实践的方方面面都有独到的见解和思考，值得品读。无论 ToB 老兵还是新手，都会有启发、有收获。

——郭润苗　灵析 CEO

作者对行业有着深刻的理解和洞察，书中很多观点让人耳目一新。本书不拘泥于术的层面，而是从本质层面对 ToB 企业软件做了全面深入的探讨。如果你是相关从业者，一定会从中有所收获！

——杨堃　《决胜 B 端》作者

　　近年来，数字化转型是政企从信息化迈向下一台阶的一致策略。政企都在利用软件来衔接日常工作，打造运营的全景图，采用 IoT、AI、云计算等进行数字化重塑，构建具有前瞻性的业务模式，确保自身始终站在业界前沿。

　　看起来，软件企业是具有高技术含量的，但是真实面临的问题、挑战与今天的餐饮企业何尝不是一样？消费在降级，供给同质化，人力成本越来越高。降本增效是一个不变的话题。

　　政企的业务是多种多样的。即便是具体到人才招聘这样比较同质的诉求，一个医药制造公司、一个互联网打车平台、一个政府的大数据部门、一个教育机构，互相之间都有不小的差异，更别说更贴合于业务、服务于各自客户的CRM 系统了。

　　然而，软件行业又特别渴望"一致性"。云计算、大数据平台的出现带来了基础设施和数据层面的一致性。前后端分离、微服务等大同小异的架构手段带来了技术实现层面的一致性。对于需求而言，从业者都在追求需求共性和标准化交付。而在人才层面，除了各领域的业务专家外，大多数从业人员的水平也是相近的。

　　政企业务天然的多样性和软件行业追求的一致性之间的关系，如同一个大齿轮和一个小齿轮的啮合，需要交付团队去协调。SaaS 不是万能药，更多是低成本交付低客单价产品的实践。强调易用性是个药引子，而低代码可能是个良方。目前，用表单低代码做一些 HR 调查表，完全不需要前端，甚至不需要后端。软件公司研发软件的价值不是提高门槛，让业务专家用不了，而应是降低门槛，让更多人能用。

软件是一个千亿元级别的市场，在 A 股主板上市的软件公司有 40 多家，在创业板上市的有 80 多家，拿到投资的独角兽更是多达上百家。有志之士的不懈努力，为行业未来的突破和变革带来了动力，甚至为未来出海提供了契机。

本书是作者多年从业经验的提炼，可谓是呕心之作。作为一个同时有东西方背景的软件行业从业者，作者和很多从业者一样，被时代的大背景推动向前，被环境的小背景影响左右。随着软件行业的蒸蒸日上，越来越多的公司认识到人才的重要性。但行业毕竟"年轻"，多年专注在一个领域的 SaaS 产品上，又同时拥有创业公司背景和大型互联网公司经历的人才非常稀少，而作者就是一位这样的行业人才，他能把自己多年的阅读和思考汇聚成本书，非常难能可贵。

我相信，本书将带领企业软件行业从业者从行业的视角俯瞰工作，起到传道解惑的效果。本书非常值得一读，特此推荐。

——尚红林　九州云腾创始人、阿里云资深产品专家这是特殊的时代。

ToB 行业迈过了壮阔波澜，走到让人彷徨无助的交叉口。抬眼望去，过去依赖的路径惯性在减弱甚至消失，独立思想正在涌现；远处本不可及的缥缈大事，亦开始与众人息息相关。

面对历史变更这一宏大背景，有人选择"躺平"，任由历史的车轮将自己带向任何方向；有人仍沿着惯性守株待兔，希冀在浅水中裸泳，踏上风口而鸡犬升天。

在国内企业软件发展的短短三十余年中，从 1990 年前后涌现的第一批软件企业，到 2020 年出现的新兴的、年轻化的 SaaS 创业浪潮，资本、政策、人才、机遇多浪叠加，群星闪耀，让人目眩神迷。而来到当下变革之时，亦能感到行业的飘摇波动。年轻新人的旺盛能量与资深从业者自怨自艾的愁苦情绪，喜怒哀乐，呐喊与叹息，共生并存。

眼下，经济正处于从速度到质量的变轨过程中。与之相随，企业软件的重要性也将出现关键的变化，可能从变革的辅助者、旁观者而一跃转变为推进者、引领者。由于企业软件的经营天然具有稳定、门槛较低等特点，未来 10 年，在其他科技领域增长见顶的大背景下，企业软件行业很可能以其极具辨识度的珊瑚礁状结构，成为国内千万信息技术从业者的安身立命之地。

水涨船高之时，既有格局会被打破重组，未来的方向会是求同存异还是寡头兼并，是开放兼容还是山头林立，是科学发展还是透支潜力，是精益求精还是凑合将就，是以客户为本还是为资本服务，这些重大问题均需业内人士思考、实践、引领解决。

我们正站在行业发展的岔路口。当下，我感受到迫在眉睫的危机：当历史变革的时机与路径交错而来、短暂停留之际，我们是否会因惰性和小气而错过革新的机会？

在政策鼎力支持、资金加强投入、行业快速革新、客户开放待哺的当下，我们是充分发挥领头人的作用，将行业向透明、高效、规范的道路上引导，还是急于将这难得的机遇变现，忙于透支信任，使行业走向歧途？我们是秉持开放、包容的态度，加速令社会受益，还是清算新仇旧怨，在市场中竭泽而渔？

企业软件行业的发展良莠，几可决定社会中商业运转的效率高低，具备无以复加的重要性。企业软件的稳定性、健壮性、灵活性与商业运转的整体成本和效率息息相关。若从业者当断未断，没有引领革新，而持续采取低效、"朦胧"的老方法，则可以说未完全尽到从业者的应尽之责，将留下永久的遗憾。历史不一定会再给机会，这正是从业者需要奋起的原因。

企业软件是实践的领域。对于外部的知识营养，应该建立自我筛查的机制，去芜存菁，而不能未经检查照单全收，以致博而不精，陷入理论颇多但无一能用的空想中。唯一破解"拿来主义"的秘方，就是真正深入本质的认知和理解，独立思考，独立分析，不为浅层表象所动，不受同质化现象的噪声影响。独立思考会引领从业者走向各具特色的创新和创造之路，这才是市场真正需要的。对待本书中的内容亦应秉持此精神。

本书的目的，除了传递我在企业软件行业所思所学的经验、智识以外，还在于为从业者展示我的思想过程，希望以此作为引玉之砖，能够引起更多有意义的讨论，激发更多独立见解。

书中内容属我一家之言，虽然可能难论对错，但必定有狭隘片面之处，穷尽人力难以周全，只能望大家海涵。但对于本书的写作，我给自己设立了4个标准，希望自己严格做到，能对得起因信任我而关注本书的读者们。

标准一：原创

在本书的创作过程中，我会尽可能抛开市面上的同类图书，真诚地从逻辑中挖掘事物本质，组织成章，以确保内容具备原创价值，别处难寻。当然，思想不可避免会有兼收并蓄、多方吸取整合的过程，任何文字都无法达到100%原创。对于书中观点的来源，除了文中脚注，读者还可通过每章末尾的"扩展阅读"自行了解。

标准二：真实

在快速发展、日新月异的软件行业中，路是人走出来的。灵活的、不断与时俱进的行业经验比死板的规范制度更有用处，这些经验却很少有人公开分享，以致其他从业者只能重蹈覆辙，不断循环。在本书中，我希望丢开所有造作矫饰，做到不遮不掩、不回避、不羞怯，将中国企业软件、SaaS 领域真实的一面描述出来。

合作依赖标准，交流依赖共识。我相信只有当更多人了解真实现况后，才有可能进行更丰富、更深层次的有益竞合。对个体或团队而言，只有真正面对问题本质，才能知道所行所思是否偏离主干道，才能为企业经营树立长远的目标。

标准三：深入

碎片化知识受限于篇幅，只能提供短小的逻辑碎片，无法将行业体系完整呈现，只能停留在"现象说明""信息分类"等浅显层面。在本书中，我将不断挖掘现象背后的原因，直到难以分析出更深内容，并将整个体系和盘托出。只有将现象背后的本质逻辑拆解清晰，从业者才有"敌动我不动"的定力；只有不掉入"乱花渐欲迷人眼"的境地，不被牵着鼻子走，企业才能有自己独特的、难以被模仿的壁垒和方向。

若希望学以致用，从业者也不应停留于表面现象或简单总结，而应多从背景出发，从环境出发，从历史出发，从文化出发，以无限好奇的心态，驱动自己深入地对现象的本质进行挖掘和理解。以百折不回之真心，求万变无穷之妙用。只有如此，才能真正将信息解构并吸收，增进对市场本质的理解，触摸到浪潮的脉络，做逐浪之人。

标准四：中立

行业内容的写作者多为从业人士，写作也多抱有宣传的目的，只说行业优点，而很少直面行业的问题。在本书中，我将尝试代表中立立场，作为一名从业的个体，不代表任何官方，不做任何道德评价，只依赖数据和逻辑，尽我所能，不偏不倚地勾勒出行业的样貌。虽然我同所有从业者一道，都希望软件价值能得到充分发挥，更高效的 SaaS 模式能"大行其道"，但我将暂时抛开这些执念，纯粹地去分析市场的真正需要和符合逻辑的应对策略。

如同任何有潜力的行业一样，软件行业在发展道路上肯定也会遇到困难，朴素的中立视角可能会让读者感到悲观，但若我们没有勇气直面问题的本质，不啻蒙眼乱奔，只会造成更大的社会资源浪费。对于处于变化中的新兴行业而言，所有的理论和分析都落后于实践的脚步。成功的实践会带来新的理论、新的方法。在搭建出对行业的理解框架后，与其困于思，不如起而行，走出新的变化。

对于资深从业者，希望接下来我的分享能帮你们查缺补漏，形成更完善的知识体系。同时，也希望你们能将观点分享出来，秉持包容开放的心态切磋碰撞，以促使行业日新月异发展，最终呈鼎沸之势。

对于后到之人，你们无须自怨自艾，尽管踏上我的肩膀，衣衫褴褛也好，蓬头垢面也罢，你们可只管向上求真。对于拉扯你们的力量，若它陈旧死板、难以协调，则大可不加理会，以实践验证真知，以乐观面对困难，以灵活对抗桎梏，以远见超越未知。

"悟已往之不谏，知来者之可追。"历史由笔书写，未来有待人为。

是为序。

如果我过去 10 年只习得了一种能力，我希望那是"感恩的能力"。

首先我要感谢家人。家人的陪伴和鼓励帮助我走过高山深谷，作为你们的亲人和晚辈，我深感荣幸。我要感谢我的父亲，教会了我正直和社会责任；感谢我的母亲，教会了我诚实与耐心；感谢岳父、岳母对我毫无保留的支持和帮助；感谢白城的老叔、老婶，让我在写作期间可以尽量保持清醒。我尤为感谢我的爱人英迪，为我提供了稳定、温暖的精神支持，鼓励我坚持完成本书。

然后我要感谢与我并肩奋斗的同事们。感谢尚红林（摩希）、牛佳（天高）对我的宽容，让我有机会在行业中自由探索和发挥；感谢李胜钊（芒可）、宋艳利（丹佛）两位水平高超的技术架构师，从你们身上我学到很多；感谢王越（有舸），在互为室友的两年中，给予了我安慰与鼓励。感谢共同奋战过的几百位同事，风云际会使我有幸与你们同行。

最后，感谢机械工业出版社的编辑团队。

感谢你们！

导言

　　中国企业软件经过从业者的艰辛努力，取得了从 0 到 1 的突破，但仍存在需求多变、市场分散、标准模糊、同质化等问题。除了 20 年前即已入场的前辈能趁势而起外，后来的拼搏者大多受到多方约束，似是遇到了隐形天花板，难展宏图。背后原因为何？未来是否会有柳暗花明之日？更关键的是，我们怎么做才能加快行业革新的脚步，让软件的价值泽及范围更广？

　　看清困局，才能构想破局之道。

　　本书的上篇着重于分析，将带领读者从宏观背景的角度来认识企业软件的真实价值，从社会、心理、政经、历史等综合角度梳理中国企业软件行业的发展脉络，并将我的观察、实践与思考如实阐述。行业内常见的问题与困难，大多有其历史背景和暗线逻辑。上篇会将这些交错的变量拆解开来，逐一分析，以帮助读者理解当下，实践未来。

　　本书题为"ToB 的本质"，而非"SaaS 的本质"，因为 SaaS 只代表了应答企业软件市场需求的一种方式。与 SaaS 模式这一表象相比，市场需求本身的特征和形态更值得我们关注，也是本书的重点。因行业对 SaaS 模式投入了大量期待，书中会有单独一章（第 5 章）对 SaaS 的逻辑进行分析。

　　本书的下篇提供指南，将挑选出一系列值得探讨的软件经营主题，并分享我的一手实践经验。这些主题包括：如何进行真实的市场规模评估，以判断是否值得投入；软件营销的方式都有哪些，各有什么特点和适用场景；如何构建软件厂商的长久竞争力，以维持业务的健康发展；等等。由于精力有限，我只挑选了最值得从业者关注的话题。各话题之间相对独立，读者可以按照兴趣自由地挑选章节阅读。

本书面向受众广泛。任何对企业软件行业感兴趣的人均可阅读，均能受益。

对于**企业软件行业实践者、投资者**而言，日常获取的信息可能比较零碎，缺乏系统性，本书应能够帮助你们深入本质、查缺补漏。愿以本书为引，与各位进行思想碰撞，相信能有火花迸发，帮助各位整理思路，寻求突破。

对于**即将进入行业的新人**，你们应对职业发展尤为看重。本书将带你们从我的视角纵观行业发展，快速建立对行业的完整认识，了解行业现象背后的逻辑，进而触类旁通，有理有据地修正自己的预期，进行更贴近真实情况的职业规划。

对于**软件公司中负责其他专业职能的职员**，本书应能为你们带来对经营业务的深入理解，例如可以帮财务人员了解利润率现况的深层原因，帮人事专员建立人才盘点的基准，帮法务人员认识到行业公关的特殊性。**软件公司的合作伙伴、负责外包工作的职员**也应能从对行业本质的了解中获取更多认识，得到远见。

技术无国界，但市场有国界。对于**从海外回国的 SaaS 行业同行、身处海外但对国内软件行业的真实面貌感兴趣的同人**，本书应能较为全面、系统地帮助你们快速建立对国内企业软件行业的理解框架，带你们看清中国软件经营的特色之处。

书中难免会有偏颇疏漏，在此请允许我简单介绍我的知识背景，以供大家了解书中观点和视角的来源。

我曾在美国学习计算机科学，辅修工商管理，在洛杉矶做过 ToC 平台型创业项目。当时正值美国 SaaS 和传统软件新旧交替的几年，SaaS 增长极为亮眼，我当时虽不在 ToB 业内，但有幸能有所触动。而后，我回到中国投入创业浪潮，经营一款通用型商业化企业软件，历经多年坎坷不表。该软件被阿里云收购后，借由平台，我有幸获得宝贵的横向视野，经年累月之下，对不同领域的企业软件也能有些浅薄认知。虽然不敢妄说精通，但综合来看，我对 ToB 和 ToC、国内国外、创业公司和大厂、传统软件和新兴 SaaS 等跨度较大的两端，都有直接的一手经验。这应能为本书带来较为宽广的行业视野。

即便有诸多不足，内外惶恐，亦愿为先。希望本书能为行业达成共识、长久发展提供助益。

目录

推荐语

推荐序

自　序

致　谢

导　言

上篇　问题 本质 分析

第 1 章 ▶ ToB 企业的发展特征　/ 002

企业是软件的服务对象。通过对企业行为特征的分析，我们可以看清软件发展的土壤的属性。

局中人很容易被过山车式的行业发展曲线所困惑，这一章则将波谲云诡的软件行业向下一层深入分析，以较宽广的视角将中国的社会现况与企业软件的发展特征联系起来，是后续分析的关键前情、理解行业的第一把钥匙。

1.1　同质化现象　/ 003

　　1.1.1　原因一：资金集中　/ 004

　　1.1.2　原因二：产能过剩　/ 006

　　1.1.3　原因三：需求初级　/ 007

　　1.1.4　结果：行业标准与内卷　/ 009

1.2　分散割裂的市场　/ 014

　　1.2.1　地区壁垒　/ 014

　　1.2.2　行业壁垒　/ 017

　　1.2.3　代际壁垒　/ 022

1.3　周期性行业波动　/ 025

　　1.3.1　决策盲从波动　/ 025

　　1.3.2　新行业轮动　/ 027

　　1.3.3　风险与谨慎　/ 029

1.4　本章小结　/ 031

1.5　扩展阅读　/ 032

第 2 章 ▶ 企业软件的行业结构　/ 035

由于企业软件百花齐放，从业者对行业的理解很容易偏于一隅、较为碎片。

这一章从宏观角度出发，对软件行业的发展结构进行剖析，通过建模引出"珊瑚礁状"这一行业结构模型，通过分类对软件行业的不同侧面进行剖析，希望能统一不同读者对行业现况的基本认识。

2.1　珊瑚礁状的软件行业　/ 036

　　2.1.1　特征一：规模大　/ 036

　　2.1.2　特征二：领域专　/ 039

　　2.1.3　特征三：门槛低　/ 040

　　2.1.4　特征四：壁垒杂　/ 041

　　2.1.5　珊瑚礁状的行业形态　/ 042

2.2　企业软件的分类方法　/ 043

　　2.2.1　按行业：通用还是垂直　/ 044

　　2.2.2　按规模："中大"还是"小微"　/ 045

　　2.2.3　按对象：跨团队、团队内、个人　/ 046

2.2.4　按依附性：平台还是独立　/ 049

2.2.5　按模式：SaaS 模式与传统模式　/ 050

2.2.6　按核心价值：软件、服务、数据、技术、硬件、资源　/ 050

2.3　本章小结　/ 052

2.4　扩展阅读　/ 053

第 3 章 ▶ 软件需求的本质　/ 055

需求是价值创造的前提，也是对行业产生影响的初始力量。

基于前两章的铺垫，这一章将展开对需求特征、来源与趋势的分析。我们将对软件价值的来源和未来方向进行判断，对普遍的"重交付难题"进行社会性原因的拆解，并对市场中常见、通用的企业客户画像进行简要分类和分析。

3.1　企业需求与软件价值　/ 056

3.1.1　软件价值分类　/ 056

3.1.2　软件采购决策的心理因素　/ 058

3.1.3　商业复杂度与软件价值趋势　/ 060

3.2　跃迁带来的重交付难题　/ 064

3.2.1　企业流程带来的定制难题　/ 065

3.2.2　老旧系统带来的集成难题　/ 068

3.2.3　甲方认知带来的需求难题　/ 070

3.3　市场组团与通用画像　/ 072

3.3.1　政企组团　/ 073

3.3.2　外企组团　/ 074

3.3.3　科技组团　/ 075

3.3.4　其他组团　/ 077

3.4　国产化、专精化和云化　/ 077

3.5　本章小结　/ 080

3.6　扩展阅读　/ 081

第 4 章 ▸ **行业博弈论** / 083

在过去，企业软件行业中交杂丛生着诸多乱象，整体进展也明显没有达到预期。

这一章将站在供需市场的中间，对典型的市场乱象进行溯源分析，并尝试指出针对"信息分发不精准""信息不对称"等问题的建议和机会。本章最后将尝试对行业的未来格局进行大胆推演，作为软件企业向未来进军的参考。

4.1 友商博弈论 / 084

   4.1.1 恶意竞争手段 / 086

   4.1.2 软件厂商间的"囚徒困境" / 087

   4.1.3 良性竞争的前提 / 089

4.2 供需市场失灵 / 091

   4.2.1 劣币驱逐良币与信息不对称 / 091

   4.2.2 供需结构失衡与信息分发 / 097

   4.2.3 回扣现象与代理人问题 / 102

   4.2.4 小结 / 105

4.3 竞争演变与挑战 / 106

   4.3.1 潜在交易成本与客户黏性 / 106

   4.3.2 间接竞争：开源、免费与自研 / 110

   4.3.3 百花齐放还是寡头垄断 / 114

4.4 本章小结 / 118

4.5 扩展阅读 / 119

第 5 章 ▸ **SaaS 的逻辑** / 121

SaaS 模式在海外"大行其道"，而在国内尚未成为主流。

范式的切换需要有恰当的时间窗口以及足够的发展动能，二者缺一不可。在我们渴望 SaaS 模式高利润、高发展的同时，需要先对这一模式的发展时机和正反两个方向力量的强弱进行判断。向 SaaS 的转型过程可能会与大多数人的期望不同，这一章专门对 SaaS 模式在国内的落地条件进行梳理。

5.1　SaaS 的发展逻辑　/ 122

5.1.1　共享的一脉相承　/ 124

5.1.2　去中心化的企业决策　/ 130

5.1.3　SaaS 在中国的两个问题　/ 134

5.1.4　小结　/ 138

5.2　SaaS 推行的驱动和阻碍　/ 139

5.3　传统软件转型 SaaS 的难题　/ 143

5.4　本章小结　/ 147

5.5　扩展阅读　/ 147

下篇　商业 发展 指南

第 6 章 ▶ 牢抓核心：规模与定价　/ 152

在软件经营纷纷杂杂的决策中，市场与价格是最核心的两项市场定位要素。

这一章将借由市场规模评估的方法与不足，展露行业统计的复杂、模糊之处，同时提供一套可实操、可落地的基本企业软件定价方法。

6.1　评估真实的市场规模　/ 154

6.1.1　漏斗式：自上而下　/ 155

6.1.2　汇总式：自下而上　/ 157

6.1.3　价值式：需求评估　/ 158

6.2　可落地的产品定价方法　/ 160

6.2.1 第一步：聊客户预期，定范围 / 161

6.2.2 第二步：看核心价值，定模式 / 163

6.2.3 第三步：做好准备，随时调整 / 164

6.2.4 小结 / 165

6.3 本章小结 / 166

6.4 扩展阅读 / 166

第 7 章 ▶ 百川归海：商业化营销 / 169

获客是企业永恒的难题，也是软件从业者们最关心的话题。

这一章将围绕软件商业化这一大主题，尝试从产品角度出发，梳理企业软件所应具备的营销规范、组织模式和常见材料，对市场与销售的关系进行分析，并提供一套鉴别 SaaS 目标客户的方法。

7.1 营销全景图 / 170

7.1.1 第一大类：公共流量 / 171

7.1.2 第二大类：通用手段 / 173

7.1.3 第三大类：单点转化 / 175

7.2 销售弹药库 / 177

7.2.1 对内：培训赋能 / 179

7.2.2 对内：营造氛围 / 183

7.2.3 对外：体现专业 / 187

7.2.4 对外：活跃关系 / 190

7.3 市场营销的晨曦 / 194

7.3.1 市场部门不受重视的原因 / 194

7.3.2 营销价值抬升的趋势 / 196

7.3.3 迎合未来的管理建议 / 197

7.4 SaaS 客户成功体系 / 200

7.4.1 第一阶段：面向兴趣者 / 202

7.4.2 第二阶段：面向试用者 / 203

　　7.4.3　第三阶段：面向使用者　/ 205

　　7.4.4　小结　/ 206

7.5　SaaS 目标客户的特征　/ 207

7.6　本章小结　/ 210

7.7　扩展阅读　/ 211

第 8 章 ▶ 向上攀登：长久发展之道　/ 213

这一章是下篇的核心。

针对"产品矩阵""交付效率""行业知识""营销渠道"这 4 个软件竞争壁垒，这一章挑选了 6 个广为关注的、可持续构建壁垒的经营主题，探讨中国企业软件长久发展的术与道。

8.1　多产品线的发展　/ 214

　　8.1.1　多产品线的转折点　/ 214

　　8.1.2　市占率天花板　/ 217

　　8.1.3　多产品线架构　/ 219

　　8.1.4　3 个宝贵的教训　/ 226

8.2　产品边界与标准化　/ 229

　　8.2.1　多层次功能实现方案　/ 230

　　8.2.2　"小而美"还是"大而全"　/ 234

8.3　技术竞争力的优势　/ 237

　　8.3.1　技术优势的重要性　/ 238

　　8.3.2　如何发挥技术优势　/ 239

8.4　交付效率优化　/ 242

　　8.4.1　交付的重要性　/ 243

　　8.4.2　工作内容与优化建议　/ 244

　　8.4.3　交付团队组织方式　/ 247

8.5　渠道和服务商发展　/ 248

　　8.5.1　渠道的类型　/ 250

　　　8.5.2　渠道与厂商的分工　/ 251

　　　8.5.3　渠道经营的前提与成本　/ 252

　　　8.5.4　3 个实践建议　/ 254

8.6　走向国际　/ 256

　　　8.6.1　出海的动力　/ 257

　　　8.6.2　出海的风险　/ 257

　　　8.6.3　出海的顺序　/ 258

　　　8.6.4　出海的成本　/ 259

8.7　本章小结　/ 262

8.8　扩展阅读　/ 262

附录一　推荐书目　/ 266

附录二　英文术语表　/ 271

致创业者　/ 275

后记　/ 279

问题 本质 分析

第 1 章

ToB 企业的发展特征

设计可以仅凭理性，而探索必须要有自信作为支撑。在我看来，我们的焦虑和灰心正是现在的世界话语体系过于单一的体现。发达国家基于其自身的有限实践而创造出来的概念成为被普遍接受的理念；非发达国家的人民从这些概念出发来思考自己。别人的理念成为尺子，而自己成为被量裁的对象。

——项飙《跨越边界的社区：北京"浙江村"的生活史》

法律、合同和经济理性是后工业社会稳定和繁荣的必要而非充分条件；它们必须和互惠、道德义务、共同体责任以及信任一起孕育发酵，而这些因素往往根植于习惯而非理性计算。对于现代社会而言，这些因素绝非明日黄花，而是其成功的先决条件。

——弗朗西斯·福山《信任：社会美德与创造经济繁荣》

改革开放以来，中国经济取得了举世瞩目的成就，在诸多方面体现出明显的制度优势和后发优势，但同时面临着多个方向上的优化和调整。

在发展的过程中，新的模式在逐步构建。随着经济的多元化发展，与企业和商业相关的法律规范（包括反垄断机制、上市机制、监管合规要求、信息安全要求等）在快速完善。这些基础条件既为企业多元化的竞争优势提供了土壤，又为软件交付带来了巨大的挑战；既为软件的采用制定了标准、铺平了道路，也为垂直行业软件带来了难以预测的波动性。

企业是软件的服务对象，我们只有客观、辩证地认识到企业特征，才能推导出可行的软件发展方向。

本章尝试从如下 3 个常见现象出发，分析企业特定现象背后的原因。

- 同质化现象：所有行业都普遍存在抄袭和借鉴。
- 市场壁垒现象：区域性方案难以推广到全国、全行业。
- 行业波动现象：巨大的波动导致行业的不确定性。

企业软件从业者应该深入理解这些现象背后的原因，因为它们至少从两个层面直接影响我们：既直接影响客户对软件的需求，又是企业软件行业本身的潜在特征。想要认识行业，但又不去了解行业的土壤和背景，则会有隔雾看花、缘木求鱼的问题。

对于如此宏大的话题，我很难保证我的分析绝对正确或全面，但对企业软件行业而言，这种分析是必要的。现象背后的因素错综复杂，在本章中，我会以这 3 个现象为线将诸多背后的因素贯通起来，也会尝试将其与企业软件行业的关系点明。

这个视角独特且重要，看似与软件并无直接关联，但却是本书所有行业分析内容的根基。希望读者耐心跟随我的思路，看诸多谜团能否自解。

1.1　同质化现象

同质化普遍存在于我们生活的方方面面。从个人的餐饮饭菜、服饰着装、出行工具、装修选材、游戏娱乐，到公司的经营模式、产品形态、官网样式、营销策略，都存在大量同质化。一定程度的同质生产可以扩大规模效应、降低生产成本，不是坏事，但过量的、不受控制的同质化则会导致市场竞争手段单一：当无法充分满足多样需求时，企业就只能比拼价格。不正当的价格竞争会对行业造成永久性损伤，那为什么我们仍能看到诸多行业乐此不疲呢？

光凭"不够用心"是无法解释这么多层次、普遍的同质化现象的。只有假定同质化是现阶段真正"有效"，甚至是"最有效"的发展策略时，才能衍生出如此泛化、似乎无孔不入的表象。

接下来我将阐述出现同质化现象的 3 个原因：资金集中、产能过剩、需求初级。这 3 点看似立意高远，与企业软件行业并无直接关联，但实际上恰恰相反。软件行业的诸多现象均可由此得到解释，只是需要从更久远的历史、更宏观的概念中寻找线索。

允许我逐一道来。

1.1.1 原因一：资金集中

发展是"车"，资金是"油"。在企业同质化经营的背后，隐约能看到资金流动潜移默化的作用。接下来我们通过简要地回顾资金的变迁过程来观察资金的集中倾向，并阐述其与同质化之间的关联。

在改革开放前，国家经济处于一个稳定状态。经过新中国成立以来的一系列调控，虽然已有基本的工业体系，但想要满足现代化的需要还远远不够。建立工业化、现代化社会的第一步，必须是创造大量资金，而后才能引进生产工具、培养高端人才。

经济只有流动起来才有价值，资金必须集中才能办大事。在改革开放以来的几十年中，我们可以观察到 4 个关键的资金流向趋势。

- 通过城市化发展而从农村流向城市，从居民流向地方政府。
- 通过国企重组上市而提高效能，从个人投资者流向国家企业。
- 通过各类金融工具从未来流向现在。
- 通过招商引资从国外流向国内。

通过多种手段共用，国家在短短三四十年中，通过宏观经济调控，一跃成为亮眼的全球经济大国，并基本完成工业化，初步完成城市化。在社会经济发展中，金融起到了重要作用。中国的 500 强企业前 10 名，常年有半数席位归属金融领域，其关键性可见一斑。由于国家拥有充足的政策工具进行资金转移，中国曾经的大量贫困人口得以在短时间内脱贫，这堪称举世瞩目的社会奇迹。

集中起来的资金既可用于内部，也可用于外部。

若用于外部，则可在全球范围内投资高回报率的项目。第一次工业革命时的英国、100 年前的美国，均用此方法持续促进本国经济发展。中国几乎没有企业软件能独立出海，但跟随软件客户（中国的大型企业）走向海外的，在过去 5 年中比比皆是（详见第 8 章）。

若用于内部，资金可以持续创造就业、培养产业，推动经济模式向质量与创新的方向转变。历史上著名的罗斯福新政即依赖此法，逐步将美国经济拖出了经济低谷的泥潭。政府可以积累大量的劳动剩余，并将资金投入到能带来大量就业、创造大量 GDP、为未来持续增长铺路的关键领域。于是政府的资金对内可能有如下几个用处。

- 转移支付：中央政府向需要帮助的省市提供资金，支持其发展。
- 基建、新基建：政府需要打造良好的社会基础设施，民众在其中能安居乐业，企业在其中能稳定发展。基建成果看得见、摸得着，资金损失相对较少，是政府核心的投入领域。
- 产业浪潮：政府会制定新的经济战略（例如《中国制造 2025》），列举需要重点投入的行业（例如近年的 5G、大数据、人工智能等）。对于中央的指导性建议，各级地方政府肯定会纷纷响应。对于可以创造大量就业机会和 GDP 的大型制造业、建筑业等，政府会大开方便之门，争相投资和引进。

通过对过去的观察可以得知，在国家对重点领域持续进行扶持、注入资金后，该行业会快速鼎沸，产生大体量的信息化诉求，这也就是企业软件行业发展的契机。

投资仍是经济的"三驾马车"之一，资金流向代表了企业发展的趋势，也即潜在软件商机的方向。在过去 10 年中，我们不断看到类似情况出现，垂直耕耘于投资关注的特定行业（例如地产、金融、电信等）的软件得以持续发展。虽然由于企业软件价值链条较长，投资刺激在传导过程中存在能量减弱和时间拉长的现象，与近 10 年消费互联网受投资驱动而极速发展的状态不可相提并论，但投资对行业的持续稳步成长来说仍是极关键的因素。我们对资金集中流入、流出的行业都需格外注意。

那么，资金集中到底和同质化有什么关系呢？资金并无属性，但和接下来的两个因素合在一起产生作用时，在其天然逐利、厌恶风险的本能下，就有可能带来普遍的同质化现象了。

1.1.2　原因二：产能过剩

规模是经济发展的重要因素。在生产方面，国家培养了大量的各行各业的合格技术工人，从而激活了市场，取得了巨大成就。这里的生产不仅指加工手工、建筑建设这类第二产业，也包含物流运输、餐饮外卖，甚至软件工程等第三产业。

然而，产业的发展天然就是要用标准化去提高收益，依赖规模化去摊平成本的。所以，生产的过程就具备了产能过剩的先天冲动。即便尚未过剩，随着生产技术的更新和效率的提高，未来总是趋向产能过剩的。

上一节提到，社会中的投资往往容易过量，而地方政府出于发展本地经济的诉求，往往会投资和扶持自己辖区内的企业。两个作用力同时生效，会导致两个现象：热点行业从上到下均可获取大量支持，且存在同时在多个地方获得重复投资的情况。冲动的投资会加快产能过剩的速度，企业在因为政策等限制无法打通全国市场的情况下，则会出现僵持消耗、甲乙双输的局面（详见1.2 节）。

以企业软件行业为例，行业自身的产能过剩带来两个明显问题。

第一，企业对软件的价值不够认可。在庞大的人才供给下，岗位竞争会压低人才成本，而软件恰好就是以人力为价值基础的：软件厂商的大部分成本来自人才付出，软件为客户带来的很大一部分价值在于人才增效。这些都是看不见、摸不着、难以直观验证的。正因如此，企业产生信息化需求时，会不由自主地看低软件价值。这在广泛意义上导致了软件的价值难以在价格中有效体现，间接导致了重交付问题，也导致了难以标准化的、较低水准的外包服务经久不衰（详见第 3 章）。

第二，企业软件行业本身存在结构性产能过剩的情况。中初级的研发和生产人员可批量成才，在市场中明显过剩，导致行业普遍对人才培养不够重视，会有"用完就换"的心态。同时反过来，一个稳定的研发团队可能会空有一身武艺却找不到市场机会，团队开辟新产品甚至出海探索，均是在释放这部分压力。

由于中初级别软件工程的产能明显过剩，企业在面对信息化需求时，自己搭建团队满足需求可能是一个具备短期性价比的选项。在自研的过程中，企业可能工程能力已经足够强，但在行业理解、专业知识、产品设计能力和管理能力等要素方面均不合格，这些软性但重要的因素并不在企业进行决策时的考量范围内，这就好比企业没有"脑"只有"手"。在此情况下，为了能让产品勉强成形，同质化抄袭几乎是唯一选项（详见 4.3.2 节）。在过去 5 年中，部分此类软件正在"由内转外"，由完全服务于内部的自研工具转向对外售卖、提供服务的产品，跟随这一过程，这一模式的先天缺陷自然也会由内转外透出，进一步加剧市场中的同质化问题。

当然，这个逻辑有一个关键前提：信息化需求必须是简单的。在从无到有的第一步中，企业对于需求只关注到最基本的功能实现层面，对于其他的需求要素并无感知，因而也就谈不上满足了。简单的功能层面的需求确实可以只依靠工程能力来满足，但企业提效的愿望是无止境的，任何需求都会不断升级，而更高层面的需求仍必须由专业人才和经验丰富的团队来满足。后者非但没有过剩，反而十分稀缺，也就脱离了同质化的影响范畴。

所以，"需求初级"就是同质化的第三块拼图。

1.1.3　原因三：需求初级

国家的特定经济发展阶段决定了市场需求较为初级，尚未演化出自然、多元的需求状态。需求的单一决定了市场目标的单一，这会显著加剧商品的同质化。也就是说，市场中不仅产品服务较为单调，还存在更深层的需求本身的单调，甚至很可能是由需求反推到供给，由后者导致前者。这可能有以下几个原因。

（1）谨慎务实的生活态度

精神会随着时代发展而变化，并非一成不变的。过去的苦日子磨炼出了中华民族坚韧不屈、谨慎务实的优秀品质。

在世界的产业链条中，中国位于中游，正努力向上游发展。产业链中游的核心就是产业资本和劳动力，在吃苦耐劳的民族精神的作用下，生产成本能尽可能降低，投资会更有利可图。

与此同时，在工作中吃苦耐劳的人在消费时大概率会谨慎理性，这是一体两面的事。

（2）处于中期的发展阶段

任何市场的觉醒都大致需要经历 3 个阶段。

- 早期：从 0 到 1 的阶段，需求集中在有无，对质量并无过多追求。
- 中期：从 1 到 10 的阶段，需求得到一定的发展，对质量开始关注，市场上开始有多家厂商提供类似的服务并相互竞争，但需求并未进一步分化。
- 成熟期：从 10 到 100 的阶段，需求得到充分发展，行业制定了标准，质量过关成为默认条件，不再是选型要素。需求开始在更多维度上演化，例如服装体现个性，餐饮体现文化。多元化的需求允许厂商采用多元化竞争策略错开身位，在近似而不雷同的领域共同发展，使市场达到繁荣。

国内企业软件市场仍然处在觉醒的过程中（大概在中期阶段），所以天然存在需求集中、单一的现象。对于此论点，有多个间接的软件行业证据，举两个为例：其一，厂商推广时向搜索引擎平台购买的搜索关键字要么很贵，要么很便宜，这说明进行搜索的需求者只能以常见的名词模糊概括其需要，而无法以更精准的方式搜寻，这意味着需求尚未分化（这一现状为深入的咨询和售前服务提供了价值条件）；其二，我们可以观察到，企业软件的需求正在朝多元化方向前行，只要保持市场的开放与活跃，企业以有效的资源配置提高竞争力，那么软件市场必将走向成熟。

对企业软件行业来讲，信息化的最佳实践不够成熟，导致企业对软件的需求、功能的权责边界模糊不清。每个客户的信息架构图都不统一，要求均有出入，使产品标准化的实践受阻。

与此同时，由于企业经营管理并没有太高的复杂度，对信息化的需求就会相对初级，导致行业内高级技术缺乏实际应用场景，难以在竞争活动中体现出与其投入相符的价值（参见 8.3 节）。经常会出现这样的情况：厂商参考海外友商实现了高级能力，但在国内叫好不叫座，没有市场。而维持在较低的技术难度、聚焦于功能堆叠的话，软件厂商则难以建立可靠、有效的竞争门槛。只要行业有些热度，良莠不齐的竞品、互相抄袭的次品就会层出不穷，在市场中泛滥，混淆视听。

（3）缺乏市场引导

"信息爆炸"是我们这个时代的热词，但稍加留意，即可发现不是所有信息都在爆炸：同质化的信息过多，深入细分、真实有效的信息过少，这种"结构性爆炸"或"结构性短缺"才是信息当下的真正特征。

好的市场媒介可以用最高效的方式将信息的提供者和获取者连接起来。在数据分析普及的时代，对信息的有效反馈、对需求画像的精准描绘都可以有效提高这种匹配的准确率。

中国网络信息的入口经历了从门户黄页到搜索引擎，再到推荐引擎的发展。即便在当下，"信息孤岛"问题仍清晰存在，IT 行业距离真正圆满地实现信息匹配的夙愿还很远。搜索引擎近几年面临由社会事件带来的道德考量，这也清晰地展现出其狭窄的"信息掮客"的定位，它们并未真正致力于解决连接两方的问题。这可能也给下一代的信息引擎埋了伏笔。

在复杂性高、价值高、周期长的企业软件行业，纯粹的产品展示信息的交换并不足以弥合需求和供给两侧之间的"断层"。成体系的咨询、有公信力的市场名录都可以起到正确分流的作用，但这二者都有待完善：前者尚未出现，后者公信力存疑。在第 3 章中，我们将进一步分析"跃迁"带来的"重售前、重交付"难题。

若无法对需求进行区分，则需求的同质化自然会传导到服务提供方，致使产品模式同质化。

1.1.4　结果：行业标准与内卷

需求初级意味着门槛较低，很多人能实现该需求。首先，产能过剩，代表着本来就有诸多基础人才不断地寻找机会；其次，由于市场存在壁垒，局部成功无法快速扩大到全国范围，也就为资金赋能团队并换个地方进行模式复制预留了时间。

需求、供给、资金、人才各因素均已到位，那么在一个存在诸多分隔的市场状态中（详见 1.2 节），找一个尚未被主流渗透的市场区隔进行产品同质化复制就很容易了。

图 1-1 总结了上述同质化的来源与逻辑的内容。

企业和资本都天然趋利避害。在这种市场环境下，同质化产品各自占山为王，后来者对成功者的模式、组织甚至品牌进行复刻（山寨品牌），可能是资金风险最低、收益最清晰的方案，同时可能是满足消费市场需要的最快方案。对于运作者而言，虽不至大红大紫，但能几乎无风险地获取收益，没有明确、严格的法规监管，这难免让该模式大行其道。单一品牌并无能量快速打穿市场区隔，让更广泛的受众受益，但需求是会被不断激发的。为了满足这些需求，复制适用于不同市场区隔的同质化产品，可能是一个有一定合理性、针对市场发展早期的解决方案。这可能才是同质化现象如此普遍的本质原因，即它可能本就最适合现在的市场生态。同质化不是部分商家的道德问题，不是文化问题，甚至不完全是"问题"，而可能是经济背景下行业发展的自然选择。

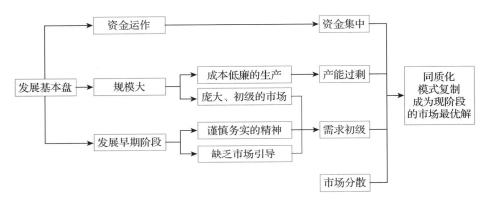

图 1-1　同质化的来源与逻辑

当然，同质化带来了一系列负面表象：对消费者而言是缺少选择，对提供者而言是降低利润，所有人对此肯定都深恶痛绝。但在抱怨之余，我们也需要分析、理解背后的原因。到底哪些因素的变化和发展可以促进市场朝多样化的方向前进？这个问题由大家共同思考。

同质化衍生出了多个值得关注的现象，这些现象有好有坏。

1. 现象一：行业通用标准

前文提到，适当的同质化能够带来行业标准和规模，不完全是负面的。

任何市场的充分发展均会经历标准制定的过程。同质化现象的出现，有可能让标准得以相对快捷地在更浅显、直观的层面上发挥作用。

由于国内市场庞大、多元，为了尽可能适应本土、本地、本行业的特殊情况，制定的标准也随之分为国标（国家标准，GB）、地标（地方标准）、部标（部颁标准）、行标（行业标准）、团标（团体标准）等。

国标一般为基础类型标准，通常由国家标准总局、中国标准化研究院、国家标准化管理委员会主导或指导制定。软件工程师都了解的 GB/T 2312—1980

《信息交换用汉字编码字符集 基本集》即属于国标，关于道路交通信号灯的 GB 14887—2011 又是一例。在实际操作中，国标更多只是提供最基本的一致性"土壤"，通常与法规相结合，以具备更有针对性的参考性和强制性，但和市场中行业的具体行为关联不大。

中国共有二十余个中央部委，管理社会的方方面面。部委牵头针对对口领域制定的标准称为部标。根据国家行政结构，各部委在各级政府往往有对口厅局。一旦有部标制定，完成试点，即可在全国范围内的厅局中推广。在企业软件行业的发展中偶尔能看到下述情形：参与标准制定的厂商可以取得明显的信息优势，并提前准备产品对标能力。一旦部标出台，厂商即可第一时间提供产品，取得关键的时间和案例的先发优势。在短短两三年内，产品即有机会搭上便车，随着部标在全国范围内的推广而攻城略地。

行标、地标与部标的作用方式类似，地标明显有其特定的地理范围，行标的适用范围一般比部标更广泛，在行业内近期的使用也更频繁，这两者不再单独赘述。

团标是由社会团体出具的标准。在一些新兴或边缘领域中，往往由协会、商会或某些行业龙头企业发起制定团标。团标会在新市场整饬的过程中发挥重要作用，制定者、参与者均是受益方，理论上也可以让新晋友商找到更清晰的发展目标。

虽然大部分标准并不是强制性的，而是推荐性的，但在不够健全的市场机制下，在行业激烈的角逐之中，符合标准、具备资质的厂商自然具备更多的竞标优势。标准资质也就成了各厂商获取客户必备的基础材料。

标准会如何对行业产生影响呢？让我举个与企业软件行业息息相关的例子。

出于信息安全的考虑，国家密码管理局从 2012 年开始逐步开放了多个中国的商用密码算法（SM 系列算法，包含 SM2、SM3、SM9 等），以在 RSA、DES、SHA 等密码算法的基础上提供国产化选择。

2011 年，国家密码管理局发布《关于做好公钥密码算法升级工作的通知》，要求新投入的信息系统采用中国自主制定的 SM2 国密算法，不再使用国际算法。

2012 年，国家商密算法标准以行标 GM/T 0001—0044《中华人民共和国密码行业标准》的形式正式公开发布。之后，国家各部委、机构均积极响应，把国密对信息系统的要求逐步加入软件采购或系统搭建的流程规范之中。

2014 年，国务院办公厅转发国家密码管理局等部门《金融领域密码应用指导意见》，要求金融行业带头，在 2020 年前完成国密化改造。2018 年，中央办公厅印发《金融和重要领域密码应用与创新发展工作规划（2018—2022 年）》，针对金融、交通运输、能源、水利、农业、教育、先进制造、现代服务、电子政务等重点行业提出密码深化整改的要求，规定在 2022 年前落实，并将任务责任分配到各具体单位。

2018 年，国家密码管理局再发行标 GM/T 0054—2008《信息系统密码应用基本要求》，而后该标准在 2021 年经修改，上升为国家标准 GB/T 39786—2021《信息安全技术 信息系统密码应用基本要求》。国家密码管理局以此为框架，连续发表了适用于银行卡（GM/T 0076）、招投标（GM/T 0095）、移动支付（GM/T 0072）、射频防伪（GM/T 0096）等一系列细分领域的行业标准，组成矩阵，给各行业的国密应用提供落地指南和要求。

2020 年，《中华人民共和国密码法》开始施行，其中第二十一条至第三十一条为国家商密的应用提供了法律支撑，国密的推进至此正式具备了国家法律基础。

可以看到，行政和法规、行标与国标在过去 10 年国密算法标准的落地过程中互相交织，互为补充。这是很有特色的标准制定和落地过程，具备很高的参考价值。

在软件产品拓展市场的过程中，政府和金融行业是企业软件的需求大户，是软件市场的主流客户。有行业经验的人应该对这两个行业客户近几年的国密要求留有深刻印象。国密改造甚至因此成为一个独立行业，有单独的服务商和产品支撑。与此同时，企业软件随着客户的需求发展，普遍具备了国密化的能力。在这个例子中，我们可以清晰地观察到标准对软件行业产生的影响。

当然，并非所有标准都能有如此大的扩展空间。举国密的例子，是因为它在国家信息安全战略层面的重要性不断抬升，而且它的标准具备普适性、基础性，与所有企业软件厂商都有紧密关联（这一点大家应都能感同身受）。在标准实际落地的过程中，仍会有标准滥用的情况出现，标准化的过程并非一帆风顺，但瑕不掩瑜，无标准则无行业。

同质化带来的一致性与标准的制定过程互相作用，相辅相成。虽然一定程度的同质化不是标准制定的必要条件，但是我们能感受到二者之间存在关联。

2. 现象二：内卷

当同一生态位出现了过多竞争者时，大家由于视野有限、缺乏扩张机会、对未知存在恐惧等原因，可能不会主动退出以减少竞争，反而都往"独木桥"上冲，导致"内卷"愈演愈烈。不仅人才可以内卷，任意市场竞争要素，包括产品、品牌、服务、成本等，出现上述条件时也都可以"卷"起来，而且会随着企业的内部结构逐节传导，最终致使全要素内卷。

内卷发生在供给侧的原因固然有供给过量、需求不足，而更关键的原因是需求侧没起到多元分化的作用，"好"的标准过于单一，需求不够多样化，供需两侧的连接和挖掘不够。针对内卷，相比我们经常看到的"把饼做大、让竞争者减少"的针对"量"的解决方案，尝试更深层次地引发多元需求的"质"的方案更值得我们关注，因为前者通常在行业变化时有效，往往需要时间和团队努力的共同作用，而后者是任何一个团队都可以去思考和尝试的。

当需求是相对模糊的一团，或需求由相对基础而无法分化的简单能力即可满足时，厂商由于无法通过对客户提供核心价值而拉开差距，不得不另辟蹊径，在服务态度、特殊关系、采购回扣以及最核心的价格上寻找差异化出路。在第 4 章中，我们将会对这些"市场失灵"现象进一步分析。

然而，我们需要警惕，部分特殊竞争策略即便可以短期令客户倾心，但与客户采购软件真正希望实现的价值几乎没有半点关系。对执行这些策略的厂商自身而言，这属于为了发展而自断筋骨的行为；对行业而言，这种行为也会对市场造成近乎永久性的破坏。

以企业软件行业为例，内卷的现象体现为：大多数厂商经过长久磨合，对客户的基本需求均可完全满足，无法提供客户愿意付费的附加价值，各招标参数也基本打成平手。任何情况下，一方探寻出增值功能或路线，其他友商必然会在较短时间内感知到并跟进。在采用诸多手段均无法建立明显优势的情况下，上述几个特殊策略的应用就会层出不穷，企业秉持着"我没实力拿到的客户，你也别想拿到"的两害思路，将超低价策略作为抢占客户、破坏竞争的手段。"亏本抢案例"也成了试图快速积累案例数量来冲融资、冲上市的软件企业的惯用伎俩。

内卷不是合理竞争，对行业长久发展存在明确的破坏性，显然需要治理。然而，治理的方式不应只从上而下对厂商进行要求，因为虽然初衷很好，但这种治理方式并未解决"蛋糕如何分配"的问题，道高一尺，魔高一丈，其执行结果往往参差不齐；也不应让厂商绞尽脑汁地标新立异，因为新奇不代表市场的真正需要，奇形怪状的叉子虽然奇特，但并无实际价值。我的建议是寻找源头，从市场需求分层的角度出发。

同质化本身是工业化早期发展的必然条件，也是必然结果，只有同质化才能规模化，这与下一发展阶段所需要的多元昌盛似乎背道而驰，即陷入所谓"中等收入陷阱"。然而以中国的市场体量，完全可以两者兼顾，同时支撑大量多元品牌进行规模化生产，只要对需求深耕、深挖，就应有足够大的多元的市场空间，并无必要"大部队过独木桥"。

1.2 分散割裂的市场

自 2200 多年前秦始皇推动"书同文，车同轨"的大一统，并采用极具现代化特征的郡县制行政体系以降，中国都以同种同源的文化、统一的市场在发展。不过直到今天，走遍大江南北之后你会发现，不同地区的人们其实被不同的地方品牌所包围，到乐山喝"乐山豆奶"，到广东喝"珠江啤酒"，到白城喝"白城茅台"。以小观大，一些企业的发展似乎存在天然边界。当然，地区边界只是其中一例，除此之外，在行业之间，企业规模、类型之间亦存在类似的情况。

这些边界把市场切割为难以互通的细分区隔，成为企业扩大经营的障碍，使得我们难以发挥统一大市场的优势，厂商也难以跨越边界快速成长。

接下来，我们首先从地区性着手，分析国内市场中出现这一现象的缘由，以抽象出企业经营的区域性特征，并阐述该特征对企业软件的影响。

1.2.1 地区壁垒

为了便于读者理解，我们可以通过对企业管理的类比来理解地区壁垒的来源。

当组织发展到一定程度时，由于网络效应，人与人之间可能的连接和交流数量呈指数级上升，内部协调的成本急剧增大。为了保持自身的连续性，组织需要考虑进行业务线拆分。组织将业务发展的关键依托于每个业务线，依赖性最强和联系最紧密的部门及人员将归属于同一业务线，并可以在业务线内的闭环中完成大部分决策。借此，组织头部可以从实际业务中抽离出来，重新聚焦于各业务线之间的平衡和拉通，在降低重复性工作损耗的同时，尽可能提供业务发展的激励。

在这一形态下，组织将获得极大的发展动能，每一级的管理者均有足够的动力和权限最大化地利用自己手中的资源，不仅会极大地提高资源的利用率，还会在各级的思考、尝试中探索创新的、更广阔的资源应用场景。不过，与此同时，由于决策权的分散，将不可避免地产生一些资源跨业务线重复构建、业务线之间互相竞争的局面，也即产生壁垒。

这是现代企业管理中常见的 M 型结构（Multidivisional Structure），即独立结算的、较为松散的多事业部结构。这一管理模式根植于广泛意义上共通的社会条件，具备上佳的市场适应性，能够最大限度推动创新和探索，使经济发展中的摩擦最小，普遍适用于大型集团公司，甚至对于幅员辽阔的国家的管理也多少有些可资借鉴之处。国家既希望驱动经济发展，也要为各地区提供充足的发挥空间。各地方在提高经济动力的同时，也容易因此而产生壁垒，这是同一特征的两种体现。

让我们先把目光投向海外。美国的州与州之间曾有显著的地区壁垒（类似M 型结构中的业务线壁垒），且长期存在、屡禁不止。美国宪法第一条即明确赋予联邦政府管理州际贸易的权利（Commerce Clause），但过去仍有大量的地方法律、规定、行政令在各种方面构建贸易门槛，以扶持为地方直接贡献税收和工作岗位的本土企业。[一]这些壁垒包括但不限于以下几种。

- 定向税收在缓解或消除外部竞争中的倾向性应用。
- 行政力量在公共安全、卫生检查、消防运输等方面的倾向性应用。
- 自然资源（土地资源、矿产资源等）的倾向性应用。

我们可以通过一个真实的案例体会这一问题的严重性。

一位得克萨斯州的居民希望运送一卡车家用产品到西弗吉尼亚去，一共有两条路线。南方路线更短，但其中有 10 公里路段位于另一个州，而他的卡车长

〇 参考文章 "Interstate Trade Barriers in the United States"，作者为 Paul T. Truitt。

度比该州的卡车长度上限多出约 0.61 米，无法通行；北方路线可行，但他发现，他至少要多花费 1000 美元的律师费、旅行费用和税费，并且多花 6 周时间以符合当地法规要求。[⊖]

在美国联邦政府不断加强的影响力下，州际贸易壁垒的问题得到持续缓解，但仍未消失。我们很容易关注到美国零售、金融、互联网等行业的企业涉足全球市场，却经常忽略其内部市场存在的问题。[⊖]这一壁垒问题在新兴的互联网、金融、软件领域表现较弱，但在传统行业仍有较大影响。

由于错综复杂的地缘关系、脉系渊远的历史因素、对经济发展的强烈诉求等因素，国内市场中也存在着地区壁垒。在个别地区，生产资源倾向于本土企业，外部产品进入本土销售也有一些门槛。

你可能在家乡见到过地方银行、地方城投、地方饮料、地方制造企业等。由此推而广之，应可以想象中国企业的分布全貌。即便是在先进的、新兴的云计算领域，各大厂商似乎也各自有如同铜墙铁壁般的地区大本营，友商难以进入。企业若以地区范围作为边界，市场则会变得相对零碎，行业就难以发挥出庞大市场的优势。这些因素同样加剧了同质化问题，也会导致我们更难培养出拥有国际竞争力的品牌。对此，政府一直在积极地平衡，以尽可能兼顾各地区积极发展的动能，降低互相牵绊的损耗。2022 年发布的《中共中央 国务院关于加快建设全国统一大市场的意见》第二十四条，即针对"破除地方保护和区域壁垒"而制定。

大部分企业软件厂商本身仍属于中小企业，产值有限，所以不直接受到上述问题的影响。但是，他们服务的客户多为大中型传统企业，更有可能会受地区壁垒的限制。国外 SaaS 行业的大部分收入来自软件产品，边际成本低，大概因此获得了打通内外市场的钥匙。而国内的企业软件仍重度依赖于售前、交付、沟通、驻场等服务，对这些与客户同协同律的工作的依赖，意味着地区壁垒可能通过企业客户而对软件厂商的经营模式产生间接影响。从此根源出发，对企业特点进行分析，了解独特的客户行业复杂度、独特的决策流程和政经协同模

⊖ 参考信息来自 CQ Press Library，链接为 https://library.cqpress.com/cqresearcher/document.php?id=cqresrre1939031700。
⊖ 参考文章 "Free Trade within North America: Expanding Trade for Prosperity"，作者为 Gerald P. O'Driscoll Jr.。

式，将有助于我们制订相应的市场、售前、运营等策略，为国内企业提供更符合环境特点的服务。

世上没有完美的制度，只有适合当下的制度。我们应当将地区壁垒看作发展过程中的特征与现象，以此为条件，更深入、中立地思考它与软件行业、与我们每个从业者之间的关系。随着制度在发展的过程中不断改革，旧的壁垒不断消解，而新的问题也可能正在产生。只有理解了现象背后的本质，才能不被表面现象迷惑，看清未来的方向。

一些软件行业从业者将短期波动当作长期趋势，不从根本背景着手分析，因而很容易得出过于乐观或悲观的判断。我们只有客观、深入地认识市场格局，了解企业经营的痛点和优势，才能有针对性地提供产品。

1.2.2　行业壁垒

上一节从地区壁垒着手，本节从行业壁垒出发。

在对企业软件进行业务拓展的过程中，我们都希望产品可以"多栖作战"，适用于更多行业。然而，哪怕是理论上非常通用的产品，都在跨行业"抢滩登陆"中经常遭遇挫折和阻击。其他行业的类似情况也屡见不鲜。行业壁垒的产生，原因可能包含行标和部标的制定、专业化分工、业务理解门槛等因素，但这些因素是在全世界任何社会中都普遍存在的，只要不超量过度，我们就能通过因地制宜、多方协调获得优势。在跨行业的细节标准尚未充分发展的阶段，服务方也确实应为不同行业提供专属、"贴身"的解决方案。

本节不讲这些广为人知的因素，而从一个更偏社会学的角度进行思考，分析行业壁垒出现的另一个关键原因。我认为这个视角观察的范围更广，对更多现象的解释力也更强，在此分享给大家。

1. 社会资本的缺位

社会学中的"社会资本"一词不是指民间投资，而是指个人或团体之间希望达成合作或交易的规范和信任，是一种隐性的公共资本。社会资本是社会运转隐形的"润滑油"，在社会价值传递链条的每个环节起作用，直接决定了商业活动的合作难度和交易成本。著名社会学家弗朗西斯·福山在《信任：社会美德与创造经济繁荣》一书中概括："社会资本根植于文化，它是信任的熔炉，是一个经济体健康与否的关键。"

观察你周围的人的行事风格，你会发现普遍存在两种行事逻辑。一种遵循传统的伦理道德，以家庭、家族为核心形成熟人管理单元，强调奉献、牺牲、吃苦耐劳等精神，这也符合中国人几千年来的习惯（放在企业里就叫企业文化）；另一种则以自由、民主为基础，强调理性、法制、契约精神，由城市化加速（因其打破了传统关系网络），是以理性为基础的、广泛应用的标准。

虽然整体而言，遵循后一种理念的人的规模逐渐扩大，但目前两者仍处于共同存在、互相弥补的阶段。我们这一代人很多成长于传统乡村，而下一代在城市中成长，两代人同时存在于一个社会，甚至一个公司、一个部门，发生碰撞和摩擦也就在所难免。以此来看，职场矛盾可能不完全是由单方面的恶意刻薄造成的，而是两套难以互相理解的思维体系之间的冲突。

在当前这个阶段，社会仍在快速变化，新的观念仍在酝酿中。不断调整的法律和行政边界、商业和体制边界、个人和集体边界，会给人一种不够稳定、不易理解、部分矛盾的印象，以致社会资本难以发展。

在现代社会，传统道德因其主观性，无法建立可理解、可遵循的规范，社会资本只有依赖现代契约、信用和配套文化的逐步稳定，依赖法制的深入贯彻和理念的及时更新，才能逐渐发展成熟。当好的规则充分沉淀、变得稳定，基本打完"补丁"后，人们将能够建立良好的预期，规范行为，习惯成自然，最终达到"从心所欲不逾矩"的社会资本充裕状态。这种社会变化是数以十年、几十年计的，我们身处其中，既不应该盲目乐观，认为社会必然会往前加速发展；也不应徒然悲观，妄自菲薄。

古典经济学先驱大卫·休谟在其著作《人性论》中说："商业的范围和自由完全依赖于诚信。"当社会为多方的交流提供了充足的社会资本时，所有事情将更易处理，冗长的法律合同可以简化，甚至无合同交付也可以接受（在当下的企业软件行业中，这种强信任关系只能和政府、部分外企建立，其他客户均难以具备这样的信任条件）。当下火爆的直播带货，本质上是构建一个可信任、可亲近的个人品牌，并以此进行推销。这本无所谓好坏，更多是在当下市场中不得不进行的举措，否则达成交易所需的信任条件将可能无法达成。同时，我们可以观察到，这种文化确实正在慢慢消退，原因即在于背后市场逻辑的变化。

上面介绍了社会资本的概念，那么它和行业壁垒有何关联呢？

2. 造成的影响

由于社会资本的缺失，信任的达成成本就变得相对高昂。出于成本考量，企业内的采购过程可能会衍生出 3 个重要的相关现象。这些现象在诸多行业中存在，企业软件从业者可能也有同感。

（1）售前流程冗长

售前既是验证方案可行、有效的过程，也是建立信任、消除疑虑的过程。以企业软件行业为例，很少有什么是你能做而别人不能做的，那么要让客户交给你做，至少要建立起客户对你不会违约、会认真负责的基本职业操守信任。厂商经常去客户现场露脸，虽然不会带来任何直接效益（反而可能徒增烦恼），但至少这种大胆的、看似不计回报的投入会让甲方感受到诚意，构建起信任资本，从而使厂商取得竞争优先权。当然，最终厂商的成本肯定还是由客户均摊，所有企业客户都会因此隐性地多花钱。这侧面强调了销售过程在不健全市场中的价值。

用一个较为轻浮但又恰当的说法：谈合作和谈恋爱存在相似之处。当两方在博弈中难以判断对方意愿的真实性时，只有延长磨合时间，甚至刻意制造事件，要求对方付出额外的努力，不断验证其诚意，最终才能达成协定。与此相呼应，我们能观察到在中国社会中的大型"交易"（不局限于钱物交换）中，中介的费用占比非常高（婚介、猎头、房产中介等），且尚未有互联网平台颠覆这些传统的高利润行业，这说明售前问题在多行业有近似的表象，且难以通过纯技术、纯信息手段解决。

商业的本质是交易，突出销售、售前的重要性无可厚非，但甲乙双方的互动若演变成故意钓着对方胃口，反复无意义地消耗彼此，那就必然需要向着重新平衡的局面改变了。

软件行业有另一个现象：金牌销售可以带着资源走。这意味着信任关系其实是建立在个人对个人的基础（情感伦理基础）上，而非其背后的企业基础（商业契约基础）上的。若我们保持对此的关注和警惕，通过这两者的比例变化，就可以管中窥豹，观察到社会的齿轮到底在往哪个方向运转。

对企业软件而言，"重售前、重销售"是诸多软件厂商的核心策略，上一代企业软件创业者中，生产者（产研专业人员）的比例较小，商业活动者（销售、演讲家等）的比例较大，也是此理。

（2）不轻易换厂商

建立信任实属不易，中大型企业的招投标流程长，牵涉到 IT、业务、安全、法务、财务、管理等多个部门之间的利益平衡。若是每多一个项目都走一遍这套流程，都要在酒桌上觥筹交错一番，甲方也难以承担这种损耗。若能复用以前的旧关系，就可以有效节约成本，缩短周期，这就成为甲方企业的共同优选。这导致了两个结果。

第一，总包盛行。缔结了信任关系的厂商会源源不断地从同一批客户手中接到各种各样的新需求。其中，部分厂商可以自研，会开辟新的产品线，这就导致了各行业头部厂商的产品线庞杂，有的厂商官网上挂着几十款产品，几乎囊括该行业所有信息化需求，与此同时，产品也明显缺乏核心竞争力（当然，在这种体系中，厂商获取收入也不需要自身产品有多强的竞争力）。部分无法自研的厂商可以作为总包方，将研发工作转给承包方，并抽取一定分成，分成比例从百分之几到百分之几十不等。从这个比例可以看出缔结销售关系在价值链条中所起到的巨大作用，以及构建信任关系的真实价值。

第二，双向锁定。由于切换成本过高，哪怕产品可用性很一般，企业也缺乏更换、更新的动力。既有关系锁定后，新厂商即便带来更好用、能创造更高价值的产品，也很难说服企业更换产品，实现市场突破（详见 4.3.1 节）。

一些集团企业和国际大企业会维护一个较短的服务商名单，这些服务商均已与集团签署过大合作框架，也就是说基本的信任关系已经缔结完毕。而后，集团在有需求时只会从这个服务商名单中选择服务商由其交付。这样一来，缔结关系的过程和解决问题的过程得以分为两部分，前一部分无须重复构建，双方每次就只谈后一部分的需求即可。这种做法能够降低成本，而且通过维护较为市场化、具备流动性（如两年一评）的服务商名单，能够在一定程度上避免选择决策的僵化或政治化。这种变通的思路值得参考。

（3）注重参考对标

当企业需要对外公开招标采购时，由于企业对需求的认识可能不太清晰，它对各厂商产品功能的价值认知也就比较模糊，产品功能就难以成为企业分辨良莠的参考。对于甲方而言，每多走一步都存在踏空的风险，所以必须找到某些清晰明确、可见、可衡量的区分因子，来更清晰地辨识优劣，做出判断。

这类因子可以是标准。在前文中已经描述过标准的重要性，在此不再赘述，只需了解甲方对标准的特殊关注有部分原因在于选型过程中缺乏其他可信参照。然而需要注意，由于标准内细节颇多，外人难以理解透彻，其制定往往需要行业内现有的服务商代表参与，这无疑会进一步加强现有服务商的行业地位，致使软件行业内层级固定、发展保守。

这类因子还可以是成功案例，特别是行业龙头企业的案例。大多数企业过去几十年的发展靠的是"摸着石头过河"，并不存在什么通用的方法论。此时一般企业的目标就是紧跟行业"领头羊"的脚步向前发展。对于领头羊的采购单，跟进者都希望能复制一份。跟进者往往一开始也没搞清楚"领头羊"具体往哪个方向走，也不清楚它购买某个厂商特定产品的原因，它们希望通过和厂商沟通，了解"领头羊"判断市场和进行管理的思路。

在此背景下，这些易衡量、易观察的指标，无论是否真的有实际意义，都会成为招投标流程中的关键参考。

3. 软件行业壁垒的形成

至此，我们从社会资本的独特视角出发，考量了在交易环节的诸多行业现象。虽然文中描述的情形在诸多行业均属常见，但我们还是回到企业软件行业中来看。

若有一个新软件厂商，希望向一个不熟悉的行业提供服务，最常用的方式就是从上向下打通：不计成本地投入资源拿下一个头部客户，围绕其打造案例样板间，打磨产品方案，同时对外宣传，凭借该客户的号召力获取其他客户的认可。这一路线已经被从业者反复实践过，存在很明显的合理性。

然而，在市场环境并未十分透明时，对新事物的选择存在不可控、不可理解的风险，甲方企业自然就会有较强的路径依赖。既有的信任关系、过去有效的老方法和服务商提供的可信成功案例，这些既存因子就变得格外重要。

可以看到，以上讨论的诸多因素，如售前流程冗长、不轻易换厂商、注重参考对标，再加上不同行业确实有专业化上的差异，都在事实上使得甲方偏向了既有厂商，因为这些厂商有经验、有案例、产品完善，经过多年的经营，其关系网也已铺开。而这种倾向不鼓励新厂商寻求突破，哪怕它可能具备更大潜力，能提供更好服务。换句话说，企业软件行业可能少有颠覆性的新机会，现有大厂可以相对安稳地经营下去，持续享受整个市场水涨船高带来的福利。部分投资方对现有行业头部厂商持续注资，背后就是这套逻辑。

从甲方视角来看，替换成本是由"购买新软件的显性成本"和"重新走采购流程的隐性成本"组成的。对于越大的企业，后者越高。基于本节的阐述可知，在国内企业重新缔结关系的成本尤其高昂。这个成本，无论是有意还是无意造成的，已经成为阻碍创新者拓展市场的关键因素，不仅对产品的功能产生影响，还在社会关系中有所体现，而后者是厂商自己难以解决的。

这造成了既有头部厂商事实上的行业"垄断"，或至少导致行业缺乏活力。即便是通用行业的企业软件类型，只要已经有厂商在市场中长期经营，也多形成了新厂商难以进入的行业"基本盘"。

1.2.3　代际壁垒

在这一节中，我们将从企业软件自身出发，观察第三个市场壁垒：代际壁垒。

从 30 余年前到今天，国内市场有过多次具备不同特征的发展浪潮，由于发展变化非常快速，到了今天就有了多阶段、多模式并存的市场情况。各模式之间难以互通，各守一方，形成行业发展的"代际壁垒"。软件服务于企业，会同时受到这些浪潮的冲击。

在 20 余年前，主流市场中具备较高价值的核心软件领域中诞生了两类服务提供商：最早的国产企业软件和外国入华商用软件。那是外国软件制霸中国高端企业软件市场的年代。直到今天，仍然有大量遗留外国软件在使用中，这也为近几年国产化浪潮埋下了伏笔。外国软件在华业务庞大而分散，国产软件对这一市场的攻陷应是时间早晚的问题。与此相对，部分政府部门和国企，出于信息化办公和统一管控的诉求，最早开始使用国产软件。在信息化早期，企业采购软件聚焦在 OA（办公自动化）、ERP（企业资源计划）等核心业务流程信息化的需求上。即便到了当下，我们仍然可以看到，政企使用的核心系统大部分仍来自 20 年前起步的这一批老厂商，并未更换厂商。

在 10 年前，国内企业得到了快速发展。在消费互联网"平地起高楼"的带动下，国内企业软件市场的潜在价值得以彰显。中国的第二波企业软件创业者开始前赴后继地投入，并针对企业的进一步信息化（管理信息化）需求，开发了最早的一批 HCM/HRM（人力资本管理 / 人力资源管理）、CRM（客户关系管理）、财会管理、团队协同软件。然而，由于社会中存在明显更大的投资机会（消费互联网），无论在业务、人才还是在投资上，企业软件在 2010 年至 2015 年都陷入了彷徨期。而后随着客户企业本身的发展，企业软件才在不断的实践中逐渐走出了一条清晰的道路。国内现在各类企业软件领域的领头者，基本都是在 10 年前成立的，它们的坚忍赢得了广泛认可。经过 10 余年的发展，这一批企业已成为软件市场的中流砥柱。

不过，这些企业也并非高枕无忧，因为近 5 年新兴的企业发展模式更新颖、打法更有效、发展更迅速。在此基础上，又叠加了 SaaS 这一看似具有巨大前景的新模式，自称"云原生"的新一代企业软件厂商们获得了可观的行业关注。企业自身的发展终于逐渐切换到了效率的比拼上，所以最新这一批企业软件在 BI（Business Intelligence，商业智能）、机器人自动化、开发者工具、产研设计协同等新兴领域能够站稳脚跟，并正在从模式创新和声浪的制高点尝试向下切入传统市场。

今天企业软件的行业状况可以说是"三浪叠加"。从刚开始核心业务的信息化到后期管理和运营的智能化，浪潮的范围越来越大；从刚开始面向最大的政企到现在面向大中小不同规模的客户，浪潮变得越来越宽。三浪并非替代关系，而是积累关系，形成了从内向外的多个价值同心圆。

对于这三浪发展而言，与其说它们互相竞争，不如说它们各自有自己的拥趸，在各自的时代紧紧抓住了新兴的企业需求特征，互相之间少有关联。随着时代变化的企业特征，在为软件行业不断带来新机会的同时，也限制了软件厂商的跨界拓展：新兴厂商难以理解传统企业的需求背景，难以适应旧有的做事习惯；而老厂商对新兴行业、新兴领域存在看不懂、看不清的情况。这和中国 80 后、90 后、95 后的人群代际划分有诸多共通和呼应之处，在快速的跨越式发展阶段，团体之间没有足够多的时间相互融合，而像"千层饼"一样逐层累加，共存共生。

这一"代际叠加"的市场状态在诸多行业中普遍存在。由于市场中不同波浪的差异极大，企业一旦超出自己熟悉的范畴，尝试探索别的领域，就难免会遇到难以逾越的代际壁垒，最终难以功成。

当然，我们清楚地看到，中国近 20 年来出现了多家消费互联网大平台，以世界上绝无仅有的速度和能量在激烈的竞争中打穿一切壁垒，从一线城市下沉到农村，这些公司也在短短三五年中坐拥万亿元市值，与世界上最优秀的企业并肩前行。这难道不是和我所说的诸多壁垒矛盾吗？

其实不然。民众的需求标准而普遍，将这通用性乘以中国人口的系数，就成为一个巨大的隐藏杠杆，支撑解锁这一需求的业务以令人瞠目结舌的速度扩张。新兴的互联网公司成为这一能量解锁之钥匙，绕开了绝大部分既有的壁垒和限制，用几乎没有边际成本的拓展手段，以迅雷不及掩耳之势，通过对各类社会资源的协调，才占有今天这般巨大的市场比例。

与此相对，传统经济中的企业在改革开放后才开始"摸着石头过河"，没有时间和机会沉淀出方法与标准，在不够确定的环境下，只能抓到什么就用什么。顺利种出一棵树，就尝试总结模式，看能否复制成林。中国20世纪80年代的第一代创业者到现在还普遍尚未退休，行业尚未完成新陈代谢，而世界已经变化万千，彼此多有难以兼容之处。

这就是中国经济主体的基本情况。对于服务于它们的企业软件行业而言，上述壁垒的影响非常鲜明。

以上，我们从地区、行业、时间这3个主要维度对市场中存在的壁垒进行了分析，分散市场形成的原因如图1-2所示。

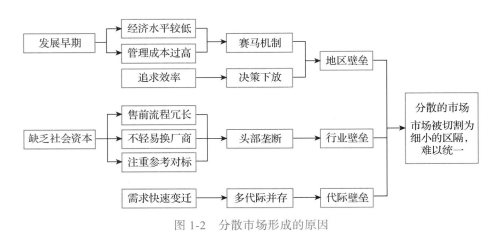

图 1-2　分散市场形成的原因

分散的市场对企业软件的销售策略有最为直接的影响。举个与软件行业相关的例子。中国市场中解决地区壁垒的价值普遍高于解决行业壁垒的价值，前一壁垒问题由较为封闭的信任体系造成，可通过建立更频繁、更紧密的合作关系而缓解；后一问题由较为专业的知识体系（如金融行业、物流行业的特殊业务流程）造成，可能需要长期的学习和钻研，搭配行业内专才，才能有效突破。所以，销售扩张时优先设立地区线，而后考虑行业线，理应具备最佳的性价比。

当然，市场分散并不只有坏处，没有优点。分散的市场允许多元的、不同的市场逻辑同时进行发展和试验，在一定程度上分散了风险，提高了创新能力，这与互联网大厂中的"赛马"机制有些相似：没人知道哪匹马跑得快，所以一定要构成多元竞争，最先跑出来的马即为最优。不过，在市场发展的过程中，一定存在一个"变轨"时刻，厂商从以"试验"为目的转变为以"应用"为目的，并将验证好的最佳方案在更广泛的范围内进行推广。分散的差异化创新和统一的高效秩序必定会在某个新的点上重新找到平衡，以支撑市场未来的进一步发展。

若不进行变轨，过去创造力的源泉就会成为新时代的桎梏，分散、零碎的市场无法培养出国际领先的软件厂商。在第 7 章中进行软件行业规模评估时，我们会进一步感受到行业天花板带来的影响，这让我们从业者在软件市场中捉襟见肘，可能在竞争中陷入互相撕扯的恶性循环。

1.3　周期性行业波动

经济发展是周期性的，也是跨行业的、波浪式的。每隔几年，就会有一套新的理念成为市场的宠儿，带动整个行业"起飞"，从需求到情绪，从资本到人才，各种资源迅速到位。一切看似美好，而过两年众人就会发觉理想与现实的距离。随着新理念、新行业的诞生，上一个热点就会归于平静。"风口"成了众人追逐的目标，快进快出成了资本的首选。

对企业软件厂商而言，乘此波动起飞者，哪怕飞得再高（甚至上市），也会有随着趋势掉下来的一天。若对此没有判断，对短期和长期的因素无法拆开分析，就可能陷入"一觉醒来，公司还在，行业没了"的窘境。此中之道，不可不察。

1.3.1　决策盲从波动

一个行业的波动，是由该行业中企业管理者的决策合力造成的。企业决策者是波动的载体。所以，行业波动的根源就是企业管理者的盲从性和滞后性。当资源的决策者对市场中的趋势或现象难以理解又担心落后于人时，盲从行业趋势或友商决策就成为有吸引力的选项（至少不算犯错），整个行业也会像大雁变阵一般，整齐划一。而在现代，想要完全理解和把控市场是很困难的，这明显会加剧决策的盲从性，导致企业抱团，进而产生行业波动。

自1850年以来，西方世界的科技发展从"经验常识驱动"变为专业化的"科学理论驱动"。如果说珍妮纺纱机还可由能工巧匠创造和改进，那么飞机、微波炉、晶体管则明显需要具备领域知识的科学家才有可能创造出来。现代科学脱离了经验范畴，走入了抽象和理性的领域。

我们现代的生活是由科学支撑起来的。然而，科学也具有其天然的局限性。随着科学演进的不断深入，领域一再细分，我们的视野也会逐渐变窄。但是，真实世界中的方方面面交织在一起，千丝万缕，我们无法通过对某一狭窄的研究领域梳理脉络而得到实践上的答案。我们想要通过科学方法寻找缘由，很容易会被海量的细枝末节淹没。科学只管研究理论，而未过多顾及应用，这为这些行业的传统管理者带来了巨大的挑战：决策所需的全局把控与科学提供的无穷细节、无穷变量之间无法协调。

各行各业不断将最新的科学技术应用落地，市场经济的自然发展必然会衍生出错综复杂的市场逻辑，这两个原因共同导致了超出常识范畴的经济决策复杂性。20世纪50年代，西方国家进入这一状态，使"混沌理论"得以发展，"科学管理"概念成为主流。此时对于管理者而言，决策似乎变成了复杂的数学游戏，对局面的把控和判断实非独木可支。

管理者需要决策，而非停留于讨论。由于社会方方面面之间有千丝万缕的关联，管理者自然必须从更宏观的角度看待所有问题，维持局面的平稳发展。因此，管理者必须是成熟老练的协调者、演讲家、整合者，也由于这一原因，"外行领导内行"就具备了一定的合理性。在全世界范围内，企业或组织的领导者大多并非技术人员，而领导在进行决策时，也会听从顾问团体的意见，以免直觉出现问题。这是现代管理体系普遍采用的决策流程。

然而，在现阶段，企业普遍存在3个问题，可能导致这一决策流程不稳定。

其一，现代管理理念的缺失。有现代商业经济、经营管理、法律制度知识的企业领导实在太少，更多管理者是在社会中摸索门道、在千锤百炼中成长起来的人。当然，这只是阶段性现象，随着时间推移，拥有对口教育背景的领导者比例应会提高。

其二，上级对下级的压倒性权威。下级提供的建议，上级决策者不一定听取，这中间可能有各种各样的原因，且上级并无义务进行解释。然而上级的指令，下级必须遵守，因为这是普遍认可的商业道德。在此，我们不去评论这一现象的好坏，只讨论这一现象本身。

其三，专业职能人员缺乏参与。在企业管理生态中，对不同经营领域的辅助专业生态并不完善。由于发展变化过快，行业中很难有成体系的经验沉淀为知识，也就无法在更广泛的范围中进行复制或者用于培训。即便决策者广开言路，希望得到建言，也难有人才能提供匹配其特定环境的服务。

因此，由于企业的经营方向并未得到充分、专业、全面的讨论，决策就难以根植于自己的业务和市场动态，而不得不更依赖于"跟随趋势、模仿友商、参考海外"这类间接的选项。同样由于对发展趋势的不理解和不敏感，企业决策普遍会滞后，众多企业看似各自独立的决策，实则汇聚产生"羊群效应"，最终呈现出行业的整体波动。

不仅从微观的企业视角看如此，任何一个行业的宏观管理，无论依赖于政策支持还是依赖于协会管理，也都会遇到类似的决策难题。决策的盲从性或滞后性自然会带来整个行业的波动，使得本来稳健、踏实的行业"金融化"，变成一个猜测预期的游戏。

1.3.2　新行业轮动

中国经济奋起直追，面对先行者的堵截，自然就想要弯道超车，把更多筹码压在新兴行业上。然而，新兴行业由于"新兴"二字，它的落地价值难以判定，从业者需要依靠信心和想象力支撑，而行业在孵化几年后，若没有立竿见影的发展效果（大多行业的发展都不会这么快），便容易被搁置一旁，淡出公众视线，直到该行业慢慢发展成熟。这本就是新兴行业发展的自然周期，这一周期天然存在波动。

波动来源于新行业的"群体热情"和"技术成熟度"两者的节奏不同步。

当一个备受瞩目的新兴行业出现时，往往会有具备强大信用背书的支持者起到最核心的推进作用，例如指导性政策的出台。政策不仅可以为行业带来大量资源和关注度，还会对社会上的其他资源具备指导性。一次小幅度的政策变向就可能带来贯穿整个行业的余波，它对商业的影响力难以估量。

群体对于一个新行业的热情，可能从政策支持及投资孵化开始，而后资金不断涌入，媒体不断宣传，民众自发传播，行业的想象力不断扩大，且这种扩张哪怕到了明显超出合理范围时仍会继续。所有人都在想象世界被这个新技术、新行业改造。由于群体的关注点具备天然的"头部聚焦效果⊖"，在现代通信交流平台的加速下，短时间内，几乎所有人的目光都会聚焦于此，而社会一旦处于亢奋的团体共识状态，若无外力打破，将在此状态停留一段时间。

这种群体热情的节奏快（来得快，去得也快）、情感热烈，会将新行业推到超出合理范围的高度，这时就是行业储备资本、修改成见、推行新文化、制定长久方针的最佳时机。因为技术发展有其自己的节奏，当市场的热情被消耗，人们发现技术落地遥遥无期时，也就是行业坠落之时。

技术发展的节奏并不能人为地有效推动，技术应用落地有错综复杂的多重依赖关系，例如对新设备、新产能的依赖（例如 VR 设备的高昂成本是 VR 行业发展缓慢的重要原因之一），对社会阶段、社会伦理的依赖（例如克隆、高端医疗、强人工智能等技术存在显而易见的伦理问题），以及最突出的，对技术本身发展水平的依赖（例如自动驾驶、载人航天需要高精尖人才和长时间重投入）。这些前置依赖项大多需要整个社会的逐步推进来实现，可能需要十年、数十年，才能让革命性的新技术走进千家万户。在过去的"野蛮发展"中，我们习惯于希望投入就见效，但真正具有颠覆性价值的行业只能逐步发展，且这一发展周期与任一方的意愿关联都不大，必须对社会方方面面持续投入，才能见效。

将较快的情绪周期与较慢的技术周期相叠加，我们就看到泾渭分明的两个阶段，它们组成了一个新行业的完整周期，参考图 1-3。第一阶段由情绪周期主导，高度很高，降温也快；然后由技术周期主导的第二阶段才会逐渐爬起，技术应用形成规模，走向成熟。我们感受到的新行业波动主要是在第一阶段。从这个角度来看，波动是一个可推导出来的合理的行业发展节奏。只不过情绪周期中推高的极点有多高，以及后续技术周期的升起有多慢，是每个行业都不同

⊖ 在社会学、经济学、传播学等中均有对此现象的解释。其中，传播学中的"沉默的螺旋"理论可以解释这一效果；金融大鳄索罗斯在其著作《金融炼金术》中把这称为"反身性理论"（Thoery of Reflexivity）。

的变数，行业有可能由于盲目投资、狂热关注而产生更大波动。

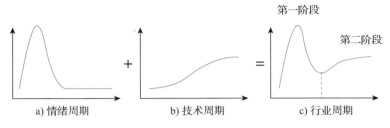

图 1-3　新行业情绪周期和技术周期

可以看到，图 1-3c 和技术咨询公司 Gartner 提出的 Hype Cycle（著名的技术成熟度曲线）非常相似。虽然这一曲线未经任何科学验证，但是用来形象地描述行业发展阶段却很适合。

1.3.3　风险与谨慎

社会在快速发展，每过几年就会焕然一新。随着需求不断提高，市场不断分层，目标不断转移，无论政府还是企业，都需要制订新的发展目标。在过去重点的行业已经取得了破坏性创新进展（或创新已验证无效）时，新的目标会指定接下来 5～10 年的主要市场路线。

所以，在一个存在规划指导而又发展快速的市场中，关键行业天然就会存在发展轮动，例如十余年前的光伏、2014 年的"双创"、后来的共享经济，到近年的大数据、人工智能、5G 等。随着时间推移，不同行业的发展叠加，最终会形成随着社会发展周期而波动的行业发展特点。行业在波动中成长，不同领域的"风口"在不同时间点出现，叠加在一起，形成如图 1-4 所示的经济整体发展周期。

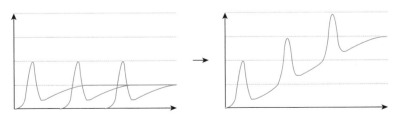

图 1-4　经济整体发展周期（左为 3 次独立风口示意图，右为叠加图）

不过，行业在意料之外的波动是极具破坏性的，短期会造成巨大的资源浪费和错配，且会明显影响所有相关者的精神状态和预期。而预期一旦受损，修补绝非一朝一夕的事。

1. 难以抹平的风险

在升降之中，若行业波动起伏太大，势必会造成大量资源浪费。首先，在技术仍未成熟时投入的资金肯定大部分会被浪费掉；其次，在类似"百团大战"这样由资本催化出的激烈竞争市场中，投入的资源最后真正有收获的，十难存一；最后，更有个别行业可能受到政策影响，一夜之间几乎全军覆没，所有投入付诸东流。

一旦行业进入上行期，企业开始扩张，成本就无法再严格控制，这固然有助于企业短期获得更大声浪，但一旦习惯了"大手大脚"的模式，企业在平台期肯定会焦躁不安，在下行期甚至会悲观到绝望。在这个过程中，很多想要认真做事的团队也会被早期迅猛而来的乐观预期冲昏头脑，在上下颠簸的"过山车"中被甩出去。只有在上行期就为可以预见的下行期提前积累各种资源的团队才能稳住阵脚，抓住引领第二阶段的窗口期（感兴趣的读者可参考"马利克双S曲线"学说）。这种团队往往已是久经沙场的老兵，才具有中庸把控的能力。

在巨大的波峰与低谷之间，呈现出一个个"风口"，像是一个个社会景观，刺激人们进行更加激进的投机行为。更有理直气壮的"猪都能飞"的夸张断言为时代盖棺论定，使投资中的投机性甚至赌博性似乎都变得正当了。不过，无论如何被那些千百倍收益的传说所鼓动，包括创业者、投资者、从行者、鼓动者在内的所有人，最终都不得不意识到根深蒂固的风险的存在。

2. 谨慎的行业精神

由此可见，新行业的发展存在巨大的波动性，波动的幅度和周期都难以预测。在此之外，行业发展并不完全取决于市场，也有可能受到政令规范的影响，存在难以理解或提前埋下的不确定性。对此，一些聪明的投机者会在行业最狂热的顶峰套现走人。更多的人会经历行业的下行，但无力坚持到曙光来临的那一刻，在行业低谷时黯然离场。

这种对未来难以掌控的不确定、不稳定、难理解的氛围，会以"短视""务实"的精神状态体现在行业中的每个企业、每个人身上。因为不知未来如何，所以企业更加只图当下。有心理学家将此称为心理短视（Psychological/Mental Myopia），不确定的环境与只图眼前的心态之间的关系已在学术界得到一定程度的证实。[⊖]

那么这会给企业软件行业带来什么影响呢？我通过一个关键点来说明。

很多软件宣传的价值在于为客户提升管理效率，而管理效率的提升只有在企业长久经营的基础上才能真正体现。这里有个明显的冲突：中国中小企业的平均生存周期是 2.5 年[⊖]（与此相对，某发达国家中小企业约为 8 年），很多企业不是在快速增长的路上，就是在快速死亡的路上。企业管理者出于务实的本质，会一眼看穿厂商五光十色的宣传，花真金实银买软件肯定会加快消耗"过冬"储备，但提升的管理效率真不一定能帮他渡过难关。在这一心理短视的影响下，只有具备稳定未来预期的企业才会在管理效率上有所投入，所以管理效能工具（如 HRM、CRM 等）的客户应从中大型企业里找寻。这进一步为软件行业规模的扩大、品牌影响力的发挥、SaaS 的发展路径等多方面带来了深远的影响。

企业软件行业有非常清晰的自我定位：为政府和企业提供信息化服务。在此定位上，良好的市场需求与政策支持的稳定土壤是行业巨大的先天优势。然而，我们也需要观察我们服务对象的变化趋势。若客户所处的行业处于国家直接管理的范畴，对该行业内的政策变化和情绪发展就需要格外注意。尽可能提前看清趋势方向，以便在转变之时能够握有先机。

1.4　本章小结

在这一章中，我们借由同质化、市场壁垒、行业波动这 3 个现象尝试分析了现象背后的成因，这应该能对我们以史为鉴，理解当下、预测未来起到一定的作用。若我们将眼光投向世界，就会发现这些现象远非一国所独有，"家家有本难念的经"。对此，现象本身反而不再重要，其深层的脉络就成为我们理解世界的钥匙。

在复杂的现代社会中，现象背后一定有一系列社会心理、政治经济、历史

⊖　参考文章"Short-sighted confession decisions: The role of uncertain and delayed consequences"，阅读链接为 https://doi.org/10.1037/lhb0000100。
⊖　参考 CHINA HRKEY 2012 年发布的《中国中小企业人力资源管理白皮书》。

文化因素交织在一起。企业并非与世隔绝的孤岛，对企业行为的理解需要基于它所存在的土壤、制度、环境来进行。本章通过背景分析，试图为软件行业的从业者描绘出我们耕耘的土壤的大背景，指明向前发展的真正阻碍，并为大家展露阻碍的背后成因。

正如本章反复提到的，这些因素不仅会间接影响企业软件行业本身，更重要的是，还会对企业软件的政企客户群体造成更加直接、广泛、深远的影响。由于这些先天因素之间互相作用，客户的软件需求也就形成了固定的特征。这一特征可以为我们所理解和利用。

行业的发展需要我们所有人达成更全面的共识，需要我们尽可能追求公共利益而不局限于私利，需要我们"算大账"而非只看眼前。本章旨在为达成更广泛的行业共识而铺路，希望从业者能借此团结起来，为共同的行业价值而齐心协力。

1.5 扩展阅读

《置身事内：中国政府与经济发展》 兰小欢

政治经济学是一门综合考量社会宏观因素、以社会生产关系为核心课题的学科。在中国，政治经济学对社会现象的解释力明显比单纯的市场经济学更高。这本《置身事内》是政治经济学的上佳读物。作者用浅显易懂的言语为我们勾勒出了一幅中国社会全貌，为具备一定教育水平但在迷茫中的各行业从业者驱散了迷雾，照明了方向。本书思路清晰，文笔极好，也是我写作的学习榜样。

《国史大纲》 钱穆

钱穆先生被称为中国"最后一位士大夫"，具备极高的学术素养，但他的书却深入浅出，文字朴实严谨。本书是很好的了解中国过往的著作，读者既能看到中国文化的延续性和方向性，也能感受到作者对中华民族的深沉感情。

《乡土中国》 费孝通

生于新时代的年轻人对于习俗和旧有的规范往往难以理解，不予尊重，但激烈的回绝和抗拒并无益于变革，反而只会加深误解。著名社会学家费孝通先生在本书中解释了中国诸多传统社会现象的成因。这些现象从表面上看甚至让人啼笑皆非，但深入挖掘背后的原因后，就会令人感受到社会和历史发展的必然性。

《道德情操论》　亚当·斯密

亚当·斯密的《国富论》家喻户晓，而他的《道德情操论》至少同等重要。前者开创性地指出了古典经济学的理念，而后者为市场经济奠定了道德、伦理基础。了解市场行为，必然需要了解其配套的社会文化。本书作于 18 世纪，写作时间久远，所以必然有其局限性，但正因其久远，我们得以瞥见过去社会的原本样貌，看到两百年来社会中不变的轴心。

"年代四部曲"　艾瑞克·霍布斯鲍姆

中国的从业者作为时代赶超者，既应了解世界的现况，取长补短，又应深入了解现象背后的成因，以因地制宜地开拓。通读《革命的年代》《资本的年代》《帝国的年代》《极端的年代》，读者可以把握世界过去 250 年的发展脉络，了解世界格局的变化趋势，更关键的是，可以此对照中国社会的种种现象，得出自己的理解和认识。

《中国哲学简史》　冯友兰

中国人本质是辩证的、哲学的。本书是我大学时的中国哲学、伦理学启蒙读物，它将儒、墨、道、法各家之长娓娓道来。当下，中国社会处于发展期，正是旧的思想被时代抛弃、新的思想应运而生之际。好比企业文化令企业具有凝聚力，哲学也必定会在中国这方土地上重新发光。

《信任：社会美德与创造经济繁荣》　弗朗西斯·福山

信任是所有社会关系发生的前提，是资源交换的必要条件。社会的基础信任程度决定了交易或互助的隐性成本，也决定了企业软件（或任何）行业中产品服务、市场销售、品牌商誉在价值传递链条中的比例分布。本书作者是日裔美籍社会学家弗朗西斯·福山，本书从社会学视角，将信任当作社会的隐性资本，分析和拆解了中、日、韩、美、法等国家的信任资源特性。本书兼顾了学术性和易读性，虽然写作时间较早，部分内容已有些过时、不再适用，但仍有很好的参考价值。

《中国是部金融史》　陈雨露、张忠恕；《浩荡两千年》　吴晓波

经济学对社会变化的解读是独特而富有魅力的，我们往常接触的通史，经常以英雄、战争、文韬武略作为脉络，以道德风俗的变化作为世代更迭的依据，这些角度是理想的，但缺乏解释力。而通过金融和商业的视角看历史，我们会意识到，我们当下面临的问题仍是两千余年来未得到根治的问题的延续，而古人的智慧和经验仍能广泛应用于现代场景。

《跨越边界的社区：北京"浙江村"的生活史》 项飙

项飙先生是著名的人类学家，本书在其研究生期间完成，描绘了 20 世纪 90 年代北京城南"浙江村"的发展和变迁。通过本书，我们透过 10 年变迁，看到政策和民生之间的摩擦、不同文化风俗之间的碰撞，感受中国社会运转的基本逻辑，感慨沧海桑田的变化。

《逃不开的经济周期：历史，理论与投资现实》 拉斯·特维德

市场经济的发展有其独特的脉搏，在过去 300 年中，世界已经历了数十次规模不等的经济危机，危机的起因、传导链路、影响范围及关键的周期，虽次次有差，但仍有迹可循。阅读本书，读者可以认识影响宏观经济周期的一系列因素，对企业的微观经营之道亦可触类旁通。

《货币、银行与国家：如何避免逃不开的经济周期》 理查德·M.埃贝林

这是一本篇幅不长的书，在动辄长篇大论的经济学著作中，甚至显得有几分可爱。书中对几个主要的经济学流派——奥地利学派、凯恩斯主义、芝加哥学派的来龙去脉进行了通俗介绍。所有对现代西方经济感兴趣的读者，应都能从本书中一窥宏观经济管理的理念和方法。

2

第 2 章

企业软件的行业结构

如果能够先将已知的事物陌生化，然后再尝试挑战其真实性，才有可能深入了解它。

——原研哉《设计中的设计》

可是一个人如果不能从一个更高的观点看事物，那么这一切方法没有哪一个能够绝对保证他不受伤害。不过，从更高的观点看事物，也就意味着取消自我。

——冯友兰《中国哲学简史》

中国企业软件行业命运多艰。

近 10 年以来，有多少旧人折戟沉沙，就有多少新人奋勇争先。诸多我尊敬的团队、景仰的前辈，未坚持到日出之刻；多少优秀的产品、精致的服务，徘徊在黎明之前。

自 2015 年起，每年大家都会对企业软件行业的向上转折点进行预测，但一年推一年，期待中的变化并未到来。不过从 2020 年开始，行业的特征似乎变得更清晰了。由于外部潜移默化而又强烈的波动，一些行业特征似乎可以被清晰地总结出来，并用于判断行业未来的发展方向。同时，有一些分类方法突显，我们得以总结归纳行业现况，明确发展的方向。

这些特征、方法看似宏观，但正因其宏观，才与我们所有从业者息息相关。

很多人对于行业的认识多为零零碎碎拼凑而来，不成系统。本章将尝试为企业软件行业建模，并从以下两个方面对行业整体状况进行分析。

第一，珊瑚礁状的软件行业，以"大、专、低、杂"为特征的特殊行业结构。这一结构能够形象地呈现行业内部和外部、当下和未来的特征，允许我们用积极、客观的态度引领市场发展。

第二，软件的多种分类方式，从不同分类的角度领略企业软件行业的多样性。通过不同可能性的组合，帮助从业者鸟瞰全貌，开拓新的选项和机会。

这类建模是危险的，因为只要设定了边界，就自然会有遗漏，也难以跟随新的潮流变化；但同时这类建模是必要的，否则所有人将处于自说自话的状态，大量的精力将会被耗费在对基础认识的反复构建上。在这一取舍之间，我愿意冒些风险，提供针对行业的思维框架，读者也需铭记在心：框架是整理知识的引子，而非牢笼。任何理论都有其特定的适用场景，我们需要理性看待。

2.1 珊瑚礁状的软件行业

在第 1 章中，我们对分散的市场现况进行了较为充分的描述。无论从业者还是观察者，在进行业务拓展时，均容易陷入"隧道视野"（Tunnel Vision）的陷阱中。企业软件行业是个纵横交错的大棋盘，若缺乏方法，在实践中很容易只聚焦于其中边角，而对其他格子的存在全然无知。若想取得更大范围的拓展、更广泛的合作，对完整局面的认识是必要的。

在这一节中，我将尝试从企业软件的 4 个行业特征出发，为行业现况构建模型。这一模型将与后续所有章节贯通，成为我们理解行业的第一把钥匙。

2.1.1 特征一：规模大

规模是最重要的因素。若无规模，一切将无从谈起。

企业软件服务于政企，随着中国经济的发展和改革的深化，市场逐步打开。对于规模以上政企，信息化已经成为其差异化竞争的利器、现代管理的基础。政企即便还未实现信息化，也必然在规划信息化的路上；即便未必有真实的强烈需求，也会迫于压力而产生采用软件的冲动。将软件视为万能灵药必定是谬误，但这一现况保证了需求规模。与此同时，信息系统有更新迭代周期，短则3～5年，长则8～10年，老旧系统就会产生汰换的需要，这一循环会让行业新陈代谢，同时保障行业未来持续、稳定的收入流。

企业软件行业的规模已不算小，但仍然有极其可观的想象空间。

市面上，对广义的软件行业规模的评估不少，前瞻产业研究院这类智库每年都会出具报告，然而，对国内企业软件这一细分领域的评估就无迹可寻了。仅有的几个有公开数据的报告，彼此差别太大，由于其统计口径不同（口径并未清晰透出），从统计学角度看意义有限，让人很难有一个准确的认识。

我在这里引用 Statistica.com 的统计数据。虽然我对该平台到底能有多了解中国市场存有疑虑，但在此平台中，我们可以用同样的统计口径对比中外数据，作为有效的横向参考。这一视角很少见，具有明显的分析价值。

该网站统计了不同国家企业软件行业的规模，并给出了统计范围。可能为了易于进行信息收集和对比，其统计口径较为狭窄，仅包含 ERP、CRM、BI、SCM（供应链管理）、HRM、内容管理、数据软件等切入企业管理核心流程的软件，不包含效率工具（Productivity Software）类型，即不包括员工管控软件、Office 类型办公软件（如共享文档、邮箱等）、协作软件（如视频会议、Slack、钉钉等）。硬件、IaaS（Infrastructure as a Service，基础设施即服务）等肯定也未包含在内。

表 2-1 为上述数据汇总，数据于 2022 年 1 月更新。其中的数据和我的认知基本相符，应具备一定的参考价值。

表 2-1　Statistica.com 预估企业软件行业规模（按国家或地区划分）

国家	2022 年行业规模	2022～2027 年平均增长率	2022 年企业人均软件消费
中国	101.5 亿美元	16.41%	12.73 美元
美国	1 185 亿美元	6.95%	707.5 美元
印度	27 亿美元	13.43%	5.26 美元
俄罗斯	7.95 亿美元	12.08%	9.85 美元
日本	122.3 亿美元	6.87%	180.6 美元
英国	121.5 亿美元	8.62%	343.8 美元
印度尼西亚	3.79 亿美元	10.84%	2.64 美元
巴西	27.8 亿美元	10.1%	25.54 美元

可以从表中看到，以企业人均软件消费作为标准，不同国家的企业软件现况大致可以分为如下 3 类。

- 发达国家企业员工的人均软件消费 2022 年在 100 美元以上，2022～2027 年平均增长率高于 5%。
- 发展中国家的企业员工的人均软件消费 2022 年在 10 美元以上，2022～2027 年平均增长率高于 10%。
- 待发展国家的人均软件消费 2022 年为个位数，且增长较慢。

中国处于增长速度较快的中间位置。在 ToB 发展较早的某发达国家为例，2022 年的企业软件行业规模是中国的 11.7 倍，人均软件消费是中国的 55.6 倍。在 5 年后，预计中国的企业软件行业规模将从 2022 年的第 5 名前进到第 2 名，但与第 1 名的差距仍然很大（中国约为 252 亿美元、与第一名相差 6 倍）。即便按照这一增长比例持续下去（当然不可能持续，根据边际效应，增长速度肯定会逐渐降低），中国在总规模上达到该发达国家同期总量，要到将近 30 年后的 2050 年。届时中国企业软件行业规模和现在相比，将增加足足 77 倍，达到 8000 亿美元。想象一下，虽然商业土壤决定了人均软件消费应会有长期差距，但经过 30 年，中国在实现 2050 年社会主义现代化强国的目标时，企业员工总数维持在上述发达国家的 4 倍，人均软件消费达到该国的 1/4，规模总量相近，这是有可能的。

在其他行业可能缺乏新市场、新机遇的当下，企业软件行业这 77 倍的增长，即便分配到未来 30 年完成，仍然意味着企业软件行业大概率会长时间持续得到政策支持、持续吸纳更多人才、持续深入拓展市场。其中，中国 SaaS 云服务的起步差距更大，近两年增长率也更高，接近 30%，这意味着 SaaS 模式可能存在更多、空间更大的发展机会。

企业软件行业因其"复杂"的特征（在 2.1.2 节展开说明），不存在由资本、政策集中激励而催化的突进，风口大起大落的"景观"性相对弱，然而该行业具备增长稳定的特点，赛道极长，一眼看不到头，且又存在持续拓展市场的连续性（一铲子一个坑，很早即可产生市场收益），是当下投入、长远收益的领域，是能容纳踏实的创业者、耐心的投资方的朝阳行业。与之相对，芯片行业赛道也很长，但商业化路径并不连续，需要早期、长期重投入，未来才能看到曙光。基于这种预期，企业软件行业未来可能是内卷相对不严重的行业，是可以实现合作共赢、达成横向共识的行业。

对此结论，我既不过分乐观，也觉得完全没必要悲观。我也建议读者不喜无悲，对此淡然相看。每个人追求不同，可以以 5～10 年为期，想想自己的投入是否值得，收获与自己的预期和梦想是否匹配，最终做出自己的选择。

2.1.2　特征二：领域专

在过去信息系统从 0 到 1 的构建中，采用灵活甚至便宜的自研系统，对很多政企而言是具备优势的。过去市场中并未有太多好的选择，合适厂商难寻。

然而，这一现象正在稳定、匀速地改变。近 5 年企业软件厂商数量翻了不止一倍，且需求正在向更加专业化的方向发展，领域界限正在变得越来越明晰。在人力成本居高不下的情况下，自研或外包从普遍意义上正在变得不切实际，更多的市场将转向专业化的企业软件，这正在为软件行业带来更多的机会。

这一现象的核心驱动力有二。

1. 驱动力一：合规要求不断提高

全球经济转冷、增长乏力，国际关系也随之产生波动。在不安稳的大环境中，以国家安全为核心的法律法规会快速出台，对政企自建信息系统的安全要求会越来越高，这一非功能性硬要求的重要性的抬升，使得自研、外包方法不再具备低成本优势。

过去 10 年，国家逐渐认识到了信息安全的重要性。2017 年《中华人民共和国网络安全法》出台，国家紧随其后出台了一系列针对信息安全的法律，包括《中华人民共和国数据安全法》《中华人民共和国密码法》《中华人民共和国个人信息保护法》等，制定了宏观规范；针对各行业和情况的行政令和行业标准更是细致入微；惩罚措施也逐步细化，渐趋严格。中国的政治经济环境决定了软件合规要求的紧要、必要和重要性。以等保（信息安全等级保护）测评驱动的产业，预计在 2022 年达到每年百亿元规模。

中国国家地位不断提升，而信息安全领域与国家战略直接相关，其立法意愿和执法强度肯定会不断强化。严重的惩罚后果会让企业跟随法规要求进行检测，例如 2021 年实施的《中华人民共和国个人信息保护法》对违规者可能处以高达企业年营业额 5% 的罚款。这肯定会增加企业的成本，但忽视安全合规的害处实在太显著，政府不得不严加管控。

信息安全与软件工程是两个专业领域，很多软件工程师对安全知识体系的匮乏通过近年来无数事件体现得淋漓尽致。根据《网络安全产业人才发展报告》（2021 年版），中国市场信息安全人才缺口在百万以上，供需比约为 1∶2，严重不足，这一状态大概率在未来 10 年仍将持续。

据此，政企自主构建信息系统的安全成本将不断升高，合规风险也会不断加大，采用专业的企业软件也就具备了更大的吸引力。能对合规要求"兜底"，是近年来驱动软件行业增长的一大引擎。

2. 驱动力二：业务复杂度不断提高

由于企业软件服务于整个商业社会，从业者应该具有宏观视角，对商业经营的整体变化有所观察，保持敏感。无论是从中国 2500 年以来的商业历史，还是从世界经济发展的角度来看，只要允许市场进行灵活自由的资源流动，在经过跑马圈地、连接断点的早期经济发展阶段后，商业就必然会转向精益求精和专业化，竞争会更加激烈。当效率真正为更多企业带来生存和发展空间时，把"精"置于"强"之上，以求精为目的的企业软件才会发挥出更高价值。

软件以解决效率问题为核心。若商业经营过程是企业八仙过海，那么这些企业对效率的看重也就有限。而与之相对，一旦各种资源要素更加市场化，更多的影响因素可以用最基本的成本、收益、利润去衡量和计算时，效率的进步也就具备了条件。无须多言，中国的企业肯定在向后者迈进。

在此背景下，企业的业务流程会更复杂多变，部门间的联动会不可避免地持续增加，对效率的追求会由主干到分支，渗透到企业办公和管理的方方面面。更多的业务不得不脱离基础办公软件的范畴，进入更专业化的领域。企业软件也会随着业务复杂度的提高而具备更高价值。只要经济不断发展，这一趋势在每个行业、每个企业就必然会发生，为专业的企业软件带来机会。

2.1.3 特征三：门槛低

在诸多行业中，同等天花板下，企业软件行业的门槛远远低于其他行业。如果不算机会成本，在创业者少拿工资的情况下，三五个人的小团队经过几个月的封闭开发，创业成本在百万元以内，即有可能开始获取第一批客户，产生收益。而在同等投入下，企业软件行业的产出价值、天花板和稳定性都更高，毕竟软件行业具备绝无仅有的低边际成本，产生的潜在价值难以估量。低门槛与其他特征结合在一起，形成了企业软件领域的特殊吸引力。

这会带来两个行业特性。

第一，多样性。低门槛允许行业保持活跃，会不断有新的草根团队从各不相同的角度进行尝试，也会不断有企业从中胜出，带来新的变化。当然，从负面角度看，行业也不可避免地会变得鱼龙混杂，投入 100 万元的产品和投入 1 亿元的产品甚至能同台竞争。

第二，容纳性。在过去 20 年中，国内互联网行业产生了巨大的社会价值，并培养了数以百万计的产研、运营专业人才。在可预见的 ToC 互联网增长失速之时，科技行业将难以继续提供如此大规模的工作岗位。由于软件行业的相似性、ToB 领域的低门槛，企业软件行业自然会吸引以数人或十数人为单位的 ToC 优秀人才组团入行，并进行创业或者就业。企业软件行业承载了社会能量。

不仅如此，构建企业软件的成本将会越来越低，因为支持企业软件的其他工具也在逐渐丰富。当企业软件行业本身进一步稳定发展时，市场中会出现更多工具，就像是淘金热潮中为淘金者提供的牛仔裤和镐头。文档、论坛、支持、支付、协同、宣传等衍生工具的发展能够为企业软件提供基础支撑服务，让厂商以更低的成本加速发展。

低门槛是桥梁，是"处众人之所恶，故几于道"。其他行业人员在苦于风雨时，可以进入企业软件的港湾中躲避风头。这一兼收并蓄的特征将使得企业软件行业朝向多元化发展。

2.1.4　特征四：壁垒杂

在上一章中，我们仔细讨论了壁垒的多个来源，并描述了地区、行业、发展阶段带来的市场区隔，不再赘述。

在此基础上，中国企业软件还有普遍的交付困难这一大问题。自从二三十年前起，企业最基本、核心的生产流程通过早期的 ERP、Office、OA 等软件率先进行信息化，而到了 2005 年后，企业的管理、获客、流程、交流、协同等关键但非核心的工作才产生了进一步信息化的诉求。从 2015 年开始，除了个别新领域外（例如针对开发者、设计师的工具，或由于 Atlassian 退出而兴起的国产产研协同工具等），绝大部分中大型企业中只存在"旧改"需求，而不存在完全的"新建"。然而，旧改会牵一发动全身，其顺利推进需要多部门协同，需动前人奶酪，也需要时间。

企业软件的价值核心有三：连接、分析、协同。打通连接所耗费的资源最高，但只有连通一气之后，分析和协同的价值才能体现出来。由于缺乏时间去沉淀，对产品缺乏明确的世代更替能力边界，政企信息化的要求可能会跨阶段、跨行业，体现为多样、杂乱的需求。并且，企业的上一代软件五花八门，导致新一代软件去替换或旧改时不得不进行同样五花八门的适配。在当下，面向大中型客户的核心企业软件基本都需要大量的售前、咨询、测试和交付才能完成价值传递。

从厂商角度来看，重服务模式肯定是坏事；然而，从行业整体角度看，恰恰是因为重服务带来的坎坷，行业才能有丰饶、多元、稳定的发展，才能允许诸多中小团队耕耘于其中。由各种壁垒带来的市场区隔，就好比地理区域受大山大河阻隔，虽彼此互通有无受阻，经济发展受限，但却能够由足够稳定的土壤发展出独特的多元文化，同时能免于战火侵扰，使居民得以繁衍生息。第3章将对此进行更深入的分析。

2.1.5 珊瑚礁状的行业形态

通过上述4个特征，我们已经可以推断出行业的形态表征。

规模大，门槛低，所以兼收并蓄；需求旺盛清晰，可持续发展，所以未来可期。中国经济起点低而目标远大，在此大江大河的奔涌中，稳定增长会带来巨大的行业优势，吸引各方资源前来助拳。

领域专，代表客户会越来越认可企业软件的价值，商业软件会逐步蚕食部分自研、外包和开源工具的市场份额。企业由于其惯性和韧性，对新鲜事物或新趋势接受缓慢，需求不会出现太大的意外波动，这虽然减缓了行业的新陈代谢，允许陈旧的产品"死而不僵"，但也从需求源头上确保了行业的稳定性和抗风险能力。企业软件的定位是不与任何人争利，纯粹提供服务，加快客户工作效率，所以具备稳定的外部环境。

壁垒杂，代表行业受资本、巨头影响较少，头部聚集度更低，能容许更多品类存活。在外部变化多端的环境中，通常并非优点的各种壁垒、产品方案复杂度、错综复杂的行业要求、缓慢灵活的售前过程，会成为保护行业的天穹拱架，构建整个行业不受过多外部侵略性影响的基础。

稳定且仍在发展的广阔土壤、较低的门槛、专业的需求以及纷杂的壁垒，这"大、专、低、杂"的因素综合在一起，互相作用，共同构成了行业珊瑚礁状的形态特点。

珊瑚礁是由每一个小珊瑚虫产生的石灰石积累而成，至其极限，澳洲大堡礁能达到 2000 千米长，160 千米宽，这像是软件行业从业者通过打拼磨合而形成的自发秩序，逐砖逐瓦，最终构建出的庞大产业规模。珊瑚礁管道横生、壁垒纵横、四通八达，鲨鱼大鳄无法进入，湍水急流难以影响，同时供养了极其丰富的生态，有高达 25% 的海洋生物品类依赖于珊瑚礁，这像是企业软件行业存在的市场壁垒，让大资本与巨头食之无味的同时，给无数创业者和管理者以穿越周期、安稳栖身的机会。

在社会中的其他科技领域增长乏力时，企业软件行业可能以其特殊的结构、稳定的土壤、庞大的需求、较低的门槛、纷杂的市场壁垒，吸引大量科技和工程领域人才进入耕耘（这一进程已经开始，2020 年后行业内的人才密度和质量正在迅猛提升）。在未来 10 年，企业软件行业可能是人才长期发展的最佳选项之一，是更多行业者的寄居之所、庇护港湾，也是中国发挥出更大经济能量的必备组块。

2.2　企业软件的分类方法

对事物的了解可通过不同分类进行。每种分类标准对应事物的一个侧面，通过多个侧面即可周全了解事物本质。这一节将以此方法对企业软件领域进行剖面分析。

我将常见的产品分类标准总结如下，不对其基础概念进行过多讲解，而更多阐述每一种标准的特性，从这些侧面去查看行业属性。我将按照"解决谁的问题""如何解决问题"这两个大框架对分类方式进行组织。

首先，解决谁的问题。

- 行业：通用还是垂直。
- 规模：中大还是小微。
- 对象：跨团队、团队内还是个人。

其次，如何解决问题。

- 依附性：平台还是独立。
- 交付方式：SaaS 模式还是传统模式。
- 核心价值：数据、技术、硬件、资源。

每一种分类的每个选项均在市场中有不止一个成功案例，所以无论是何种分类方式，且无论是前后哪种类别，都不分优劣，文中只对各类企业或产品的特质进行讨论，帮助大家进行体系化整理。

2.2.1 按行业：通用还是垂直

通用软件可轻松卖给不同行业的客户（甚至不分行业），垂直软件（行业软件）在一个领域中深耕。通常而言，通用软件是和企业管理流程相关的，因为企业的组织模式存在明显共性，垂直软件根据各行业不同的业务特点提供专属方案，对客户的价值更高。

在当下，通用软件由于解决的效能问题的价值相对较弱，起步往往更难，但因具有可复制性，通常被认为赛道更长、故事更大；垂直软件由于价值清晰、切题，起步相对容易，而规模上反受它服务的行业所限，跨行业发展存在更高的不确定性。

这两方面在市场中都有体现。在中国，公认的大行业包括政府、金融、地产、制造、能源、零售等，与之对应，每个行业都有上市软件公司提供垂直服务。我们以地产行业为例，根据中国建筑协会统计，中国地产行业信息化投入大约仅有总产值的 0.08%，而发达国家平均为 1%。即便在这一垂直领域中，在国内外投入比例相差十几倍的情况下，国内仍可以诞生上市软件公司，由此可见垂直软件的规模与潜力。

由于历史原因和行业原因，目前仍有很多行业（特别是第二产业，如服装生产、医疗器械、矿物勘探等）的主要应用场景为国外商用软件所垄断，这些软件的市场价格通常非常高昂（千万级以上），高昂的溢价来自外国行业长达数十年甚至上百年的数据、流程、实践、规范的积累，也因为国内的行业发展并未走出自己的特色路线。在中国具备长远、深化、多元发展前景的领域中，国产企业软件可能存在显著的、尚未被有效挖掘的替代机会。

而通用软件类型包括针对人力资源的 HRM、针对销售的 CRM、针对研发的开发者工具、针对财务的财税软件、针对产研的协同工具等，虽然在当下发展落后于垂直领域，且明显缺乏提高收入的手段，但其用户更多，后劲更足，声势更旺，动能更大。

所以，垂直和通用软件的发展，本就有个隐藏的先后顺序。在市场拓展阶段，企业追求"大"和"快"，垂直软件的重要性会优先得到体现；而在较充分竞争的市场中，企业追求效率和流程，则通用软件的重要性会后来者居上。

2.2.2　按规模："中大"还是"小微"

"中大"还是"小微"这是个老生常谈的话题，前人已经多次蹚过路，普遍反馈"小微"走不通，应从中大客户切入，先跑起来。这一论断显然过于草率，但在当下又有其适用性。

在全世界范围内，绝大部分的企业软件收入是由中大型企业客户贡献的。从小微切入的道路能走通的最大前提，就是在小微客户中打磨出犀利而高效的产品、团队、市场宣传方法，能对在下一阶段中获取中大型客户产生积极影响。想要走通这"二级火箭"模式，初期赔本积攒的能量必须尽可能地在第二阶段放大、爆发，中间不能断环。这又有几个前提。

- 前提 1：业务黏性。产品需要具备业务黏性，价值可迭代、可积累、不易替代。产品只有具备核心价值，才不会让客户因短期波动或竞对的低价策略而轻易流失。

- 前提 2：市场连续。产品要解决的问题需在小、中、大客户中均较为普遍，复杂度虽必定不同，但需求一定要存在连续性。国内的中小团队付费能力不强是共识，这片市场能养"活"厂商，但无法养"大"。以小客户打磨出的产品、团队和方法，必须在中大型客户中也大概适用，前后才能有连续性。

- 前提 3：共同成长。服务的客户最好普遍具备成长的空间。ToB 软件的黏着力较强，若客户随着使用产品，自身规模逐渐扩大，产品就会享受到水涨船高的红利。企业软件（特别是 SaaS）的老客户复购、增购、推荐，一直是厂商收入增长的重大来源。

- 前提 4：早期创收。这是非常关键的因素。对于这种收益周期长的模式，企业必须要先顺利活过第一阶段，才谈得上在第二阶段中获得收益。若是秉持着短期快速增长的心态，厂商预期过于乐观，或者无法在自身成长阶段尽可能平衡开支，或者难以融资，均会导致夭折，可能直接转向直面中大客户的模式，以图存活。

从小客户起步，往往能打磨出更通用、更好用的产品，更高效、更新颖的团队，更标准、更灵活的模式。对效率和财务更加精打细算，在获取大客户时就能有更宽广的利润空间，或能承担更低的合理范围内的报价。对市场而非销售的侧重，能够在行业中形成"高举高打""小投入大声量"的宣传声浪，对传统软件点对点的销售模式形成声量上的降维打击。而在诸多优势的背后，当然也就存在着上述这些对业务、对市场、对人才的高要求作为限制。

众所周知，国内的企业分布有"杠铃形"特征，小企业和大企业之间存在"凹陷"，使得市场中需求主体的连续性被拦腰折断，这使得市场连续性出现断崖，这"二级火箭"的模式也就更加难以走通。

近两年来，能从中小、草根市场切入，并成功走出类似 PLG（Product Led Growth，产品驱动增长）的发展路径，从下向上发展市场的企业软件，几乎都是针对某职能的团队协同工具（详见 2.2.3 节）。在四五年前行业火热之前它们就早早启动，闷头发展和积累，且小心控制开支，埋下长远伏笔。他们满足了上述 3 个甚至 4 个前提，蹒跚着挺到了第二阶段，故而能在市场火热时取得阶段收益。而绝大部分企业软件厂商在对照上述前提时，往往缺三少四，所以才难以起步。

由于不同行业的特性各异，软件厂商在面对不同的行业客户时，当然可以采用不同的客户画像，这些客户画像各有优劣，需因地制宜。

2.2.3 按对象：跨团队、团队内、个人

这一分类由我自己观察得来，别处未曾多见，这一视角具备独有的分析价值，容我展开描述。

在我们总结企业软件或 SaaS 的一些现况时，总能找到一些反例，将看似观点正确、逻辑缜密的结论打翻在地。不同领域从业者的经验固然有共同之处，但一旦言之凿凿地下结论，就会有反例出现。这其实就预兆着更细化的分类方式的出现。

针对软件受众（使用者），大家往往根据职能去分类，例如面向开发、面向

产品管理、面向销售、面向人力管理等。但这没有考虑不同职能在软件使用上的相似性，此处的相似性不是指功能相似，而是发展模式相似，例如产研和设计工具之间模式相似，销售和工单系统之间模式相似，所以这种分类方式就明显缺乏解释力。

我将企业软件按照受众的复杂度分为了3类，衡量复杂度主要考量使用者的团队归属和协同情况。按照企业软件对企业的经营价值进行排序，得出示意图，即图 2-1。

在图 2-1 中，内圈的价值最高，但业务复杂，难以标准化；外圈的价值更低，但业务简单，方案统一。价值高低和产品交付的标准化程度似乎成反比。

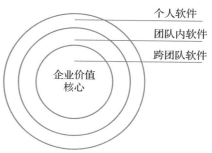

图 2-1　企业软件分类（以受众与价值关系分层）

1. 第一类：跨团队软件

跨团队意味着业务流程牵扯到不同部门或团队之间的合作、拉通与串联，这类软件是对企业而言价值最高的软件，因无论什么类型的生产、销售行为均需要通过由内而外的分工协作、监督管控完成。这一流程的规范和高效导致过程错误少、结果产出高，也经常是企业的核心竞争力。

在这一类中，由于面对更个性化、更多变的企业内外形态，软件模式也通常是重交付、低人效的，实际采用的是"咨询 + 服务"的商业模式（不否定会有一些特例出现）。客户对软件产品本身的价值缺乏真正的认可，这在行业内司空见惯。在极端情况下，甚至可以说大客户其实是把软件团队当作在某一领域具备强专业性的外包团队在使用。在此基础上，产品或方案的标准化缺乏土壤，即便厂商使出浑身解数，效果也会相对有限。

在这一类软件的最高端市场（客户单产品年贡献额在千万级左右）中，无论通用还是垂直软件，国外软件仍然占据了大量份额。这其中的原因，一部分是历史遗留原因，一部分是软件和进口的专业化硬件相绑定，还有一部分是中国软件厂商还未有能力、耐心和积累提供替代产品。

2. 第二类：团队内软件

团队内软件针对企业内某一部门、某一职能人员提供效率或协同服务，使用者属于某一个团队或某一类职能。近几年中，面向产研的项目管理工具、面向开发者的运维工具、面向设计师的协同工具等均属此类。随着高新技术企业数量不断增多，其影响力也在放大。高新技术企业均以产研人力成本作为企业经营核心（降低成本即是抬高利润），普遍具备使用这一类软件的需求基础。

这类软件由于脱离了企业多变的跨团队协同流程，与企业的经营逻辑保持一定距离，只聚焦于某一职能，所以只要该职能在行业中具备广受认可的固定规范，且规模可观，那么软件标准化地服务大量客户就具备了良好的市场基础。在一些情况下，部分软件本身是为了跨团队使用而设计，但客户企业只有某一部门在实际应用，这种场景也应将其按照实际使用范围而划归到"团队内软件"一类中。

这类软件容易"叫好不叫座"，使用范围广、市场声量大，但在实际营收上，由于很可能并不真正解决企业的核心矛盾，所以该软件距离采购决策者较远，客户的付费意愿、能力都相对有限。软件是工具，既不能提高管理者水平，也无法规避办公室政治，在"求大不求精"的阶段惯性下，即便企业采用软件后可以显著提高效率，软件带来的诸多"新鲜的麻烦"也仍可能让管理者抗拒。

3. 第三类：个人软件

最后一类是个人软件，以帮助个人履行企业中某项职能及提高效率为价值，侧重展示和分享，较不重视协同。文件处理工具、格式转化工具、市场宣发工具、视频制作工具、音频转录工具，以及传统的 Office 系列等，都属于此类。这一类软件的商业模式与企业软件完全不同，而更像 ToC 产品的商业模式，所以并不是本书的分析重点，但其使用场景也在企业中，故这也算作企业软件的一类。

将企业软件按照此种方式进行划分，并对每一类的趋势分别进行分析，就可以发现每一类都具有非常清晰的边界和共同属性。本书重点讨论前两类，特别是第一类，因其价值在 3 类中最高，且承载了企业信息化最重要的责任。

我接触到的第二类软件的投资人或创业者，普遍在近两年中相对乐观，因为第二类软件在避免了复杂业务牵扯的同时，其价值又能在企业场景中有突出表现。这类软件虽然客单价不会太高，但体量大、出货标准，处在不会过多接触大甲方的市场位置，这是一种相对理想、舒服的状态。在阶段性的市场热度下，这类软件的创业团队享受着大量客户使用带来的成就感，少有挫折。这一类软件中甚至已有一些走出国门，获得了在全世界范围内证明实力的机会。不过，这一类软件也常给人以"错误的曙光"，是否真的能以可持续的收入支撑众人的预期，仍未可知。

而经营第一类产品的人们（包括我自己在内），都在更重的模式中沉浮，在市场交易环节的不规范、甲方需求和预期的不匹配或不确定、对成本与收入的计算中打磨。我们怀揣着比肩 Salesforce 的梦想投身其中，却一脚踏上了曲径小路。在这一类软件的市场中，虽然已有诸多厂商小有成就，但总冲锋号还未吹响，曙光尚未到来。

2.2.4　按依附性：平台还是独立

以上 3 类按照"解决谁的问题"的框架去划分，接下来按照"如何解决问题"，也即软件的战略定位进行划分。

过去 20 年中，市场孕育了诸多信息交互的大平台，很多平台以"带货"为收入重点项目，因为带货交易是最基础的社会价值交易形式，是熟人推荐、市场导购等古老概念的自然延伸。在交易的背后，依赖于这些平台的商家往往是从草根发展起来的，对经营所需采用的软件没有任何概念和偏见。一个相对封闭的平台环境，意味着外部厂商有进入的门槛，也就给平台内的软件提供了成长的机会。

而最关键的是，由于依托平台发展起来的商业模式较为统一，商家对软件的需求也就自然整齐划一，这在现实意义上打破了一般中大型企业核心业务多元多样，导致需求迥乎不同、无法标准化的尴尬局面。换句话说，为平台中商家提供软件服务，既能通过解决业务核心问题而具备高客单价的优势，又能因平台带来的经营方法的统一性而实现软件的标准化售卖。

不依赖平台的独立企业软件会陷入高价值和标准化无法共存的陷阱。而基于大规模买卖、交易平台的企业软件，虽局限于平台，但软件的标准化和较高客单价反而可能并存。

这在真实场景中也被不断验证。淘系商家孕育了中国 ERP 领域的无冕之王，微商体系诞生了不止一家营收十亿元规模的上市公司。可以这样总结：只要社会存在大焦点，只要时代可以用单一颜色去描绘，那么头部流量的集中和商业化，必然会配套带来平台中经营管理的信息化需求。京东、抖音、Bilibili 等平台也都有潜力诞生出服务于各平台上产品提供商的现象级企业软件。

虽然基于平台的企业软件普遍声名不显、易被忽略，但其发展历程并不逊色，前景也较为明朗，故在此单列为一类，希望大家能关注这一特殊门类。

2.2.5 按模式：SaaS 模式与传统模式

SaaS 模式以产品为核心，重市场，重运营，搭配较小比例的服务进行交付，是所有厂商的理想方式。然而，以咨询服务为核心、重售前、重交付、产品价值较低的传统模式在行业中仍普遍存在。

无人不想选 SaaS 模式，无人想走传统模式，然而市场的需要和我们的意愿无关。

产品和服务的选择或平衡，似乎已成为短期收益和长期主义之间的抉择。尽管软件创业的成本已相对较低，但一个为主流市场所接受的企业软件，依然至少需要一两千万元的初始资本，加上十余名技术人员花费一两年的时间才能打磨完成（同类 SaaS 产品的成本会远高于此）。在当下市场环境中，必须要坚忍、有耐心，才能将产品打磨到开花结果的一天。

所以，除了市场需求外，早期投资方的要求也会影响厂商下一步的发展方向。在产品获得投资的初期，如果投资方希望尽快进入下一轮融资，那么就会对厂商有立刻收钱、即刻回本的敦促，这势必会让企业进入"树苗尚未长大就得尽快收割"的不理想状态。而在投资市场也风雨飘摇、跌宕起伏的环境中，除非具备大智慧、大毅力、大眼界，否则每个投资者都翘首期盼尽早落袋为安，这就会使厂商不得不放弃缓慢的、需要长期积累的 SaaS 模式，而转向传统模式。

在当下，不求速成、但修内功，不借外力、无须融资、自负盈亏、踏实发展的厂商，反而有可能走出以产品为核心的路线。少部分团队能够坚持走这条路，而大部分从业者还是走了重服务的传统道路。

第 5 章专门对 SaaS 模式进行分析，通过表 5-5"传统软件和 SaaS 的经营要素差异"，可以直观地看到两种模式从内而外迥乎不同的特点。

2.2.6 按核心价值：软件、服务、数据、技术、硬件、资源

虽然软件的表现形式均为浏览器或客户端中的可交互界面，但我们需要穿

透界面看本质，看到这层表皮背后真正在进行商业化售卖的内容，即客户在真金白银购买的、难以被替代的价值载体。按照这样的分类方式，我们能够清晰辨别为何有的软件声势浩大但利润低，有的业务不起眼却能创造高收入。我以此为标准将企业软件的价值分为 6 类，逐一阐述如下。

（1）软件

如果客户购买软件是因为该软件可帮助其提高管理效率、缩短运转周期，并且以建立流程、降低损耗、增强透明度为价值基础，那么客户购买的是"软件"。这是本书讨论的重点类型，也是当下大部分企业软件所做的。

（2）服务

如果客户购买软件是因为自己对需求和成效均不确定，需要专业人士帮助完成全套的组织、流程、软件、实践，那么客户购买的是"服务"。这一服务本可由独立的咨询公司完成，而现在基本由厂商提供。大部分软件需搭配服务售卖，这也是本书讨论的重点之一。

（3）数据

如果客户购买软件是因为该软件能为其带来外部市场的某些数据资料，帮助其对外部主体（投资者、人才应聘、友商打探、伙伴合作）快速建立连接或认知，那么客户购买的是"数据"，比如招聘网站企业版（卖的是海量人才数据）、数据云和情报云、企业信息查询服务（卖的是企业公开数据和公开情报）、防黑产和反"薅羊毛"服务等。

（4）技术

如果客户购买软件是为了获取一般工程团队难以实现的某些能力，那么客户购买的是"技术"。因为当下市场需求普遍不太复杂，所以除非有合规驱动，否则由技术驱动购买的软件数量仍然会较少。技术虽然应用非常广泛，但一般只作为软件的点缀而非独立产品。

（5）硬件

如果客户购买软件是为了使用其配套的硬件，那么他购买的其实是"硬件"。软件由于多种原因在客户认知中价值不明显，所以硬件和软件打包、软件作为硬件的配套工具就成了常见方式，有点像是买自行车送维修工具。例如购买会议室中远程视频套组会搭配提供软件，大型工厂购买复杂海外机械配套会获得设计软件等，均属此类。在过去，部分国产软件甚至会包装为硬件（将软件预装到服务器盒子中），以试图用客户更认可的方式进行售卖，这明显是一种短暂的"返祖"现象，徒然增加了成本却并未带来额外价值，未来必然会消失。

（6）资源

如果客户购买软件时实际支付费用的大头给了某些限定供应的资源，那么他其实购买的是软件包装下的"资源"，例如实名认证背后的公安数据、短信服务和网关流量背后的电信运营服务。这些底层资源往往有垄断性质，所以可理解为硬性成本。

以此分类，我们就可以展开对利润、价值和成本的分类分析了。

首先，对于软件和服务，前文已经讲过它们的特点，这里不再赘述。

其次，对于数据和技术，我们能借此做出短期的高利润、高价值产品。因为产品的核心驱动力是专业性，客户自研成本高（甚至不可能研发），所以市场格局必然是由竞争驱动的，定价与对应的利润也会是如此。在行业刚刚发展、市场中少有竞争的时候，以数据和技术为驱动的软件可以卖出高价；而在门槛不断被后来者越过后，竞争会快速将利润抹平。

最后，对于硬件和资源，核心在于硬性成本。客户在判定价格时，通常对不可避免的硬性成本更加认可，而在不好估算、弹性很大的软性成本上纠结。我们去餐馆判断菜品是否昂贵，通常会算人工，算材料，算房租成本，但对品牌、装修、管理等成本就难以考虑周全。由此，厂商有硬性成本为软件价格奠基，相当于为收入规模就已设定了底线，所以具备这两类卖点的软件即便利润微薄，带来的收入也非常可观。经常听说有十来人的小团队做出数千万元营收的软件。当然，由于核心竞争力的缺失，这些软件虽然从整体收入来看非常惊艳，但以利润算人效则又会回归"卑微"。

2.3 本章小结

在这一章中，我们通过对行业"大、专、低、杂"特点的分析，得出了行业珊瑚礁状的整体结构形态，并从不同的分类方式、不同角度观察行业整体，通过一系列横切面的组合，鸟瞰行业全貌。对行业整体情况的真实认知，不仅对投资者或即将入行的人有显而易见的重要性，还可帮助业内人士走出狭窄的专业区域，看到更广阔的可能性。

这一章聚焦于行业概况，省掉了大量细节，以让读者尽可能建立全局观念。接下来两章是上篇中最为关键、切题的分析内容，会针对软件行业内外的诸多现象进行进一步的阐述，相信能让从业者感同身受。

2.4　扩展阅读

以下推荐阅读书目不局限于本章主题。

《论人类不平等的起源和基础》《社会契约论》　让 – 雅克·卢梭

理想道德与现实之间存在落差，各文化中的思想者都对此同声共鸣。卢梭的思想是博爱、平等的。通过对其著作的阅读，读者能感受到卢梭思想的返璞归真的倾向，即便书中部分论点已明显过时（著作至今已有两百余年），但作者思想中的力量、面对宏大问题的勇气仍让人钦佩、叹服。

《权力与特权：社会分层的理论》　格尔哈特·伦斯基

通过对西方社会变迁过程的观察，我们能更清晰地看到其体系的局限性和万变不离其宗的根本逻辑。本书是一部社会学专著，通过分析西方历史不同时期的权力变更，为社会演化变迁提供了充分的理论解释。本书虽然较厚，但读起来完全不枯燥，在此推荐。

《哥德尔、艾舍尔、巴赫：集异璧之大成》　侯世达

本书将数理逻辑、版画艺术、音乐艺术 3 个本毫不相关的主题融合为一，以近乎文字游戏的生动方式，对一系列科学和社会现象进行触类旁通的讲解。我在 10 年前阅读此书时耗费两个月整，本书确实需要一定的数理逻辑能力才能读懂，但读者若能读进去，则可发现本书自成世界、丰富饱满、精彩绝伦。多年后，当我在行业实践中也开始将工程与艺术、文化与情感融汇糅合，回过头来再看此书时，可谓恍如隔日。

《中国文化的精神》　许倬云

十余年前，我就建立了中国必将迎来自己的文艺复兴浪潮的坚定信念。原因无他，只因中国文化让人崇敬，在世界中难寻其右。中国影响力的扩大，必然是经济、军事等硬实力和文化、艺术等软实力共同蓬勃向外的过程。国家如是，企业亦如是。这本《中国文化的精神》讲出了风土民俗的可爱神韵，让人阅读时心里充满平和暖意。旧风俗中必定有糟粕之处，但也蕴含着开启下一个

精神世代的伟大能量。我相信未来中国商业的精气神中一定会融入更多优秀的民族文化底蕴。

《规训与惩罚》 米歇尔·福柯

这是一部充满魅力的社会学著作，以刑罚手段的变迁作为主题，对规训、管理和异化等社会学话题进行展开讲述，旨在点醒众人。作者米歇尔·福柯是知名的法国社会学家，以立意鲜明的题材和饱含感情的文风著称。

《六论自发性：自主、尊严，以及有意义的工作和游戏》 詹姆斯·C.斯科特

这是一本贯穿了社会管理与个人精神的书，采用了批判性的思维，对秩序与效率之间偶尔不可调和的矛盾进行了分析。本书篇幅短小、文笔流畅、引人入胜，让我们思考社会与个体之间的相对位置，并拒绝对事情采用非黑即白的看待方式。

《万历十五年》 黄仁宇

本书的名气反而可能是一些读者开始阅读的阻碍。其实这是一本讨巧的奇文，读起来像是故事书，每个人都能阅读，每个人均能有所收获。本书通过对万历年间几位重要角色的生涯的刻画和描摹，借古喻今地表达了一种"大历史观"。现代人读完，应会感慨"太阳底下无新事，历史仿佛不断循环"。

"简史三部曲"尤瓦尔·赫拉利；《枪炮、病菌与钢铁》 贾雷德·戴蒙德

读人类史，应该怀有两个目标。第一个目标是知道我们从何而来，才能有信心向远处去。现代绝大部分的"伪像"，均由几个关键要素演化而来，对现象的理解要深入本源。第二个目标是求同存异。各国家/地区的民族历史之间的显著差异，并不来源于这些民族本身的天生差异，而来源于环境的差异。所有人其实都是一样的。在阅读中达成了这两个目标，我们才能借此知识通达天下。

第 3 章

软件需求的本质

软件系统的主要问题不在于技术，而在于社会性因素……在大多数项目中，社会性的复杂度远比技术上的挑战要难处理得多。

——Tom DeMarco/Timothy Lister《人件》

世界上许多事物并不是从一开始就注定要发展成现在这个样子的，在事物发展的初期，它们往往有多种发展的可能性，由于条件或者纯粹机遇的关系，最终才沿着某一个特定的方向发展下去。

——金观涛/华国凡《控制论与科学方法论》

对于外部的情况，真正重要的不是趋势，而是趋势的转变。趋势的转变才是决定一个机构及其努力的成败关键。

——彼得·德鲁克《卓有成效的管理者》

甲乙方之间的需求满足过程，也即生产和消费过程，是任何商业形态的最基本核心。市场是一台自我运转、增强的机器，需求（企业）和供给（厂商）两侧互为补充，彼此加强，共同决定了市场的形态和走向。社会价值依赖于劳动生产和市场需求，二者均不可或缺。

当我们进行业务决策，或者选择创业，又或者站在投资的路口时，要对行业需求进行深入理解和有效评估。这是一切商业行为的基础，有着绝无仅有的重要性。

本章将从需求侧出发，通过对价值与需求进行分类，深入拆解企业软件的价值核心；通过分析需求的演化过程，综合检查需求对厂商、行业的影响。内容如下。

- 企业需求与软件价值：深入地了解企业采购软件的需求动机，挖掘软件的根本价值。
- 跃迁带来的重交付难题：由社会跃迁带来的企业断层导致了软件行业的重交付模式。
- 市场组团与通用画像：将市场中常见企业客户进行分类，描绘画像，并简要分析各自的需求特征。
- 国产化、专精化和云化：简述国产化、专精化、云化这 3 个需求变化趋势。

经过二十余年的发展，中国企业软件的需求基础已基本成形，扎实稳固。无论是深入耕耘的从业者，还是新入行的人士，均应该先对市场总体情况建立认知，以便认清方向、抓住机遇。

3.1　企业需求与软件价值

3.1.1　软件价值分类

企业经营是以为目标客群提供有价值的产品和服务为主旨，整合人、财、物、事等资源，进行生产经营的经济活动。因为软件可以在多个层面为企业经营提供便利、加快速度、节约成本，所以企业通过购买软件认可其价值。

对应企业可能产生的软件需求，软件为企业带来的价值可分为 5 类[一]，如表 3-1 所示。

[一]　参考文章"Accessing and Managing the Benefits of Enterprise System"，作者为 Shari Shang 和 Peter B Seddon。

表 3-1　企业软件价值分类及说明

价值分类	价值说明
经营价值	企业经营指利用各类资源进行生产的行为，通常以件、批、时、天、周、月为单位。资源既包括加工和生产所需的硬材料，也包括人力资源、办公资源等软资源。对于大部分企业来讲，企业经营效率决定了每单位产出的成本高低，而成本低的企业在利润率、降价余地、管理成本、拓展灵活性上都具有优势。因此，高效经营是企业的竞争力核心 软件在 50 年发展历史中，一直为企业加速生产、标准化生产流程、增大生产数量等方面提供帮助。如果新购软件能帮助企业将空间、存储、物流、生产废品率、返工率、宕机延误、人力成本等方面的经营损耗改善 10%，那么软件的采用最终会为企业带来远远高于投入的回报
管理价值	上一类聚焦于生产流程的提效，这一类关注资源管理的提效 对于现代企业管理来讲，"数据驱动决策"已成为主要潮流，虽然大多数企业的信息化程度仍稍显落后，但这一趋势无疑已成为业内共识 软件天然是企业信息和流程的核心节点。在软件上构筑针对采购成效、使用情况、行为分析、可疑问题、优化建议等信息的自动报告系统，企业能够对自身运营状况建立数据模型并进行分析，找出流程中大的损耗点和薄弱点，然后通过流程变更予以优化和加强，最后观察数据表现，检查效率和效果，进而走入科学管理的正向循环 这将为管理层了解各类资源使用情况以及最大限度发挥资源价值带来莫大的便利
战略价值	企业战略目标是针对宏观策略的远期规划。每家企业都要确定自己的市场受众和切入方式，而软件可以帮助企业加快对战略目标的探索和制订过程 通过对市场信息的汇总和对反馈的收集与衡量，企业可得知当前受众偏好，以明确产品走向 PMF（Product Market Fit，产品市场匹配）的方针策略，明确自己的定位；通过对经营成本的降低，企业可能采用更具价格优势的市场战略；通过对局部创新的统一、标准化技术支撑，企业可以让新的平台、新的业务、新的渠道以最快速度上线并进行市场测验，打造潮流、尖端、创新的品牌形象；通过对客户行为的分析与理解，企业可进一步走向更高收益的道路；通过对数据的把控和对流程的标准化，企业也可以发现对外合作与宣传的商机
灵活价值	我们经常看到一个企业，甚至行业，在短短三五年中走完"出生""成年"到"老年"的全过程 在每过几年就会出现新方法、新范式的"进步年代"，只有具备足够的灵活性，企业才能顺利地跨越如此密集的周期。通过一套完整的业务支持软件（类似于中台），企业能够在多变的环境中灵活应对，并且在每次变化来临之时把握先机。这可能是在时代快速演变的背景下软件为企业带来的最重要的价值，该价值也可归于战略价值的范畴
组织价值	企业依赖于人员的高效交流、分享和协同来更充分地达成一致观念，有效进行决策，并激发每个成员的主动性和进取精神 企业软件可以帮助企业进行观念聚焦，增强团队凝聚力，加快信息流动的速率，提供企业的知识与文化学习策略，并将这一系列过程信息化、自动化

在现代企业激烈的竞争环境中，哪怕是 10% 的效率优势，也可能让企业在

政策扶持、资本投注、人才吸引、媒体曝光等层面获得众多额外加成，将这一优势放大数倍、十数倍，使之成为企业的竞争优势。举个例子，采用新能源车一体压铸技术可使车辆降重 10%，续航里程增加 14%，单位成本下降 7%，单位投资下降 8%，而我们都可从近几年铺天盖地的宣传中感受到，这 10% 左右的优化经过层层放大，为新能源车企带来了多大的势能。

在效能优化和声浪放大形成的价值组合的坚实基础上，企业信息化还具有多重外部推动力，这些推动力会稳定地保障企业需求始终旺盛，促使软件市场规模不断增长。

- 政策：政企信息化产业长期享受着政策支持的红利，上文对此已有讨论，此处不再赘述。
- 投资：沉着、长期的投资者约从 2016 年开始不断在企业服务领域增加筹码。虽然我们偶有看到企业服务领域的投资在短时间狂热后快速冷却的情况，但这些快速波动其实均为投机者炒作热点所致。实际背后真实关注和押注该行业的投资者数量是缓步增加的，他们被投机者抢去了风头，反而并不显眼。
- 质量：市场中软件产品的服务质量和多元化程度不断提高，吸引更多企业客户关注，且通过模式创新能将更多企业组织纳入客户的范畴中。SaaS 模式面向中小客群、开发者工具逐渐成为热点等情况，均在原有市场的客群范围之外开拓了新的市场。
- 体验：对用户体验、软件易用性具有高预期的消费互联网，从最近似 ToC 性质的领域（例如办公协同、IM、视频会议等）开始，逐步对企业软件行业产生影响，推动了以用户为中心的企业信息化发展。以用户为中心的设计（User Centered Design，UCD）是工业化设计的必经之路。更简易、友好的体验必然会打动更多潜在用户，从而帮助企业进一步扩大市场。

这一系列因素共同构成了企业对信息化的坚实、长远的需求，并为企业软件行业带来了持续发展的市场。

3.1.2　软件采购决策的心理因素

企业由人组成，而人的行为会受到自身情绪、情感影响。

在上述核心价值之外，还有一个特殊的需求类型，它并非从企业真实价值的角度入手，而是以决策者在整个行业、市场、社会中感受到的压力和情绪作为切入点进行分析。这是一个单独的需求类型，经常为大家所忽视，所以在此专门用一节阐明，希望该类型需求能得到大家的关注。

就我自己的观察来说，即便客户打算购买的是效率软件，即便厂商也以"增效"作为其软件的宣传点，但客户的购买动机是否真的 100% 源于对效率的追求，这非常值得怀疑。可疑点有以下几个。

- 客户在事前经常无法列举出需求清单，意味着客户自身并不完全确定软件能带来的价值。
- 客户在事中和事后通常并未配套建立效率衡量指标，对量化结果也没有过多关注。没有指标则无法衡量进步（No Measurement, No Improvement），若未建立效率衡量标准，则意味着客户对软件的"提效"价值无法衡量，也即并不真正看重。
- 在软件交付后，若软件真的有效，客户反馈通常是"真的有帮助""方便了很多"这种粗略的性质评价，再次表明了客户事先并不确定软件价值，且缺乏切实有效的衡量标准。

上述可疑点在诸多领域中皆明显存在，那么客户在存在疑虑的情况下为什么仍要购买软件呢？这就需要引入心理驱动因素。

可能有如下几个心理因素在同时发挥作用。

- 落后恐惧。中国市场的竞争刀光剑影，短短几年，企业成王败寇。出于对竞争结果的畏惧，企业管理者不得不持续对友商保持警惕。一旦友商出于某些原因采用软件工具，其他同行也不得不尽快跟进，以避免竞争失利。在第 5 章中，我们会看到竞争压力与企业采用 SaaS 这一新模式的决策也有较强的相关性。
- 环境压力。环境压力包含来自法规条例的合规压力，来自解决方案服务商鼓吹的行业最佳实践的压力，来自国内推动信息化和上云的大趋势的压力等。在这一氛围下，采购软件具备默认的正确性，即便该决策出错，负责人也有借口；而如果不采用软件，则相关人员有被评价"尸位素餐""落后时代"的风险。
- 职责要求。对于企业的 IT 人员或 CIO 而言，为企业建立信息化体系是基本职责。国内并没有原创的整体实施信息化的最佳实践，企业信息化体系的基本蓝图都是参考海外的。而 CIO 由于职责所在，哪怕"做了没用"，也不能"无事可做"，故对西方国家的信息架构进行模仿，促使企业对特定的企业软件产生需求。

只有将这些因素考虑在内，才能解释行业中普遍存在的"挂羊头卖狗肉"的特殊现象，才能回答本节开始时提出的可疑点。

在从上到下贯彻推进经济转型的过程中，这些心理因素的产生有助于社会、企业、人员对此趋势达成认知上的高度一致，极大降低企业的决策成本，有其特定的社会价值。但与此同时，市场中也存在盲目投资、冲动购买的可能性，容易造成浪费，可能会制造出虚无缥缈的行业泡沫。

我相信，由真实效率驱动的软件可获得长久成功，而纯粹由心理因素驱动的软件早晚会退出历史舞台。但在这一过程中，市场中的普遍性情绪也应该能够为我们所用。

这些心理因素在不同行业都发挥了重要作用，我们可以仔细去辨别客户采购背后的心理动机，并在推广时有针对性地制定影响策略。在一定程度上，客户进行软件采购是因为具备了采购的意识，这一意识能够将软件和革新、效率等企业发展目标挂钩，但它并非来自对实际的实施效果的预期。经过精准的品牌定位和市场营销，厂商可以构建并加强这一意识。在第 7 章中我会分享更多与营销相关的内容。

到底采购决策在多大程度上是心理作用呢？这并无统一标准，我们可以在各自领域中衡量评估。

3.1.3 商业复杂度与软件价值趋势

为什么企业软件直到最近 10 年才开始飞速发展，而在之前数十年并未占据更显著的市场位置呢？作为从业者和投资者，我们更关注未来的趋势，都希望能乘浪前行，那么企业软件的价值在未来是会不断增长，还是会上下起伏呢？

为了回答此类问题，我们需要将企业软件的发展与社会的长效趋势进行关联。为了达到这一目的，在本节中，我将软件趋势与商业复杂度这一概念联系起来。软件是劳动工具。若我们抛开它科技化的表象，从社会价值的本质上讲，它和锤子、炊具并无区别。劳动工具的分化和专业化，既是市场发展的步骤，也是结果。

商业复杂度是市场经济中资源自发流动而产生的非线性特征，是专业化分工和不确定性相结合的产物，也是当前模式下经济发展的必然结果（可参考"复杂理论"；这是一个微观经济学概念）。为了便于衡量，我们通过企业内外部有多少"连接"和"连接层级"来判断商业复杂度：连接数量少，连接层级少，则复杂度相对较低；反之则较高。

商业复杂度是分层向上发展的。就像搭积木，复杂度更高的组织必然要建立在一系列稳定、低复杂度的组织之上。要建造复杂的汽车，必须依赖数千个简单、稳定的零件。

在社会越发开放、经济越发活跃的前 20 年，社会中仍存在大量的断层。这些断层是专属于早期开拓者的"低垂果实""地表黄金"。创业者简单、纯粹地对这些断层进行弥合，即可释放出庞大的社会能量。

因此，在这一阶段，中国企业的发迹以基础生产和销售关系为主，由于供需市场错乱、存在断层，创业者只要有门路将断层走通，即可获取市场收益。那时，我们现在所强调的企业经营流程和管理模式并不重要，亦无人关注。由于市场需求处于极大不满足的状态，所以商业循环对厂商侧生产、经营和销售的效能要求均不高。由此产生的产品，其复杂性和市场附加价值当然也较低。

较低的市场预期、较弱的市场竞争，使企业不用过多关注经营细节，无须经过复杂的组织流程，即可创造巨大的社会价值。这一阶段几乎没有企业软件的市场，因为软件无法帮助企业的经营提效。

而随着社会的发展，消费者的最基本需求得到了满足，自然就会产生对质量、品牌、多元定位的差异化需求。生产的内容从玩具、铅笔变成飞机、高铁、芯片和软件，零件供应商从寥寥二三变为成千上万，要解决的社会问题也从"更多人需要铅笔"变为"如何实现碳中和的绿色经济"，问题的复杂度呈指数级攀升。这些问题出现在最基本需求已满足、低垂果实已被采摘干净之后。与之对应，企业不得不搭梯子、找人手，尝试爬到高处获取更多收益。于是，需求的复杂度沿着价值传递链条传导到了供给侧，使得企业想方设法去满足复杂需求、解决复杂问题。

问题复杂性是外部输入的复杂性。除此之外，在竞争的压力下，企业内部也会产生原生的经营复杂性。经营复杂性来自精益求精、降本增效的需求，来自越发激烈、火热的市场竞争。为了在同一赛道超出同行，企业自然就会希望在生产效率、经营效率、宣传势能、品牌定位、人才管理等一系列维度上形成全方位的竞争优势，以分工、专业化和协同去对抗经营复杂性，以期获得行业平均水平以上的收益。细分的支撑部门纷纷设立，而这些专业化职能所需的特殊流程和实践，就是企业软件可以大放光彩的范畴了。

我们需要格外注意，更高的复杂度意味着更高的成本。企业不会主动追求更高的复杂度，也即不会主动采用软件，只会被动地应对市场中逐渐提高的需求复杂度。社会进一步发展，需求进一步得到满足，企业为了获得利润，必须对更高层面的价值、更深刻难解的问题进行探索。从根源上来讲，要解决的问题本身在变得越发复杂，再加上业内竞争日益激烈，致使企业走向拥抱复杂性的道路。从这点上看，是需求的变化驱动了企业应对方式的变化。

软件在此时作为"梯子"，价值自然就能得到凸显。市场中需求升级、竞争白热化，使企业不得不发展深化、专业的职能，以满足自身对人才管理、法务合规、市场宣发、调研定位、品牌设计等竞争优势的渴求，软件在此过程中带来的降本增效价值显著、不可替代。

上述过程可简要总结为图 3-1。

图 3-1　企业软件价值传递链条

回顾过去 40 年的发展，历史印证了这一假设。而这一趋势不只发生在中国，在全世界范围内都有所体现。

在互联网诞生后的 30 年中，全世界都因信息的易得、易传播而受益。信息得以忽视地理位置和时间，在全世界范围内传播。这极大促进了资金、人才等关键资源的高效流动，进一步释放了更细粒度的分工协同带来的商业生产力。更细分、更高效的经营活动，促使商业复杂度似乎无止境地攀升。这也是发达国家对软件的需求不断增长、软件市场不断蓬勃发展的背后原因之一。

袜子生产作坊里不需要企业服务。只有在商业复杂度增高时，为商业提供咨询、流程、效率、工具的企业服务的价值才能有所凸显。我们将这一假设放在未来，即可得出以下推论。

第一，企业软件的价值还会持续提升。只要市场经营要素持续、稳定地流动，相对低复杂度的问题就会被持续解决，后来者为了更多利润，自会不断向更高复杂度的问题攀登，挖掘客户更深化、更刚性的软件需求，形成软件价值自发攀升的动力。这一模式仍有巨大潜力可挖掘，短期看不到尽头。

第二，应以企业复杂度判断客户的软件需求规模。软件行业内经常以企业客户的员工人数、收入能力、付费能力等常规指标作为企业客户是否优质的判断依据，而忽略了"简单"的大型企业在国内普遍存在的事实。若企业面对的市场竞争小，需求不复杂（如矿产运输行业的企业），则企业自然没有动力采用复杂流程或管理体系。尽管企业可能员工众多、收入达亿万元，但对软件的需求规模仍会较为有限。因此我建议，用可对复杂度进行粗略衡量的企业连接数和连接层级替换掉规模、收入等，作为评估企业软件需求规模的衡量指标（或至少作为补充指标）。

第三，问题复杂度和经营复杂度分别驱动了垂直软件和通用软件的发展。面对问题复杂度，企业在一定程度上需要衍生出可与其对应的复合流程，将多元的外部信息统一整合为企业的一套经营数据，且每一行业的要求均不相同。是故，问题复杂度的提高带来的是行业中垂直类企业软件的机会。而面对经营复杂度，企业会在内部分出不同的业务和支撑部门，以体系性地加强市场宣贯、提高人效、降低运营成本，这是经济分工的最基本趋势。所以经营复杂度的深化带来的是通用类企业软件的机会。这两个方向虽同出一源，均由需求复杂性与竞争引出，但发展动力仍有差异，需仔细区分。

通过分析商业复杂度与企业软件需求之间的关系，我们就有信心回答本节开头的问题了：企业软件的需求与商业复杂度应会携手增长。中国经济主体采用从上到下规划、从下到上汇报的管理模式，资源集中不松散，市场竞争相对有限。在基于规划的市场领域中，天然不鼓励过度竞争，企业的复杂度也就相对有限，软件也只具备在"在规划中"的价值。而在过去 40 年间，随着市场开放度、活跃度不断提高，社会持续进步，经营复杂度随之不断提升，对软件的需求也更加复杂，驱动了软件行业从无到有的加速发展。近 10 年间，商业复杂度越过了第一个临界点，使得软件的价值初步释放，企业软件在普遍意义上获得了认可。

放眼未来，这一趋势亦不会改变。这让我们可以用更长远、更从容的心态来面对当下的挑战。

3.2 跃迁带来的重交付难题

重交付难题是行业的最大问题，也是中国企业软件行业的显著特点，从业者为之捶胸顿足，投资方也常百思不得其解。

我们经常会从现象中找寻原因，似乎重交付难题的根源是企业既有的老旧系统，是对接的需求数量或个性化需要太多导致了重交付。这无疑是原因之一，但远非全貌。由于国内企业很多仍处于信息化发展阶段，很多业务仍未信息化，与一些信息化发展较早的国家相比，老旧的信息化系统只会更少，不会更多，这没有理由导致普遍性的重交付行业模式。即便考虑到老旧系统的非标准性，也无法只从这一个方面来充分解释此现象。

这一节中，我将尝试从社会跃迁的角度出发，阐述重交付模式在当下存在的必然性与合理性。这一视角较为宏观，因此具备对一些大问题的解释力。

中国社会的跃迁是多方面的。其中包括从农村跃迁到城市，从第一产业跃迁至第三产业[⊖]，从二元经济跃迁至复杂的现代市场经济，从传统的道德约束跃迁至现代的依法治国，从自上而下的社会管理方式跃迁至上下兼顾的现代制度等。

从现象看，我们可以肯定跃迁现象的存在，但我们远不能说中国用 40 年走完了西方发达国家 200 年的道路。社会发展是复杂运动，（技术上的）"压缩"发展使中国取得了今天的成就，也必然会留下诸多需要解决的社会隐患。

将企业软件行业放在跃迁的时代大背景中，就形成了国内现在的非标准化服务交付模式。

当一个具备标准功能、标准流程的企业软件产品交付给客户时，会同时发生 3 件事情：客户的认知需要与软件价值达成一致；企业的流程需要与软件支持的流程对齐；旧有系统需要与新软件完成对接。这 3 件事都完成后，交付才能顺利完成，客户才能顺利使用。因此，当客户的认知、流程和信息化现况本身就与软件相符时，售卖、对接或替换的成本肯定就相对低廉；而当客户情况和软件之间差异巨大（而这是跃迁导致的必然结果），服务商就必须承担额外责任，把中间相差的部分通过各种服务去补齐。

⊖ 此处参考经济学家威廉·刘易斯的《无限劳动供给下的经济发展》的观点，这可能是后发国家的通用道路。

这好比给一辆老爷车换上现代引擎（或者给一辆现代跑车换上古董引擎，顺序并不重要，关键在于其中巨大的代际差异）。这中间要做的所有调研、交流、方案、适配、对接工作，均由这一款新产品的售卖和交付环节完成。克服惯性、惰性和既得利益者的抗拒而进行跃迁是需要能量的，而能量不会凭空而来，必须有人承担这一投入。政企客户的运转逻辑决定了它们难以自行完成信息化跃迁，这一发展重任必须由厂商承担。

这是重交付模式背后的逻辑。

从这个角度看，中国的政企信息化普遍需要的是重大项目的深入咨询和定制，真正具备购买力的客户大多是"米其林"模式，即专为客户定制产品的重交付模式。也只有在这个模式下，软件厂商的成本得以由较高的客单价覆盖，厂商才能够深入与企业客户进行协同，提供大量支持、经验和能量，以帮助企业完成信息化跃迁。软件厂商的人力成本本应因此变得高昂，但又由于国内存在数量充裕的、相对不昂贵的初级开发人员，软件厂商得以用较低成本维持组织规模，这一模式得以在现有条件下运转起来。至此，中国信息化的列车才能缓缓前行。

软件厂商和投资者如果抛开对低利润、难扩张的重交付模式的厌恶，只从市场整体的利弊出发，不带感情色彩来看，或许会发现：可以（或愿意）提供重交付模式，反而是厂商具有的、符合市场需要的竞争优势。

从另一个角度看，跃迁带来的方方面面的断层早晚会被前赴后继的厂商补齐。而在那之后，行业可能就具备了更标准化产品的生存土壤，企业的普遍利润率才能攀升，与欧美的 SaaS 模式进一步对齐。

重交付模式是企业发展的必然要求，面对这一事实，厂商和投资方如果希望能尽量控制成本，那么就有必要将现在普遍的"重"模式的支柱原因拆解出来，并以此分析"轻"模式是否可能出现，可能在哪些领域出现，什么时候才会出现。

跃迁导致的重模式可拆分为 3 个方面：流程、系统、人才。下面逐一来看。

3.2.1　企业流程带来的定制难题

企业经营最佳实践的不统一，导致了业务经营流程的不统一，这是最突出也最根本的需求非标准化难题。对实践的归纳总结是成体系的科学知识的重要来源，在稳定、标准、通用的企业经营方案之上，才能构建标准的企业软件产品。

在第 2 章中我们提到，在逐步开放的社会中，初始存在大量资源和信息错配，所以当时最具效率的价值创造方式就是资源整合。将南方的水果卖到北方，将北方的奶制品卖到南方，就能产生巨大的社会价值，获得丰厚回报。而在过去 40 年中，在一代又一代企业家的努力下，信息和资源的断层越来越少，单纯的信息组合能够带来价值的场景逐渐边缘化。随着价值趋低，企业为了生存发展，不得不转向专业化、专精化的分工职能。这是必然趋势。

在这短短 40 年中，不知叠加了多少代、多少种不同的企业价值理念和业务模式，由于压缩式发展，旧的未去，新的又来，层层叠叠，构成了企业模式的纷杂多元，也构成了企业软件依赖重交付的最根本原因：软件基于流程，而流程五花八门。

一种声音认为，流程不标准是因为管理人员水平不到位，我想这肯定是因素之一，但应称不上主要因素。如果企业真的需要拥有 MBA 学位的经商管理人才，那么市场会快速提供大量人才，我们可通过过去 20 年金融、软件行业的人才爆发来推断这一点。而恰好是市场本身对专业管理能力无动于衷，MBA 人才的真实价值不比其成本高多少，才导致专业管理人才的匮乏。换句话说，并非缺乏经管能力导致企业管理水平较低，而是反过来，企业用不上现代管理，市场偏爱草根经验，反而排斥刻板知识，才导致 MBA 人才难有用武之地。MBA 或专业管理能力的缺失并非导致问题的原因，而是市场偏好的结果。

在这跃迁前后的多代企业中，越往前的企业越关注关系、消息，越往后的企业普遍越关注效率、方法。因此，软件（或 MBA 人才）大概率无法帮助前者提效，只有对后者才能发挥出价值。而由于前者向后者的代际更替是必然趋势，软件对企业的整体价值就会提高，标准化产品会随着时间推移而具备更充分的发展土壤。

我们可以说，当资源整合带来的利益降低，专业化经营成为创造和拓展社会价值的主流方式时，企业软件也就将迎来黄金时代。

然而，即便软件的发展在这一过程中命运波折，我也不认为企业的多元、多变是没有意义的。发展不是规划出来的，而必然是实践出来的。当我们对市场认知不够充分的时候，多元化的方案有益于企业寻找到最适合国内环境的经营策略（肯定不止一种），也有益于企业分散市场风险，不至于受到波动的过大影响。当企业的发展土壤逐渐稳固时，属于中国的实践方案肯定会浮现，并在更广泛的范围内达成共识，社会也会进一步降低创业、服务和交易的隐性成本，增加社会资本。

在社会中，企业经营的多元或一元不是非黑即白的。出于市场经济中专业分工的需要，每个企业的经营策略必然会有所不同，因此才能形成差异化竞争。然而，企业如果从头到尾，从人员、文化、组织，到生产、管理、运营等方面，全面地为自己细分的客户构建一整套专属的企业软件模式，目标客户的体验可能极佳，但企业的成本则过于高昂，社会中既有的资源和供应将无法复用，市场也将趋于分散，反而不具备性价比。

总结来讲：行业过于单调，则缺乏活力；过于纷杂，则难成规模。行业必然要在这中间寻找平衡。

进入企业的微观视角，我们就会发现，在同一家企业经营的不同职能中，平衡点的位置也不尽相同。拿零售企业举例，不同零售企业获客的流程和方法本就应有较大差异，是进行高品牌价值投入的直营，还是选择深入市场、重视渠道的分销，两者差别很大，且可能都行之有效。这本是差异化竞争的本来面目。针对此类场景，软件必然会面临诸多特立独行的需求，以满足客户丰富多变的经营理念。从经验上来讲，面向零售大客户的会员系统、数据中台（如CDP，Customer Data Platform，客户数据平台）等，均需要大量定制才能交付，正是此理。与此相对，由于企业面向的大概率是同一个人才市场，人们拥有类似的文化背景和职业预期，企业内人力管理具备较为统一的理论和实践，人力资源管理软件（HCM）也就具备了通用的基础。

对比例子中的两个领域（CDP 与 HCM）：前者离业务近，所以定制多，交付重，然而解决的正是企业核心问题，所以客单收入高；后者离业务远，所以流程通用性、标准化程度更高，然而属于管理效能问题，不直接帮助客户创收，所以客单收入低。这进一步可以推演出企业软件（不限于中国）的两个大模型：服务模型和产品模型（或传统模式和 SaaS 模式）。在任何市场中，两个模型谁也不会完全替代谁，只会此消彼长。目前国内市场整体更重前者，且在向后者转向。

3.2.2 老旧系统带来的集成难题

第二个问题是企业已有系统与新软件交付过程中的对接、集成问题。在采购核心软件时，厂商实际收入的 50% 以上①来自交付服务，这是司空见惯的情况。

在为客户提供信息化咨询的过程中，可以很清晰地观察到时代快速变迁留下的印记，这些印记像是企业信息体系的"生长纹"。外企从进入中国起即具备相对完整的信息体系，所以能更清晰地观察到其信息体系的变化。接下来，我们以一个假想的外企为例，简单回顾一下过去 20 年的软件需求升级，并体会交付新软件给此类外企的难点。

千禧年前后，这家我们想象中的成名已久的消费行业外企进入中国，开始探索中国这一广袤的市场。由于当时中国并无厂商能够充分理解和承接这家外企的信息系统要求，而且彼时全球化进程仍在巅峰，没有人会想到要为地区市场专门采购软件，所以该外企带着配套的国际软件进入中国。这些国际软件可能开发于 20 世纪 90 年代，体系陈旧，难以维护，但当时无人能预见未来的剧烈变化，不会有人有超前远见。外企使用这一系统支撑自身在中国的门户网站，并积累了初始用户，用户可以进行注册会员、申请实体卡等简单操作。

到了 2010 年前后，中国移动互联网开始起步，这家零售企业抓住机会，提供 App 以方便会员注册、商品售卖。由于移动浪潮的流量巨大（意味着对零售行业的吸引力同样巨大），App 使用人数超出了国际软件设计的范畴，这家企业不得不在中国单独招聘开发团队，研发专门适配中国市场的 App，并且该 App 需要与国际软件打通。这项工作耗时 2 年，其中 1 年花费在与国际团队的协调和流程申请中。

到了 2015 年前后，天猫"双 11"、京东"618"等活动以及微信小程序等渠道，在短短几年时间内连续爆发。这家企业感到目眩神迷，在与国际团队多次协调沟通后，达成一致：半自建半采购地去搭建自己的会员数据中心，并将各个渠道的会员数据导入，统一进行数据分析。然而，由于部分业务无法摆脱对陈旧国际软件的依赖，而在业务扩张的压力下又必须尽快出具即时方案，企业不得不保持原有软件不变，额外增打大量补丁，就像在古老的四合院中搭

---

① 此处采用了经验估值，该值波动很大，上不封顶，甚至可以超过 100%。

建新房。虽然体系能继续运行，但架构师心里肯定清楚，这套架构无法长久使用。

到了 2020 年前后，抖音短视频、直播带货又引领了新的潮流。不仅如此，近 5 年多个国家和地区发布了各类针对消费者数据的权益保护法律法规，例如欧盟 2018 年实施的《通用数据保护条例》，美国出台的《加州消费者隐私法案》，中国的《中华人民共和国网络安全法》《中华人民共和国数据安全法》《中华人民共和国个人信息保护法》等。合规成本对各个国家和地区来说均陡然之间变得更高，对中国也不例外。自建系统的风险和成本均过高，该外企决定采购一款成熟商用软件，把过去的所有问题一次性解决。

在这时，假设我们作为软件厂商介入，我们面对的是怎样的复杂度呢？

首先是老旧数据的兼容问题。在长达 20 年间多代系统辗转的过程中，数据的规范也肯定经历了多轮变化，系统中必定积累了大量的无效数据，以及早就没有价值但占据着宝贵数据资产的僵尸数据。举例来说，使用"手机号＋短信"注册账号的方式近 10 年才变得普及，之前使用的都是邮件、QQ 号、用户名或未经验证的手机号（当时未经过短信验证，可随便填写）注册。而在当下，若缺乏可直接触达消费者的已验证手机号，则账号几可被认为无效。我们介入的话，可能需要将过去每一代的数据，无论这些数据是否仍然合理，进行整合和优化，并提供专门的手机号补充流程，让旧账户在登录时尽快补充有效的手机号。

其次是老旧系统的兼容问题。每一代软件都有自己的时代特征。20 年前采用的老旧系统很可能不是使用现代编程语言编写的，而且当时既没有 JSON 这类通用的数据格式，也没有符合 RESTful 规范的开放 API。与这类老旧系统对接，需要用 XML、RPC，或其他上一代、上两代的技术体系，甚至需要兼容 IE6、IE7 这类"古董"浏览器。这类非功能性质的兼容需求，对技术水平和投入的隐性要求很高，会给企业带来极高的成本，且没有经验的人员很难预估其难度。

最后是老旧流程的兼容问题。企业采用了一些陈旧的服务模式以后，就很难从中退出。比如，在 20 年前宽带并未广泛走入家庭时，电话购物是一种主流方式，而直到现在，这一早已过时的方式仍有很少量的客户在持续使用，负责任的企业不得不持续支持。而在安全要求、合规背景均已发生巨大变化的今天，新厂商还需要考虑如何保障电话购物这一方式的安全性，如何使它的数据与其他模式的数据兼容。很难预估解决这些问题需要耗费多大精力。

上面假设的例子虽属个例，但具有代表性。

跃迁使企业每隔几年就要跟随潮流进行革新。在快增长、大波动下，由于要与之前的系统逐个对接，企业越到后期采用的软件，交付成本就越高。这一现象，直到市场模式稳定，或类似 SaaS 的可持续更新的产品模式被广泛采用，才会逐渐得到根本扭转。无论是外企还是政企，无论是哪个行业、哪个阶段，老系统带来的这一难题均很普遍。

不过，好在这一问题只是一个现况的附加结果，它是因变量，而非自变量。

在现况下，老系统会为软件带来诸多非标交付问题，即"旧改"难题。而当企业经营实践更加统一，软件奔向标准和通用时代之时，老系统本身也会随时间的推移而消失。老系统带来的交付难度可作为衡量企业的信息化阶段和步幅的指标，交付难度越低，企业的信息化成熟度可能就越高。然而现在对这一问题本身并无从根本上解决的办法。除了等待时间施展魔力外，我们只能尽可能通过产品的灵活、管理的高效去降低额外的交付成本，但这回避了主要矛盾，属于零敲碎打的方式，成效有限。

3.2.3　甲方认知带来的需求难题

需求若不清晰，就会给市场、厂商带来巨大的隐性成本。在售前阶段，厂商不得不在并无确切承诺时劳心劳力、提早投入，冒着最后可能"鸡飞蛋打"的风险；在交付阶段，客户的需求可能会不断扩充或变更，软件验收困难。在此情况下，软件厂商在亏损压力下只能进一步压低薪资、降低人才要求，行业中的产品和服务会因此下降一个水准，陷入不良循环，且持续在低水平状态（即重交付模式的运作状态）运行。

这是企业中普遍缺乏对信息架构的认知所导致的。甲方无法用精准、专业的语言描述需求，那就只有通过大量的交流与磨合，互相学习渗透，让甲方成为行业专家，让乙方成为企业顾问，信息化的沟通桥梁才能搭建起来。

但若将需求不清晰的问题全部归结于企业，认为企业对人才缺乏吸引力、架构水平有待进步，这又明显有失公允。在跃迁带来的市场压力下，传统政企是拥有强烈的信息化、现代化意愿和精神的，但在其较传统的文化与模式下，政企的人力资源结构难以容下高薪科技人才。若无外力，企业自身难以大步地跨越到信息化阶段，必须由具备技术管理体系的软件厂商为其提供外部助力。

在西方的行业模式中，咨询公司扮演了重要角色。市场经济体系天然是复杂、分化、专业的。在专业化纵深的背景下，每家企业对自身能力边界的认知十分清晰，会将非主业范围的工作交给专业的外部服务或咨询公司。这样不仅效果更好，而且成本很可能更低。以 Gartner、Forrester、IDC 等具备高专业素养的信息技术研究机构和普华永道、毕马威、德勤等传统咨询公司组成的企业服务生态，可以帮助大企业进行有效的架构规划。

然而，国内并无有类似影响力的咨询平台。除了少数外企和政企会引入外国咨询力量外，绝大部分企业并无此意愿。而由于国内企业软件市场仍然较小，外国咨询公司少有兴趣进行本土化的投入，所以它们所提供方案的可行性和数据的准确性均值得怀疑。这使得市场中出现了真空。因此，为了能够顺利达成交易，交付的复杂性、非标性、跨越性，以及由于甲方需求描述不清、架构能力较弱导致的成本，全部只能由厂商单独承担。

在承接项目时，我对项目的交付难度有一个粗略的判断窍门：看客户是否能明确列举出前期需求。按此标准，企业明显分为两类。

其中一类企业并无完善的信息支撑部门，人员只能在汇总简单的内部信息后与厂商进行交流和对接，所以它们在提需求时最多只能提供一两段说明，描述大概要做的事情是什么，而后需要与厂商开会讨论、明确边界、逐步细化，招标参数才能成形。对这一类企业，厂商早期进入可能可以"埋标"，将有利于自己的条款加在参数中，增加中标概率。但也可想而知，对此类企业的后续交付难度会很高，而且很可能由于企业对需求把控并不清晰而出现需求反复变更的状况。

另一类企业提需求时会自己将功能需求清单发给厂商，对单一产品可能会有数十条甚至数百条需求，并询问厂商这些功能是否可以一一被满足，要求厂商对此进行演示。这类企业普遍拥有完整的、技术过关的信息化架构团队。向这类企业交付，交流成本和交付成本则会低很多。

这一窍门虽然粗放，但准确率不低。从这一现象也能看出不同企业对信息的理解和建设能力也在清晰地分化，这为软件市场中典型客户画像的需求"组团"奠定了基础。

以上，我们通过企业流程带来的定制难题、老旧系统带来的集成难题、甲方认知带来的需求难题 3 个方面，解释了当下企业软件厂商面临的重交付境况的来源。

为了持续推动政企信息化发展，软件厂商在过去承担了很多非产品相关的责任。若能进一步细化市场分工，我们可能可以将重服务的工作从软件交付中剥离出来，允许软件厂商聚焦于打磨产品本身的质量上。但市场分工会带来额外的复杂性，可能不会被政企大客户轻易接受，非专业性的大甲方仍会倾向于通过少数几个具备信任关系的"靠谱"厂商达成目标，以降低协调管理成本。

面对重交付的难题，除了等待难题逐渐消解的时机外，我们也可以在经营理念上做出努力：通过优化交付效率、提高管理效率化解重交付模式带来的痛苦；或者通过有意选择不需要重交付的客户群体进行规避。在第 8 章中我将简要分享解决这一问题的思路。

3.3 市场组团与通用画像

在宏观上，由于所有厂商面对的是同一片市场（可统称为中国政企市场），所以有必要暂时抛开我们在第 1 章分析的市场壁垒，而先认识完整的市场样貌。这一样貌会具有较强的普适性，在不同软件领域中均有所体现。

这种普适性来自企业客户的组成呈现并不均匀或随机的分布，而呈现为市场"组团"的样子。组团（cluster）是指具有相对清晰的边界、符合同一个画像的企业客户群体。组团具备一定规模，且同一组团内不同企业的需求特征具有较强的共通性，软件厂商通常选择一个组团来切入市场。

在第 1 章中，我们针对中国资金流动的状况进行了总结。企业软件对大企业的价值天然比小企业更高，而资金也恰巧会流向有可能扩张、做出规模的行业。也就是说，企业软件的客户组团与资金流入领域之间可能普遍存在重叠。反过来讲，不被投资者广泛看好的行业，很可能意味着其规模扩张能力有限，软件需求大概率也不会旺盛。同时，由于该行业缺乏外部资本的助力，企业必须花自己挣的辛苦钱，所以它们对企业软件的开销也更为谨慎。

投资组团，可能是软件的主要客户群体也呈现组团特征的原因之一。而客群的组团则为较通用、清晰的画像提供了可能。

下面将尝试从这些典型的企业组团出发，简要阐述其对应的软件需求特点。不同类型企业软件的客群差别较大，所以这一总结必然无法涵盖全面（例如没提垂直行业、没提上市民企），但作为一个供大家参考的视角，却仍很有价值。

3.3.1　政企组团

中国政府相关机构（包括国企、央企、各级政府机构、事业单位等）GDP约占总 GDP 的 30%，且政企的平均组织规模显著高于民营企业规模，再加上这类客户具备社会中最高的信用、最强的付费能力，使政企组团成为国内软件当之无愧的最大客户集群，在软件市场中份额应超 50%（如果算上国资控股的民企，即政企几乎包含全部中国 500 强企业，那这一份额应该还会更高）。

我对企业软件厂商的发展阶段有一个判断小技巧：只有当客户中出现可观规模的政企时，厂商才算进入主流市场（垂直软件除外），否则该厂商大概率仍在尝鲜的客户群体中前行，尚未跨越鸿沟。

政企需求是合规驱动的，各类法律、标准、行政令在政企的信息化实践过程中起到决定性的助推作用。而同时，政府体系中的官员又是政绩驱动的，他们对工作成果、软件价值的最终展示有着行业中较高的要求，因此，类似数字大屏[⊖]的软件的市场需求持续旺盛。

政企在招投标时，会严格参照《中华人民共和国招标投标法》《中华人民共和国政府采购法》等相关法规进行操作，从业者至少要对其有所了解，才能知道完整的采购流程和步骤，把控投入的节奏。

政企人员的薪酬和成本控制较严，组织管理有特定的风格，信息部门的专业人手有限，所以其采购具有一定的"非专业化"特点。前文讲过，当需求难以阐述清晰，而又必然要推进信息化的时候，为了降低陌生交易的风险和事项对接的管理成本，政企可能会倾向于采用总包的采购方案，这可能已是各方协调出来的最佳方案。

政企客单价高，单产品的客单价在几十万至几百万元，整体解决方案的客单价在数千万至十亿元级规模。从软件厂商的角度来看，拓展政企客户应是名利双收的事。然而政企内关系较为复杂，厂商普遍需要派专人去花几年时间深

　　⊖　用炫目方式展示信息化成果的数据面板，在各城市规划局一般都有。

耕和梳理这套体系，才能在这套体系中如鱼得水，政企的这一软门槛是所有行业中最高的。

3.3.2 外企组团

中国自改革开放以来，就将招商引资作为经济发展的重要组成部分，数十年来向其中投入无数精力和扶助力量，让外企（包括合资企业）成为中国企业软件的需求大户。

在第 1 章中提及，外企在华一般分为两类。一类是利用中国低廉的生产成本进行大规模制造的企业，由于第二产业提供大量就业岗位，且规模大、纳税高，所以这类企业往往极为地方政府所青睐。不过，在专业的生产环节中，这部分企业使用的软件大部分未国产化，仍普遍使用国外软件。近些年来，这部分企业开始逐渐迁移到其他人力成本更低的发展中国家，若无强有力的政策驱动，则为其提供配套软件的市场机会不大。而另一类外企看上了中国广大、多元的消费市场，为了迎合中国消费者的需求，它们采用更具本土特色的软件来支撑本土业务。在过去 10 年中，专为外企提供消费者系统搭建服务、年收入达到数千万元规模的软件企业应该不止 10 家。这部分外企对其他类型的软件也有较为清晰的需求。中国消费市场对外企有着难以抗拒的吸引力，外企对这一部分的投入和软件升级的需求应具备长期基础。

外企的软件需求受到两个因素的影响。

其一，对标。外企在国际上已有成熟的技术方案和信息化方案，如果不能在中国直接复用，那么国际团队自然会要求中国方案与国际方案尽量对齐，以便其全球总部对流程、数据和安全进行统一管理。对于企业软件的应用、边界和价值，外企是天然理解的，无须厂商解释，所以我们能看到外企经常会带着详细需求清单来咨询，这与很多政企仅有一个大概需求方向就寻求采购的情况形成鲜明对比。

其二，合规。外企对中国法律抱有非常尊重且谨慎的态度，只要还在中国经营，对相关法规要求的内容必然会尽可能一丝不苟地实现、执行，这是数十年全球化过程中这些外企总结的最佳实践。除此之外，大型软件的决策权往往集中在全球总部，总部团队的安全部门对软件方案一般拥有一票否决权，这使外企在中国不得不更依赖相对成熟的本土商用软件，而较少自研。

当然，外企明显并非只有两类，按照在华业务规模、办公人数、人员国籍分布，仍然可分为更细类型，每一类均有各自特点。拿人员国籍分布举例，若外企在中国办公人数众多，且基本是本土人员的话，那么它的决策路径可直接参考民营企业，中间的流程曲折应无须赘述；若外企的在华业务有较多外国人直接参与，则它的流程和理念会更加和国际接轨，应该将这些外企作为单独的一类来看待。

对于后者，企业采购软件时更看重实际的效率、效果，所以更可能被熟练的语言能力、成熟的行业经验、技术顾问式的销售过程打动。与之对应，采购流程由于牵扯到时差，且往往国内外团队之间需要经过较长时间讨论才能逐步达成一致，所以决策耗时很长（一年以上也很正常）。但一旦采购决策敲定，则一般不会拖拉，很快就会推进完成。

外企对核心软件的付费意愿和能力均很强，大外企的品牌价值很高，厂商若能为外企提供服务并获取宣传授权，则可以产生很大的市场影响力。当然，在中国市场中提供商品的外企，对品牌价值的保护意愿往往极强，国内厂商拿到宣传授权很有难度。国内有很多软件厂商未经客户授权随意宣传，虽然经济，但不道德，仔细纠察亦有违法之嫌，在此呼吁厂商谨慎对待。

3.3.3 科技组团

科技组团属民营企业的一类，将其单独列出，是因为从组成到需求，科技企业均具备和常规民营企业迥然不同的特点。

特点一：人力成本高。科技和金融行业在过去 10 年以其高利润、快发展、高薪吸引了大量各类人才，导致科技领域的人力成本居高不下。特别是技术人员，因其技能普适性和专业性，具有较强的议价能力，所以研发开支往往是科技企业最大单的开支。在企业软件行业中，人才净薪资（不包含配套资源开销）占经营成本的 50% 以上也是常见的。为了降低这一成本，企业必然会对管理效率提升非常重视，也即会重视软件价值。

特点二：专业性。由于科技企业本身就提供技术产品或服务，它们对企业软件、信息化、需求边界的理解程度均显著高于传统企业。这些企业人员普遍具备良好的学习能力和动手能力，能够在一款标准产品的外围自行搭建、适配、对接其他应用，且对 SaaS 的接受度更高。这会极大降低售前成本，提高产品标准化的可能性。

特点三：文化特点。虽不能说所有科技企业都有"极客"追求，但可肯定这一比例肯定比其他领域更高，这使得科技企业对"人工解决重复问题"的忍耐度更低，更愿意适当付费来提升效率。

根据科技部的数据，2021 年中国高新技术企业，即满足国家对企业存续、业务属性、人员分布等要求的企业，数量已达到 33 万家，规模不小。这一规模，再结合上述 3 个特点，使得科技企业成为软件的关键客户组团之一。

单家科技企业的付费能力一般较为有限，所以对于这一领域，企业软件普遍以提供面向更多客户的标准化服务取胜。对于专业度不高的技术公司而言，在"先做大，再做强"的风气下，如果软件太贵，也可能会直接选择自研。虽然招人扩充团队会显著增加各类成本，但同时会增加团队领导的影响力，这些企业通常会觉得无甚大碍。

科技组团对开源软件的认知和应用均具备良好的先天条件。科技企业在进行软件选型时，可能会将商用软件和类似功能的开源软件进行对比。若商用软件的价值不够突出，或与开源软件的差异不够明显，那么技术团队可能会决定采用开源软件，并在其基础上做一些简单开发，直接使用。

科技组团是最先养育出较为成功（当然这也取决于成功的衡量标准）、正统的 SaaS 软件的领域。即便到了今天，行业中耳熟能详的 SaaS 产品仍以科技公司为主要客户类型。只要用得爽快，技术团队就愿意付费，所以其决策路径普遍较短。从现实来看，科技公司不一定能贡献多少软件付费收入，但由于科技领域具备较高的社会关注流量，并且技术在几乎所有行业中都有关键应用，分布广泛，再加上技术人员具有跨行业的流动性，随时间推移，科技组团能够对其他很多行业产生深远影响，具有更强付费能力的传统领域也因此会更加认可软件的价值。

随着政府持续在科技领域投入，科技组团作为企业软件客户，其重要性可能还会持续提升。

在科技组团中还有两类特殊角色。

第一类：消费互联网科技公司。这类行业头部公司的体量都极为巨大，且具备极强的开发能力，采购软件的诉求相对较弱，而发展中的互联网企业往往尚未稳定，对无法帮助其扩张的工具都会先搁置一边。由于业务变化非常迅速，采购传统软件明显不符合这类公司的预期，所以它们对 SaaS 的接受度较高。

第二类：企业软件厂商本身，它们也属于科技组团的一部分。厂商之间购买和使用软件非常正常，虽然这类交易的规模有待发展，但在一个良好的行业环境中，不同领域的厂商可作为彼此的种子客户，去协助新产品渡过最早期的冷启动难关。

3.3.4　其他组团

市场中存在的其他组团对企业软件行业的影响力或较为有限，或较为边缘，但仍可能有了解价值。下面简单分享两类。

一类是新兴组团。第 1 章讲述了新兴行业的天然波动性，每一次波动都会为行业带来一批存在一定共性的企业服务客户。即便最终大部分归为尘土，但在这个过程中仍然可能存在一些软件商业机会。

另一类是小微组团。若将小微企业（大多数为服务业）作为服务对象，这类企业数量众多，但付费意愿几可忽略不计，员工对软件的学习、使用能力也很差，反而可能需要服务支持，市场因此没有规模。部分互联网大厂会为小微企业提供软件工具，但目的通常是增加小微企业对其互联网平台的使用黏性，而非直接将这部分业务商业化来获取收益。

市场并非混沌一片的，而是存在明确结构的。对市场结构的理解是一切发展决策的判断依据。上面我们对国内软件市场中的主要客户群体进行了组团画像分析，旨在为读者建立对这一结构更细致、感性的认识，并帮助读者理解每类不同客群的特点和需求。

市场永远处于不断的变化中，并且可以不断细分，我们需要对此保持敏感，才能尽可能紧跟市场机会。

3.4　国产化、专精化和云化

在企业软件需求上，国内行业中并未出现大跨度的突然变化，更多是长期持续推动的力量在不断发挥作用。这些长期的推动力为我们指明了最终努力的方向，但未明确指出应如何去做，也不承诺何时到达终点。我们可以将这些趋势作为北极星，但路如何走，还要关注脚下。

1. 国产化

中国企业软件的国产化驱动力有三重。

其一，其根本驱动力是追赶并超越发达国家的发奋精神，这一精神自新中国成立以来一直激励着先驱们不断前行。这一底色经常为我们所默认，难以察觉，但只需要将中国精神与同期世界其他国家相对比，就可以清晰看到。

其二，全球化红利殆尽。翻阅历史可知，在第一次世界大战前的半个世纪内，以欧洲为主的工业化国家经历了大量探索和大范围殖民。世界在 1800 年仍有大片空白的地图，到 1900 年时几乎完全被走遍。然而，地球的市场容量是有限的，在增量红利结束后，世界随之进入了存量市场，快速发展过程中未解决的弊病就逐渐体现出来。在存量竞争的优胜劣汰中，每个民族都开始对本民族的经济进行格外保护，例如实施关税，这促使了"民族""国家"等概念的产生和流行。

在拥有高增长、高福利预期的现代社会中，进步主义的理念，即相信未来会比现在更好的信念，早已深入人心，社会与经济已密不可分。互联网带来的信息经济已经承载了 30 年的世界经济增长，其能量在社会的方方面面开始明显饱和，对经济增长的带动力也在持续降低，而新的引擎尚未明确，更未启动。在全世界范围内，合作的共同利益正在收窄，从而引发了保守主义思想的回归。对本国经济的保护动作，会在全世界各主要经济体中观察到，因此也会产生偏向于国产软件的市场环境。

其三，供应链条不稳定。世界局势是世界经济的晴雨表。经济若无新增长点，局势也难有良好预期。全球各国家和地区的经济在过去 200 年中交织在一起，链条中任意环节的不稳定都会造成难以预期的社会影响。虽然中国自从改革开放以来，外部环境就一直千变万化，但近 5 年以来的种种际遇，毫无疑问地建立了国家在关键软件领域摆脱"卡脖子"局面的决心。

这 3 个驱动力均具有长效，一时没有反转的可能，所以我们也可以有信心地预计，软件国产化将持续得到政策的扶持和推动，更多领域的软件采购动作将对国产化有明确要求。

历史的车轮又滚了一圈。我们会看到，在未来 20 年中，科技会有国界。我们在享受了过去几十年宽松国际环境带来的益处后，需要对局势变化有明确认识，并随之调整我们的行为和预期。

2. 专精化

专精化指客户对需求的要求边界更清晰、描述更明确、程度更深入、价值更充分的一系列趋势。越来越多的客户架构水平不断提高，对要采购的软件了解得更加充分。在市场成熟的过程中，客户提出的需求将从普遍的"我不知道我要什么，你帮我推荐一个"，变为"我就想要这个，我要货比三家挑选最适合的"。

这背后有两股力量交织在一起。

第一股力量是客户水平变高、业务复杂化、合规要求变高等一系列长效机制带来的推动力。随着甲方的软件使用者新人换旧人，客户对信息系统的架构能力仍有不断增强的充分余地，对产品服务优劣、对自己需求的判断也会更清晰。随着商业社会的进一步发展，企业会演化出更加标准化、更高效的管理流程，以及更加个性化、更加差异化的业务流程。业务复杂度在竞争中会不断抬高，而与此同时，合规要求会只增不减，这一背景在第 2 章分析过，不再重述。

然而需要注意，这一系列专精化导向的推动力，均是过去十余年一直推进、持续发展的，是长周期因素，这与我们观察到的近 3～5 年专业需求快速增多、专业产品快速抬头的短周期现象并不相符。

我将此差异归结到第二股力量：新兴科技行业的迅猛发展。这一行业对专精化的需求很强烈，其扩张带动了整体软件需求的发展趋势。由前瞻产业研究院汇总的科技部、税务局信息显示，中国在过去 10 年中，国家高新科技企业数量增速普遍在 15% 以上，而"十三五"期间增速大幅加快，普遍到达 30% 左右。这与 2014 年国内开始掀起"大众创业，万众创新"的"双创"浪潮，以及国家相关的税收减免等扶持政策均密不可分。经过几年的耕耘，在近 3～5 年，这一批科技企业已经进入了成长期，成为企业软件的主要客群之一。

既有持续、缓慢的对既有需求改进的动力，又有迅猛发展、天然追求专精的新力量和新市场的出现，这才引领了需求沿着专精化的趋势快速演化。

3. 云化

"云化"指客户对公共云的接受度。注意，软件私有部署上云属于硬件云化，不属于软件云化，不在本书关注范围内。本书中，云化专指直接采用 SaaS 服务的软件云化。

最近几年，在资本和创业者的宣传和推动下，SaaS 正逐步进入更广泛人群的视野。

有很多业内人士将近几年看到的 SaaS 抬头归结为历史性转折的到来，我并不如此乐观。在主流经济层面，并无明确信号证明市场对 SaaS 的接受度真正在提升，反而在近几年"上云"宣传的推动后，有个别大客户恢复理智，反向"下云"。若 SaaS 无法通过其特有价值击穿主流市场，那么依赖边缘客户的 SaaS 发展仍然会是缓慢的、渐进的，这与中国"杠铃形"的企业分布有直接关系。

迄今为止，作为中国消费主流的大型政企并没有明确的软件云化需求。对于公共云 SaaS，此类客户也并未展现出具有更高价值的潜力。中国企业软件的云化趋势是由中小企业（特别是科技企业）和新兴企业的快速发展带动的。传统软件模式成本过于高昂，无法满足它们的需求，这类新兴企业的成规模发展，带动了唯一能为它们提供服务的 SaaS 模式的起步增长。我们需要认清，当下 SaaS 的增长是因为满足了部分新兴的、规模较小的群体的效能需求，在制造声势的同时，对传统主流市场产生了一定影响，但并未直接对主流市场造成冲击。

云化作为趋势是肯定存在的，但其发展的约束和条件较为特殊。在第 5 章中，我们将专门针对 SaaS 展开阐述，在此也不赘述。

3.5 本章小结

需求是发展的驱动力和方向，但又天然具有一定的模糊性、盲目性，甚至欺骗性。我们提供产品服务的目的，就在于帮助客户理解自己的需要，更好地实现自己的目标。

在本章中，我们分析了软件能为企业提供的价值类型，从企业经营的本来追求了解了企业采购软件的目的；了解了行业需求特性带来的重交付模式，并通过跃迁这一大背景，演绎了重交付模式在当前阶段的必然性；分析了市场中主流的 3 个企业软件客群画像与需求特征，以便更好地梳理清楚市场组团的特征与样貌；最后，延伸阐述了需求的 3 个趋势，以期能够对未来有更好的预期和把控。

企业软件厂商中，越高层的管理人员就会越积极、越频繁地与客户交流，以获取更多的需求内容，把握新的机会。对行业需求侧的认知，是整个团队中从上到下、从内到外均需要深入了解的内容。这决定了解决问题的效率，是软件厂商经营的"命门"。

3.6　扩展阅读

《文化人类学》　卡罗尔·R.恩贝尔、梅尔文·恩贝尔

理论上，对于所有人类的行为和社会表征，都可以在一套体系中去理解。商业是人类发明的精巧工具，用于组织行动目标和分配社会资源。对商业边界的探索驱使我们去了解人类社会的全貌。这本《文化人类学》是一本较厚的教科书，但通俗易懂，甚至可算作科普书，推荐所有人阅读。

《历史意识与国族认同》　Prasenjit Duara

过于乐观和傲慢是不可取的，无故消极悲观更没有任何意义，我们可以从其他国家的学者眼中，更清晰、客观地认识历史与社会文化的特征，更理性地认识我们所处的位置，并思考我们可以为世界带来什么。

《社会学的邀请》　乔恩·威特

需求源自社会中的连接与缝隙，社会结构是需求结构的底层。社会学是研究社会结构和社会行动的学科，无论是否能意识到，我们每个人都接触过很多社会学现象。这本《社会学的邀请》以通俗的文字、用社会学语言为所有对社会学感兴趣的人描绘了一幅引人入胜的美妙知识画卷。阅读本书时，读者似乎真的能感受到作者的殷切目光，他站在花园小径的入口，打开大门，摆手邀请读者入内参观。

《景观社会》　居伊·德波；《文凭社会》　兰德尔·柯林斯

总有不断出现的表象在历史的浪潮中泛着泡沫。这些表象一开始具备着让人难以拒绝的优点，美于欣赏、便于衡量，而后它们就会异化，自行走上神坛，接受万千懵懂大众的顶礼膜拜，我们在其中被裹挟而难以自知。虚构的"景观"承载了人们向往的意义，教育会演变成"文凭主义"，在嘈杂的社会之中，原本的初衷被尽数遗忘，不再重要。这两本书可将我们的思想拔高，审视现象的价值和意义。它们并不是很容易阅读，但值得尝试。

《社会性动物》　埃利奥特·阿伦森；《社会心理学》　戴维·迈尔斯

人是社会性动物，社会性带来了我们每个人的傲慢、固执与局限。这两本

书均为社会心理学书，我们只有在对自己的心理有认知和把控后，人格才算完整。阅读类似图书，我们不仅可以认识到自己行为决策中潜藏的影响要素，还能建立起对家人、朋友、同事关系的理解框架。

《企业 IT 架构转型之道：阿里巴巴中台战略思想与架构实战》 钟华；《华为数字化转型之道》 华为企业架构与变革管理部

从企业客户视角来看待信息化体系的构建和转型，能够为软件从业者带来体系化需求的思考能力，加强对客户需求的理解深度。互联网大厂有赖于其巨大的成功和影响力，可以将自己的最佳实践对外输出，供传统企业在构建系统或转型时学习和参考。对这类书应至少阅读一本，以总览信息化体系全貌，并了解软件在企业信息化体系构建中的位置。

第 4 章

行业博弈论

"一报还一报"的稳定成功的原因是它综合了善良性、报复性、宽容性和清晰性。它的善良性防止它陷入不必要的麻烦，它的报复性使对方试着背叛一次后就不敢再背叛，它的宽容性有助于重新恢复合作，它的清晰性使它容易被对方理解，从而引出长期的合作。

——罗伯特·阿克塞尔罗德《合作的进化》

我们之所以没有能力构建起余闲，是因为专注于当下必须完成的工作，预测不到未来可能发生的所有事情。当下的工作迫近而清晰，而未来的可能性并不给人以紧迫感，也难以想象。当无形的未来与具体的当下产生冲突时，余闲就成了奢侈品，这就是你觉得自己没有资格去挥霍的原因。

——塞德希尔·穆来纳森/埃尔德·沙菲尔
《稀缺：我们是如何陷入贫穷与忙碌的》

无论在哪里，凡是在赚钱的行业谋生的工人都竭力将其他人从这些行业中排挤出去，其方法是严格限制准许学习某种特殊技能的人数。

——维尔弗雷多·帕累托《精英的兴衰：基于理论社会学的考察》

企业软件行业的竞争无疑是激烈的。任何真实市场都不会让优秀的产品或服务简简单单地胜出，而一定会有某些干扰因素出现。市场形成的背景和历史、市场内盘根错节的障碍、市场外的强大能量，均会使市场偏离理想状态，可能进入并长期处于一种低效的失灵状态。

在这一状态中，竞争无法带来更多价值，甲乙两方之间的猜疑和博弈消耗巨大。明明可能存在更高效的选项，但市场已无力靠内部力量完成跳跃。对于从业者而言，若只靠等，则等不来任何转机。只有认识到这些竞争特性背后的成因，我们才能放弃天真的幻想，停止自怨自艾，真正、切实、可行地考虑如何化"竞"为"合"，并为达成多方共赢的理想状态提供推动力。

企业软件市场中整体存在两个不良特征：恶意与失灵。在本章中，我将对真实、残酷的竞争环境进行剖析，分析这两个特征背后的演化逻辑。主题有如下 3 点。

- 友商博弈论：以厂商之间的"囚徒困境"为主题，分析友商为何是恶意的。
- 供需市场失灵：以"劣币驱逐良币""供需结构失衡"和"回扣现象"这 3 个市场现象为主题，分析市场为何失灵。
- 竞争演变与挑战：包括客户黏性、间接竞争、站队问题等其他行业特性。

对于市场中现存的竞争状态，从业者大多耳濡目染、心知肚明，然而长年累月下来，大家对竞争中的问题通常处于疲惫、麻木，甚至嗤笑的状态。对此我感同身受，然而这于现实毫无益处。只要能看清其背后无形的手，就存在将其改变形状的可能性。这一可能性非常宝贵，很可能是行业突破的最大转机。只有更多从业者对此达成一致，行业变革才有可能真正实现。

希望本章能够唤醒从业者的主人翁意识，重新看待我们所处行业的市场现状，反思我们的所作所为，并得出更加积极的结论，有操守、有底线、有希望地持之以恒。

4.1 友商博弈论

在我所从事的细分行业中，我曾多次希望拉齐头部厂商，商讨合作规范市场的提案，避免精力浪费在损人害己的恶意竞争行为之中，但无任何效果。我也听闻其他行业有类似协议，但每次都不了了之，即便当面答应，几个月后又会一切如故。

为什么友商之间无法达成合作、规避资源浪费，却只能进行如此干瘪无趣的存量竞争？

对竞争对手，虽称之为"友"商，但经历过恶意竞争并承受损失的从业者，估计大多恨不得生啖其肉、渴饮其血，方解心头之恨。

然而，我们同时是别人的友商，难道我们的所作所为就完全禁得起推敲吗？我们和光同尘，真的就是我们自己的决策和意志体现吗？

我的答案是否定的。对于理想与现实的差异，友商恰好只是最具体、最好理解的发泄目标，但仔细思考可知，友商并不是我们的仇雠，而与我们本为一体，均是行业的耕耘者、收获者。把友商妖魔化可能是有吸引力的，但单纯的人身攻击不仅无济于事，甚至可能根本找错了对象。需要小心，不要掉入这一互相指责、愤懑的市场陷阱。在这一陷阱中，除非自然醒悟，否则没有梯子可借力逃脱。

我们真正要警惕的，是市场对特定竞争模式的引力和斥力；我们真正要观察的，是行业中竞争的演化过程。

我们都自称是逐浪者，若不知浪，又如何能真实地理解彼此之间的碰撞呢？

虽然我观察到恶意竞争现象是普遍的，且远不限于企业软件行业，但也不能否认在部分市场领域中当下的竞争是温和的。在此幸福状态中的人可能对激烈对抗并无体会。然而，市场竞争一时的激烈或温和，并不是彼此长久的承诺，反而只能说明这两个状态之间可以灵活转换。即便当下尚未身处其中，如若可将现象背后的经济利益关系梳理清楚，亦当能做到料情为先，预知变化，早做准备。

希望通过本节的阐述，我们能对下面两件事情达成一致。

- 竞争的状态是市场因素导致的，与厂商的道德优劣基本无关。如若我们要缓解竞争压力，则应该尽可能从关键的市场因素着手，而非互相指责。
- 竞争的状态并非静止不变的。一旦造成激烈竞争的关键逻辑发生了变化，则竞争可能会变得温和，反之亦然。

但为了对齐认知，我先列举招投标过程中一些常见的恶意竞争方式，相信大家均会对此有感同身受之处。

4.1.1　恶意竞争手段

对于第 1 章介绍的同质化和内卷等现象，相信企业软件行业的从业者均有直观体会。由于激烈的竞争、规范共识的缺失和监管力量的不足等原因，行业中演化出了多种特殊的竞争手段。我按照以往经验，将遇到过的特殊竞争手段汇总在表 4-1 中。

表 4-1　行业特殊竞争手段

超低价	指通过明显低于成本的商务报价获取客户青睐的方式。企业软件的成本计算方式并无规范，这为超低价报价提供了可能。理论上低于成本的竞标应该被排除，但仍然有民企客户为了便宜而愿意冒险尝试。部分厂商在知道胜出无望时，仍可能尝试通过超低价抢标，让客户对其他价格产生疑问，甚至中途废标 此举会破坏行业正常发展，容易把行业拉低到"狗咬狗"的状态，反而放弃了对客户需求和价值本身的关注
围标	指联合多家关系好的厂商共同投标，达成充分竞标的假象，而背后无论谁中标都是同一家厂商受益的行为 此举很常见，也非常隐晦
埋标	通过前期与客户充分沟通，提前在招标参数中埋入诸多对自己有利的衡量因素，以获取竞标优势。甲方的不专业为乙方的早期埋标提供了土壤 若提供的参数要求确实对项目有益，则不算作恶意竞争；若提供的参数诓住了甲方，且只是为了规避正常竞争而塞入无效的额外参数，则明显属于恶意竞争
陪标	指企业和某一厂商已经达成私下协定，但为了满足招投标的硬性要求，由企业出面找其他友商参与投标，实为走个过场 如果客户找到厂商时，出现下周就要投标（急标）、不愿意多交流需求、临时新增评分项，甚至根本约不到客户见面等现象，则这些都是陪标的疑似点。陪标白费心力，但可增长行业经验和见识，即便已经识别出来，厂商仍可斟酌参与
回扣	指为了获取不公平的竞争优势，对甲方代理人通过某种方式提供针对个人的感谢、补助或回扣 出现这一现象是因为采购者权力过大、未受节制或管理。随着采购流程的规范化，这种现象近两年明面上少见了很多，但并未完全消失，只是越发隐秘
卖标	指中标方将标的继续有偿转让给其他厂商，也即中标方和交付方不一致的情况，通常出现在对资质要求较高的专业领域，中标方依赖自己的特殊位置、关系、资质从中获取转让费 近两年，这种情况相对少见

上述竞争手段在行业中屡见不鲜，但需要指出，其中多种手段均为违法行为，可能因执法成本过高、惩罚措施较轻，所以难以形成威慑力，导致乱象频生。对我个人而言，无论是出于依法守法精神，还是出于对行业的保护，对此

类手段深恶痛疾。对上述手段进行阐述，是希望大家对这一竞争现况有所警醒，并制订针对性策略。

　　这些竞争手段不只在国内有，欧洲、美国都有类似事件发生。在日本，"团子"这一名词不仅指代街边的甜品，还指向了一些行业的串谋组织。这些由某一特定行业的头部玩家组成的民间团体，代表了整个行业的意志，会在推杯换盏中内定重大标的的获胜方，并通过政府公关达成目标。它们希望降低行业的竞争，让参与者们坐享其成，但最终更多资金却进入了权贵的口袋。逃避竞争导致市场运行无效，最终使得行业积重难返[⊖]。

　　不过，这一现况并非不可改变。

　　对有限资源的无限追求构成市场竞争。资源越少、追求越高，竞争就越激烈。由此我们可以认识到，竞争状态是处于动态变化中的。换句话说，只要环境发生改变（资源多少、需求高低），竞争的表现形态、激烈程度、良性劣性等均有可能发生变化。

　　市场中没有永远的敌人，而我们却仍被困在僵局之中。

4.1.2　软件厂商间的"囚徒困境"

　　对于竞争乱象的盖棺论定很容易进入道德批判的范畴。但道德并不是海内一致的标准，无法解释几乎在所有行业都普遍存在的竞争特性。只有从微观经济、个人利益出发的分析才具备对市场普遍现象的解释力。

　　在本节中，我将尝试以基础博弈论作为切入点，结合一些极为简化的经济参数，看友商之间的博弈是如何演化至今的，并给出解决提案。

　　我们可以将竞争策略概括为两类。

- 合理竞争，指真实地为企业带来额外价值的竞争方式。
- 恶意竞争，指仅对自己有益，而损害其他所有相关方权益的做法。

　　我们假设两个软件厂商 A 和 B 在同一行业进行多次竞争，任意一方均可选择这两类竞争策略中的一类，故共有 4 种可能的情况。我将这 4 种情况下双方各自的收益汇总在表 4-2 中。

⊖　参考信息来自 Nikkei Asia，参考文章 "'Dango' unchained——Japan's recurring construction scam"，作者为 William Pesek。

表 4-2　软件厂商间的竞争策略及对应收益（多次）

	B：合理	B：恶意
A：合理	[+8, +8] A +8, B +8	[+0, +12] A +0, B +12
A：恶意	[+12, +0] A +12, B +0	[+3, +3] A +3, B +3

假设一个项目的平均价值为 +10，且厂商采取恶意竞争策略能够显著增加其赢单概率，对表 4-2 中的信息解读如下。

- 当 A 和 B 均选择恶意竞争时（表 4-2 右下角），其互相之间各有胜负，平分这 +10 的市场收益，由于恶意竞争破坏了正常的市场秩序，导致市场缩小，所以各自收益为 +3。
- 当 A 和 B 达成一致，均采取合理竞争策略时（表 4-2 左上角），由于对市场的合理耕耘，市场规模本身应有增长，所以其收益各自增长为 +8。
- 当 A 选择恶意竞争，B 选择合理竞争时，A 对 B 具备更大的赢单概率，B 的收益归零，A 的收益为 +10。由于竞争不强，各类资源和市场机会均倾向于厂商 A，是故其真实收益增加到 +12。反之亦然。

表中结果的两个数字相加即市场总价值。以此观察，表中对行业最具备长远价值的，就是左上角"合理，合理"的场景，其市场总价值是 +16，即处于"帕累托最优"（Pareto's Optimality，博弈论概念）状态。那么 A 和 B 是否会因此达成共识，均采用合理竞争策略呢？

结论：不会。

我们脱离上帝视角，进入 A 和 B 各自的视角来看。

对于 A 而言：当 B 选择合理竞争时，A 选择恶意竞争获取的收益更高（+12＞+8）；当 B 选择恶意竞争时，A 选择恶意竞争获取的收益同样更高（+3＞+0）。所以，无论 B 怎么选择，理性的 A 均应该采取恶意竞争策略。对于 B 来说，完全同理。

在此条件下，出现了很多特殊的市场竞争现象：即便市场中存在对行业和多方长期都更有利的方案，但仍然难以达成合作。无论是 A 还是 B，从各自理性角度来看，最终均会不约而同地选择恶意竞争，达到低位的"纳什均衡[⊖]"。

⊖　博弈论概念，任意一方单方面改变自己策略，不可能获取更高收益，是博弈中的稳定状态。

当有一方尝试单方面示好，或有不明就里的新人出现并采用合理竞争时，市场竞争即会进入 [老厂商 +12，新厂商 +0] 的不稳定状态，合理竞争者会陷入极其不利的情境，直到它转变策略，或被清离市场为止，市场重归于恶意竞争状态。

市场条件网织了这个陷阱，我们个体身在其中，无力摆脱。在陷阱中，行业合作违背了商业直觉，市场鼓励竞争向无序化发展。

这就是博弈论中经典的"囚徒困境"。囚徒困境虽然是对真实的极大（甚至过度）简化，但对真实世界具备很强的解释力。在这里我们不去过多地将囚徒困境中更多变量加入进来（比如不考虑多种博弈策略、前后轮次影响、多方博弈、淘汰机制等），只借此阐述道理：厂商的竞争行为不出于（至少不完全出于）道德因素，而是在市场特定初始条件下理性决策的结果。我们不应将此归为道德问题，而应将其当作一个症结来看，借此探索更深层的市场话题。

4.1.3　良性竞争的前提

屁股决定脑袋，环境决定行为。

翻阅历史，我们会看到，所有言之凿凿的行业决定论都缺乏土壤。即便在硅谷，50 年前的电子管和集成电路行业亦是高度定制、矛盾纷杂的，而在高端定制行业遇冷，复杂度带来的成本不断提升时，行业中良性的力量才发挥出来。同理，若我们希望促成一个好的竞合氛围，获取行业正向循环的收益，方法就只有一个：让良性竞争策略真正胜出，实现共赢。

当竞争只进行 2 次时，A 和 B 都采用合理竞争的平均收益是 [+5, +5]；竞争 10 次时，可能收益会变为 [+8, +8]；竞争 100 次，最终可能会达到 [+15, +15]。这意味着市场在竞争者不断的良性供给下，对外提供了良好的价值呈现和口碑，进而得以扩大，所有选手共同获利，且最终比恶意竞争获利更高（+15＞+12）。同理，在恶意竞争胜出的局面下，当下的收益可能是 [+12, +0]，但竞争 100 次后，其值可能会变为 [+6, +0]。这意味着市场在恶性竞争下，盘面反而越来越小，比如企业哪怕自研或用开源工具，也不再购买商用软件。在收益降低的情况下，产品或服务的质量只能进一步缩水，进入负向循环。

在此过程中，时间是最关键的因素，时间带来了更多的博弈次数，放大了长期公共价值。

若我们把时间拉得足够长，早晚有一天，合理竞争产生的收益会显著高于恶意竞争产生的收益，互相恶性竞争带来的收益会远低于合理竞争的收益。届时合理竞争状态的不稳定因素也将消失，所有选手均会联合排斥恶意竞争者，行业也自动进入了正向循环。

融洽合作持续的时间越长，竞争中所有选手从中获益也就更多。但显然，起始阶段合作的持续性是不稳定的，任何一方对短期效益的追求，哪怕只是一次误解和怀疑，均易导致合作关系的解除（即统计学所说的 I 型、II 型错误）。特别是在发展并不完全成熟的市场中，在困局中的供需两方，均缺乏跳出陷阱的手段，只能期待外部力量的介入，或等待改善恶意竞争的因素逐渐加强，才能完成从低效到高效的模式跳跃。

下面总结了 3 个能帮助竞争摆脱囚徒困境的因素。

- 稳定，更聚焦于长期目标。在一个经营土壤稳定、流程规则深入人心的市场中，厂商对未来的预期更加明确，稳定性更易促使厂商之间达成长远有益、短期可能有损的合作。而当厂商不知明年如何、不确定未来方向时，短期收益的重要性会盖过不确定的长远打算。对短期收入的追逐会导致行业向恶意竞争的方向发展。

- 共识，更易维持合作。在一个企业经营方法和经营道德具备共识的市场中，友商都经历了类似的教育体系，对某些流程、规范、标准的应用存在不言自明的共识，因此更容易达成长久一致。例如经由完整商业管理训练的职业经理人，其管理行为往往会符合普遍规范、预期稳定。而若每个企业员工的做事方式都是自己探索出来的"野路子"，各不相同的教育背景和经验带来的共识缺失，会让他们彼此之间更容易产生误解和猜疑，合作就会更加困难。

- 规范，通过惩罚，抬升恶意竞争成本。在一个对恶意竞争可以清晰识别、严格惩罚的市场中，出于对官方行业规定的敬畏，或出于被行业资源排除在外的担忧，厂商采用恶意竞争策略的实际成本增高。一旦使用恶意竞争，即便当下获取了收益，但对其品牌有损，或厂商需要承担可观的惩罚风险。厂商自行把账算清楚后，很可能主动选择不再恶意竞争。若行业缺乏对厂商的任何管控、威慑手段，则竞争更容易陷入自由下落的状态。

市场是由参与者组成的。我们一定可以对市场产生影响，而不只是随波逐流。希望行业之间的竞争更加良性、有长远抱负的人士，从行业整体发展中受益的从业者，或期待企业信息化、工业互联网行业出现更多机会的政策制定方和投资者，在期待更强有力的政策力量帮持之余，也当从这 3 点着手，对当前的竞争土壤进行"酸碱度"测量，建立指标，并进行各种尝试，推动这些因素向阳发展。

"九层之台，起于累土。"当这些因素的结合逐渐贴近行业良性发展的边缘，多米诺效应就会涌现，行业的良性竞争也将步入正轨。

4.2　供需市场失灵

对需求和竞争的基本情况进行介绍之后，接下来这一节，我们终于可以将供需合并在一起，对两者之间的互动导致的市场失灵现象进行说明。

市场失灵（Market Failure）是经济学概念，指市场经济中交易各方依从各自的私利、兴趣行动，并未达到最大化市场价值，即未达成帕累托最优的异常情况。

为了阐述市场失灵的概念，我们将从 3 个大家耳熟能详的市场现象出发，并对这些现象的原因进行阐述。

- 劣币驱逐良币：由信息不对称导致，使得优秀厂商难以胜出。
- 供需结构失衡：由信息分发低效所致，使得竞争过于激烈，而多元需求并未充分满足。
- 回扣：由代理人问题所致，使得价值传递低效、受阻。

市场失灵导致的这 3 个现象，均在不同程度上使得行业偏离理想、公平、价值驱动的发展路线，造成较高的损耗。

毫无疑问，这些现象是行业进一步发展的绊脚石。通过对其背后原因的分析，我们就可以总结出行之有效的解法。虽然对此类行业问题，解法大多不会立刻生效，但只有依赖于我们共同持续不懈的努力，改变才有可能发生。

4.2.1　劣币驱逐良币与信息不对称

1. 现象

在市场中，产品质量与其市场表现之间的因果关系一直保持神秘。

在同等条件下，不应有任何一家企业客户不倾向于产品更优秀的软件厂商，或不倾向于为其创造更高价值的解决方案。然而，真正提供优秀软件和解决方案的厂商在过去十几年里反而在市场中步履蹒跚（近两年这一现象确有好转，但仍非常普遍）。

即便企业与厂商双方都希望接受/提供更好的服务，但市场却似乎有自己的意志，这一意志并不（完全）在乎产品或服务的质量，反而使交易的重心游移于真实价值之外。

现实中，市场似乎有着沉重的引力，将高标准、高要求拉到全方位"讲究凑合""得过且过"的状态。即便是新晋厂商，积极进取了一段时间后，在成本竞争的压力下，也很容易出现产品和服务质量的下滑。厂商如若咬牙维持标准，很容易陷入长期亏损的状态，难以持续。

这在餐饮、娱乐、装修等诸多行业中都有广泛体现，并非软件行业所特有，由此可见背后原因的影响千丝万缕，远超某个人或某家厂商所能掌控的范围。

我将此归结为信息不对称。

2. 成因

企业软件行业中，甲方由于一系列原因，无法通过短效手段收集到厂商的真实有效信息，处于信息不对称的劣势（厂商面对甲方也存在信息不对称劣势，例如不确定甲方的购买意愿和真实需求，但甲方的劣势要大得多）。这使甲方对采购行为更加谨慎，在本来大甲方应该存在巨大博弈优势的情况下，对市场中甲乙两方的博弈权重进行了再均衡。

信息不对称给软件厂商带来了宝贵（但不合理）的谈判筹码，也让众多传统厂商能在产品缺乏竞争力的情况下持续存活。无法以产品或服务的良莠来实现优胜劣汰，市场即处于这一别扭的错配状态中，我们将其称为柠檬市场（Market for Lemons，亦称次品市场，经济学概念）。

在柠檬市场中，厂商收入不取决于（至少不完全取决于）提供具备真实价值的产品和服务。在企业难以在售前阶段区分厂商真实水平的情况下，产品的真实价值无法通过收入体现，厂商对产品和服务的投入无法拉开收入上的差距。换句话说，无论产品质量好坏，收入的规模都相对固定。此时，客户考虑到遭遇低质服务的风险，只愿花更少的钱购买服务。因此，厂商（优质和劣质）必然会趋向于全方位降低成本，以期尽可能挖掘更多的中间利润，不被市场挤出。于是，高质量的产品反而会被低价值模式同化，市场将稳定维持在较低水平运营，即"劣币驱逐良币"现象，亦称"格雷欣定律"（Gresham's Law）。

信息不对称造成的柠檬市场不符合任何一方的利益，却能在多方博弈下形成并保持稳定。这一特殊现象让我们不得不对其背后的形成原因进行深入分析，以期从根本上进行改善。

我将企业软件行业信息不对称的原因总结为以下 3 点。

（1）非标需求

非标准化的交付，导致了价格与工作量的信息不对称。

在上一章中，我们对需求进行了较为充分的阐述，跃迁造成的流程、系统、能力断层，导致不同客户的需求缺乏共通标准，使得厂商不得不逐客交付。在项目开始前，厂商需要针对其交付项提供逐项工作的人天评估，与甲方达成理解上的一致，经由甲方认可工作量的合理性，方能推进后续步骤，签署合同。

而在实际操作过程中，由于需求本身的多变和产品的灵活性限制，诸多需求均只能够原厂交付，且基本不会提供源码。这样一来，相当于方案出具、工作量评估、功能实现、实现质量均由厂商发起和主导，甲方在这之中只作为信息接收方，只能用常识和经验来判断合理性，而其中内容、工作过程和结果均为黑盒状态，甲方无法判断真实性。

而每位客户要定制交付的能力均不相同，即便是厂商自己，在早期进行工作量评估的时候，也会受到需求完整度不确定、研发效率不确定、协调成本不确定等多种因素干扰，本就难以准确评估，就更不要指望甲方的预估能够准确了。

由此，甲方（甚至也包括乙方）对工作量的评估既不对称，也不完整。由费用与工作量不透明造成的信息不对称，导致行业内甲方无法对交付质量建立统一的标准，"优等生"和"差等生"之间无法体现出差距，都可获取接近等量的收益，市场因此失灵。

项目报价可分为软件费用和交付费用，而甲方不仅对交付工作量处于信息劣势，对软件价格本身亦是如此。绝大部分厂商不会在官网公开价格，而是会引导潜客进行沟通，为一客一价提供便利，尽可能在促成交易的同时获取更高的利润。当与潜客建立联系时，厂商会根据甲方表现出的特征和模式，对其进行一个粗略的价格接受能力评估，而甲方却通常对价格范围一无所知，若不是从已有供应商中选择，则很可能面临"两眼一抹黑"的未知局面。

若缺乏公平、公正的产品交付和服务质量的评判标准，供给侧市场将无法依赖收入多少筛选优质厂商，完成新陈代谢；若无法淘汰掉落后产能，则"毒素"将不断沉积，市场逐渐失灵。

（2）交易低频

在博弈论中，交易的轮次或频率对最终形成的平衡结果至关重要。当交易会不断、反复发生时，一方如若采用恶意手段（例如提供低质量软件、围标等），将在下一次交易中被报复，或干脆失去下一次交易的机会，这类选手会被快速淘汰。而当交易发生的频率低，交易金额大时，虚无缥缈的"回头客"或"熟客推荐"的收益难以确定，长期关系的重要性就会被当前当次交易的收益所替代。此时，交易两方都会缺乏顾忌，在交易时想尽办法榨取对方的潜力，不放过将对方一次性透支的机会。然而，由于厂商明显拥有信息优势（厂商当然知道自己的竞争策略和产品质量），所以在这一博弈中，甲方更容易承担损失。

我们可以对比一下便民超市和房屋中介对顾客，特别是对熟客的态度，以此来清晰辨别交易频率和客单价带来的市场差异。暂时抛开道德层面的讨论，我们将自己代入完全理性的决策中，就可理解交易频率对市场规则的潜在影响。

因为交易频率低、金额大，企业软件市场非常精准地落入房屋中介模式，所以我们能观察到，确有一些厂商在给企业做项目时就是打着做一锤子买卖的主意。厂商在售前阶段十分热情，在签署合同进入售后阶段后即消失不见。当最后一笔尾款付完后，甲方更是难以联系到厂商。服务的连续性难以在缺乏经济利益的背景下得到保障。

中国幅员辽阔，不同地方的信息又相对不流通，为这类次品提供了充分的"打一枪换阵地"的生存土壤。对于厂商的这种做一锤子买卖的行为将更难以规范。企业若在采购时无法以专业的眼光对次品进行区分，就只能无论良莠，统一看待。而次品由于成本低，报价可以很低，就必然会对高质量、适当定价的产品产生挤压效应，使得良品难以存活。

（3）缺乏惩罚

进行企业软件交易时，即便是理性的人也可能会采取恶意手段，试图将当次收益最大化，但若市场中存在一定的约束性惩罚，能够让他在优劣之间进行权衡，事情就可能向好的方向发展。

然而，企业软件市场中尚未出现此一中间秩序。企业在软件采购时，每家厂商均会美化宣传，很难判断某一厂商是否是次品惯犯。

从政府角度来看，法律是对行为的最低要求，而非道德建议，不可能对企业软件这一变革提供能量。只要没有证据证明厂商违反《中华人民共和国招标投标法》等相关法律，就无法对此类商业行为进行约束。并且，政府机构作为软件的大客户群体，有时对软件质量辨识不清，就无法及时惩罚低劣软件、鼓励优秀软件了。

从行业角度来看，由于（核心业务的）软件当前存在高度复杂性，所以渠道和咨询方能做的事情较为有限，大部分业务只能依赖于直营直销。（与此相对，ToB 硬件的售卖非常标准，渠道收入就极为可观，渠道对行业的影响力也就更明显。）我们已知厂商之间难以自发达成合作，若中间的渠道和咨询方也均难有力量维持良性秩序，那么市场中几乎没有能帮客户进行有效筛选的机制，也就无法对次品进行惩罚。企业不得不自己先成为行业专家，达到一定程度上的信息均衡，才能放心地购买软件。然而，这一成本是极其高昂的。

从舆论角度来看，中国并无类似 g2.com（国外企业软件点评网站）这样针对软件行业的信息共享平台，也少有能为企业软件需求方提供交流平台的服务商，现有的几个服务商多采用作坊运营模式，影响力有限，我并未从中观察到这类服务商规模化的前兆。企业在采购软件时踩雷，也就只能在私人圈子里抱怨几句，而后还是要与厂商协商解决方案，并无手段对厂商进行更严重的惩罚，也不能阻止厂商继续获取别的客户。

于是，次品厂商就有机会以极低的负面成本维持一套低效、蹩脚的运作方式。

由上述 3 个原因我们可知企业软件行业信息不对称的诸多来源，并能借此了解信息不对称导致的对优秀品类的挤出压力，最终导致劣币驱逐良币的非优局面。

3. 解法

劣币驱逐良币是行业陷入恶性循环的后果，所有行业关注者必然都会衷心希望改变这一现况。我们通过上述论证，已经指明了背后的原因。所以，对于信息不对称造成后果的解法，也只需从上述 3 个原因着手即可。

首先，面对"需求非标"的问题，需想办法将需求标准化，以将同一品类的不同竞品进行有效对比。这一目标可通过行业标准得到一定的推进，同时可依靠厂商规范、有价值的内容输出，不断对市场进行教育而达成。标准化的方式有很多，从根本上还是要靠不断提升甲方的知识、架构能力和乙方的产品灵活性。前者可以让甲方的辨识力提高，尽量脱离对厂商的方案依赖；后者可解除大部分交付工作的黑盒状态，让价值与工作量更清晰可辨。

其次，面对"交易低频"的问题，可想办法避免低频带来的一锤子买卖的情况。例如，可以尝试搭建更积极、更活跃、聚合了诸多软件使用者和采购决策者的交流中心，比如群聊，以保障软件的推荐和信息可以随时在各方互通，让不积极经营的厂商丧失声誉，尽快淘汰。不少行业在组成群聊后，自己就演化出了软件推荐的群功能，由此可见这一解法价值显著、通用，为企业采购者所需要。

另外，面对"惩罚缺失"的问题，想办法增加惩罚即可。一个方案是搭建一套类似 g2.com 的企业软件点评网站，每个经过验证的使用者、购买者均可针对软件进行评论，以舆论对软件厂商进行监督。当然，由谁来进行仲裁才显公允，又是较为复杂的一件事。这是群聊的高级版，而由于舆论表达天然具有负面倾向，可以预见这种方案易起争端，但并非没有实现的可能。

另一个方案则是在等待大背景的影响因素逐步到位的同时，尝试搭建一个高信用、价格透明的厂商联盟，并以共同信念为纽带，促进整个行业发展。不同产品领域中，严格秉持公平竞争理念的厂商现在都不算多，且天然就处于竞争劣势，可通过这一联盟将它们总揽进来，互通有无、交流经验、交换情报，以此来对抗市场竞争中的劣势，共同成长。

本质上讲，这些方法都在尝试让关于产品服务质量和水平的信息更透明。当然，这种尝试必然不是免费的，它们就像是孔雀的羽屏，在具备很高辨识度的同时，也有其累赘、不便之处。行业是否应该承担这一额外成本，交给大家各自判断。

甲方很强势，但这并不能成为厂商鼓励或滥用信息不对称这一优势的理由。信息不对称在任何行业都会永久存在，关键在于它是否可控，是否超出了良性循环的阈值。在当下，短期的信息不对称可能给厂商带来权力和筹码，但长久来看，它会窒息新兴力量，使得整个行业无法起飞，进入全员皆输的状态。

对于这一现象，我们不可不察，不可不重视，不可不努力改善。

4.2.2　供需结构失衡与信息分发

1. 现象

由于在行业中面临着似乎无处不在的白热化竞争，我们通常认为供给已经饱和，市场中仅剩下赤裸裸的存量竞争。然而，稍微留心就会发现 3 个反面论据。

- 增长：中国企业软件市场规模每年的增长率在 20%～30%，如此明显的增长不可能立刻就被完全消化，因此企业软件不会直接进入"红海"状态，必然有新兴市场要素不断出现。
- 错配：即便有众多厂商为传统的优质客户提供服务，其他大量不同门类的需求仍未被市场满足，很多企业仍在使用外国的高价格商业软件。
- 契合度：买方即便选定了合作厂商，也经常是在"矮子里拔将军"，只是从无法直接满足其需求的软件厂商中选择可能最合适的一个。想要找到有经验和能力、能为特定客户的规模和行业提供解决方案的厂商，概率仍然很低。

因此，市场并未处于需求得到充分满足后的供给过剩状态，最多只能说市场是结构性过剩，即局部过剩、局部短缺。需求并未引导市场发展出多样化的商品，而似乎停留在了一个品类相对贫瘠的状态中。

为什么会出现这种情况？为什么厂商不去满足多元化的需求呢？

单从厂商这一端，无法找到答案。我将此归结为供需结构失衡的问题。

2. 成因

当厂商提供的产品和服务并未适应市场中的需求变化时，即会产生供需结构失衡（亦称供需错配）的现象。

在供需结构失衡的状态下，市场中的过剩产能（过剩的企业软件的交付能力）消化缓慢，容易引发严重的同质化竞争。与此同时，市场中的高端、多元、个性化的需求并未得到满足，且缺乏关注。

供需失衡的问题在发展中国家普遍存在。企业软件行业也有此现象。

从一定角度看，这和第 1 章中描述的同质化现象同出一源。集中的资本和政策关注、模糊不清的需求、独木桥式的衡量标准，都会导致供给资源向特定方向倾斜，而非按照市场需要的方向发展。对于这些问题前文已有提及，此处不再重复论述。不过，这些原因均为企业需求侧的市场原因，虽然非常重要，但很多时候并非我们能改变的，我们只能顺水推舟。

与此相对，厂商侧的问题则在从业者的掌控范围内。因此，针对供需结构失衡的现象，我从厂商侧提供两个原因。这一视角可以让从业者更深入地理解自己在市场中的行为和选择，并做出改变。

（1）厂商原因一：没动力

缺乏多元耕耘的动力是厂商侧的首要原因。在过去 10 年，由于市场增量红利带来了很多"便宜"客户，厂商无须创新，只通过凑凑合合的模式复制也能搭上顺风车得以成长。不过，这一形势正在发生变化。

我们可通过对 ToC 消费者软件的市场变化来类比分析。

大概在 2017 年，ToC 市场迎来了流量转折点。在那之前，由移动互联网带来的新用户不断涌入，带来一个时代的流量红利，在营销上花少量钱即可获取新用户，跑马圈地的年代也谈不上对体验的追求。在 2017 年之后，几乎所有可联网的人均已入网，不用动脑即可赚取收益的时代落幕，市场进入了存量的需求升级、需求差异化的阶段，营销也随之进入深水区。简单粗暴铺广告的成本变得过于高昂，无法满足企业的经营诉求，于是私域流量、内容营销、增长黑客等市场策略开始流行。这些策略无一例外地尝试避开粗犷而成效逐渐降低的"漫灌"，而期望用分层、分化的"滴灌"手段来笼络细分的目标客群，并持续耕耘，促进转化。

于是我们可以看到，市场中新增流量的多寡决定了厂商是否有动力深入耕耘（以圈地为主还是以经营为主）。当低垂果实仍然可以寻得时，深入耕耘既是无意义的、低效的，也是缺乏土壤的。当客户的基础需求得到满足，市场开始具备多元化驱动力时，供给侧自然也会演化出对应的模式。

在企业软件行业中，过去 10 年是传统政企信息化的关键 10 年，是中国主流经济接受信息化建设的 10 年。国家对新基建的投入，以及政企对信息化、云化前所未有的重视，使得中国政企的信息化体系已经基本构建完成，庞大的、支柱性的传统领域已基本完成信息化改造。这 10 年是快速增量的 10 年。

　　而展望未来 10 年，我们可以看到，市场主体已经进入存量阶段，在市场稳定增长的同时，更多元化的信息化需求会不断萌发，形成规模，并供养出提供专属软件的厂商。更多领域会进入短暂的存量竞争，而后擦肩而过，各自找到不同的目标客群（更多分析请见 7.3 节）。前些年还会出现一个新方案在全行业快速复制、快速放大的野蛮成长机会，近两年变得少见。

　　我们正处于 ToB 流量属性变化的十字路口。

　　自从 2021 年开始，我观察到有相当数量相对有价值的企业软件行业内容在网络中蓬勃发展，客户互动的频率和模式都在变得更加丰富。这背后既有热情高涨的投资所催化出的厂商宣发需要，也意味着品牌形象在市场要素中具备了更高的重要性。这是市场转型的特征。

　　当前的软件行业正在传统主流市场这一波增量红利的末期，同时叠加着新兴客户群体明确的多样化需求。这相当于低垂果实虽然已大部分被采摘，但在角落里仍有剩余，其采摘成本仍然最低。也正因为如此，去满足更高层面的多元化小众需求的厂商背负着更高成本，仍需更多时间才能发展起来。

　　这进一步导致了当下短期的供需失衡：大需特供，小需无供。

　　而随着时间推移，当增量红利不足以满足厂商的成长需要时，亦或者小众需求成长为具备规模的大需求时，机敏、灵活的新厂商就会沿着更深、更高层次需求的脉络，面向特定受众提供更有竞争力的服务。这个转化必定会发生。

　　（2）厂商原因二：做不到

　　既有厂商即便想要迎合新兴客群的需求，其模式也难以兼容、难收成效。

　　传统软件在一片荒漠中开辟市场，在没有清晰规则的条件下发展至今。对于传统的政企客户来讲，传统软件已经打磨出一套完整的服务模式。运行数十年，这套服务模式从对外宣传、公关体系、渠道运营，到产品能力、技术要求、人才标准，均已达到了针对传统客群的充分优化。若不达成这样的优化，传统厂商在过去 20 年的竞争中绝不可能有持续发展，也不可能达到现在的规模。这既是上个时代的优势，也是下个时代的劣势。

　　以摘果子为例来说明传统软件企业的运作模式。若站在地上就可摘果，那策略自然就是多招人，人力要便宜、服从指挥，尽可能快速占有更大地盘，把果子尽快摘完。此时使用果树收割机（我们假设有这种机器）或招聘高薪技术人员、管理人员都是不明智、不合理的，同样成本不如多招几个基础操作人员，赶快铺开人力。在竞争的过程中，每个摘果子团队都会发展出尽可能适宜摘果子场景的团队文化（例如吃苦耐劳、服从命令、集体至上），以使摘果子的效率达到最高，并形成默认的价值观共识。

传统软件厂商对于老客户提出的改进性新需求，接受和处理的效率会很高，很多信息无须多言，就可以快速互相理解、达成共识（比如希望摘果子的时候顺带修枝）。但也正因如此，当新客户群体携带着它们的特性和观念登上舞台时，传统软件厂商往往难以理解，只能采取被动的守势，缺乏对新客群的吸引力。

新客群只有靠果树收割机、靠更高的品牌价值才能打动，但传统厂商早就建立了不使用更高技术的管理文化，整套经营体系已经成熟、定型，难以容纳高级人才。为了克服这一困难，传统厂商可能会搭梯子，勉强向上够，但很少能完成从内到外的革新，以适应新的业态要求。这是由两重难题导致的。

- 不理解。传统厂商过去通过建立共识带来效率，在与新客群丧失共识的情况下，则表现得僵化，彼此不适应、不协调，它们在新客群中处于劣势，对新兴需求的消化能力受限。
- 缺人才。传统模式对人力、人天、人数都有需要，但普遍没有对高级人才的储备。面对要求更高的新兴市场，传统软件厂商难以吸引会操作果树收割机的高级人才，也就难以有对应产出。

在行业发展的过程中，资本会尝试打提前量，而人才普遍滞后入场，我们当下正夹在这两个阶段中间。行业本身发展起来，才能有更大的容量去激励更多优秀的人才。近两年，可以清晰地观察到优秀人才正在进入企业软件行业，即便传统软件厂商不一定有很高的吸引力，但行业内的新团队能够通过招聘新人才来满足新兴客群需求，这也算正好适配。

3. 解法

供需结构失衡也分长效和短效因素。由于厂商在市场中属于解决问题的应对方，上述两个由厂商角度出发的成因就均为短效，只算是在市场转型阶段出现的局部不均衡。随着需求不断扩张和演化，这两个问题也会随之缓解、消散。虽然长效因素会持续存在，一定程度的结构失衡可能也会因此长期存在，但其比例应会缓慢降低。

不过，我们显然不能将供需失衡问题完全归结于厂商或企业。有一部分原因（我认为是很关键的一部分），是由于中间的分发流程并未起到该起的作用。

国内有如此大量的检索流量，"社会""民生""热点""科普""ToC""ToB"……若全部流量都通过几个模糊、概括性的词语去检索，那必然只能搜索到最潮流的内容，稍微偏些的领域就被挤到后面，不再有曝光机会了。想要通过中文的 5 万多个词准确检索到百亿数量级的网页，谈何容易。信息分发平台对头部内容（不是对搜索者价值最高的内容，而是为搜索引擎付费最多的内容）进行集中、"不智能"的曝光，会进一步导致企业找寻匹配厂商的困难，造成需求和供给两侧匹配模糊的问题，也即需求分发失效。

甲方有需求找不到对应厂商，而厂商有能力却难以获取客户，这一问题在当下已经较为突出，因为当前厂商几乎没有手段来获取客户，搜索引擎的线索质量极低。而我们知道，行业内的品牌和厂商数量还会继续增长，这也就意味着，这一问题还会变得更加严峻。

为了解决这个问题，我们可以构想一个以可信内容为基础、聚焦于企业软件行业的垂直流量分发平台，例如企业软件应用市场或知识平台。厂商在上面按统一规范陈列内容，需求方统一在其中找寻合作。在搜索时，通过对搜索者行为和属性的分析，平台为其主动推荐最可能对口的软件厂商。这一中间市场可能可以实现 3 个目的。

- 快速达成交易。由平台进行信息筛选，展示真正适合搜索者的内容。
- 加快多元化发展。让企业需求更精准匹配到供应商，允许狭窄的需求领域获取专属的产品供应。
- 抬高信任水位。通过对双方的监督和检查，补充缺位的社会资本，建立更加良好的行业秩序，更快、更好地促进成交，规避采购风险。

这和在线购物的本质异曲同工。在在线购物出现前，即便真实的小品类商品市场并不小，但由于市场过于分散，需求侧和供给侧互相之间难以匹配，小品类商品的销量无法支持长期生产。在线购物重构了这一问题，以门类和搜索关键字为核心重组了信息分发方式，用一个通用的大市场让需求和商品两端平滑对接。当然，想要在企业软件市场中实现类似场景，肯定不是一件容易的事。

无论是独立咨询体系，还是厂商的售前工作，或是上述垂类流量分发平台，作用都是在交易环节中为了使双方达成共识而搭建梯子、构建桥梁。现在依赖销售、驻场和关系的模式太过沉重、原始，只有将供需两侧更高效地连接起来，行业才有可能卸下沉重的负担，更快速地进入良性发展状态。

当然，这些复杂体系的建立需要时间，我们可以从简单的事情做起。哪怕厂商只是多发两篇客观、有价值的内容，让企业建立对软件价值的更好的认识，积少成多，也会缓解市场失衡的问题。

4.2.3　回扣现象与代理人问题

1. 现象

回扣，似乎是诸多行业心照不宣的交易规则，是达成交易不得不进行的操作。

近几年来，表面上收受回扣的现象在企业软件领域已几不可见，但其变体并未消失。在多方打击下，回扣从浮在表面、猖獗的加价买卖，转入了更微妙、更隐匿、看似更合规的操作方式中。

从表象上看，似乎无论对这一现象怎样打击、威慑和惩罚，回扣操作均能绕路实施，它只会隐匿，而不会消失。这意味着并未治到病根。最关键的还是从根源去发掘，看这一现象的成因究竟是什么，是否带来了真正的价值，再尝试去釜底抽薪。

我将此归结于代理人问题。

2. 成因

代理人问题（Principal-Agent Problem，微观经济学概念）指委托方和代理方的利益不一致所导致的市场低效问题。这一问题可以出现在交易的每个环节，甚至广义上看，只要有代理关系，就会存在这个问题。企业招聘的每位正式员工均可认为是企业的代理人，代表企业进行某些工作，所以这一问题在每位员工身上都会有所体现。

为了方便讨论，我们之前简化了企业软件的交易模型，似乎企业软件交易就像两个人面对面买卖。而在真实情况中，企业会指派专门人员进行特定采购，厂商会由专门的销售进行对接，是故，两方的交易并非企业对企业，而是代理人对代理人。由于地方渠道、行业总包、OEM（Original Equipment Manu-facturer，即贴牌模式，以渠道的品牌名义销售第三方产品）等销售模式的存在，交易链路中的代理关系可以逐级拉长。交易决策也大概率不由一人完成，甲方会有由相关部门关键代表组成的裁判团，而厂商会有销售人员、售前人员、产品人员、交付人员、领导等多人参与。

所以准确来讲，软件交易并非只是双方博弈，而是诸多利益代理者和组成部分的复杂博弈。

在这些环节中，价值发生较大跳跃的环节（例如撮合两方的中介环节、决定采购选型的环节）所具有的决策能量更加关键，也就有了回扣得以成立的价值背景。所以，回扣不限于甲方采购决策，而是在层层代理链路上任意重要环节均有可能发生。

同样，我们在此不将回扣作为道德问题来讨论，而将其作为市场和经济现象来分析。回扣要成为一个较为普遍的市场现象，也需要有比较特殊的先天条件。

（1）条件一：模糊的质量标准

甲方采购代理人之所以具备充足的权力，在于无论其采买哪一家厂商，可收获的价值差异均难以通过清晰、明确、可对比的参数在短时间内体现出来，也即是说，其他人无法对采购决策进行充分、合理的质疑和反驳。这和上文中需求初级带来的同质化、非标需求带来的信息不对称是同一个问题的多个样貌。当然，这并不代表不同厂商的产品之间不存在质量差异，而意味着从外部来看，产品的质量存在模糊性、难以衡量性。

在企业软件产品交付中，易衡量、易对比的参数（例如功能数量、人天投入等）几乎都不是能反映软件产品真实价值的参数。而交付中一定要对结果提供"可衡量"的依据，这就决定了衡量标准只能是模糊、存有争议的。

行业中，哪怕是把多个友商放在一个擂台上辩论，也难以辨别好坏。所有的招投标参数都存在一定的描述模糊性和评审模糊性。而若要将这一参数细化，那就要做好准备花费数周的时间深入了解行业，对每家厂商额外付出一两周的PoC（Proof of Concept，价值验证环节）时间真正看清各家产品能力，并产出至少数百项招标参数。这一巨大的采购损耗是绝大部分企业无法承担，也不应去主动承担的。对此问题，当下并无解法，就只能先"模糊"处理。

若收回扣后选定的厂商无法顺利完成交付，那对采购者而言风险就非常高。反过来看，当需求相对不复杂、质量评估的成本很高时，选择任何一家厂商的差异短期都不会太大，都能顺利交付，于是采购决策的有效性难以证伪、难以辩驳。项目具备了操作的隐秘性、后果的可控性后，就给决策人员收受回扣并有所偏向留有了空间。

（2）条件二：人决策而非流程决策

现代企业管理模式依赖于流程决策，因为只有流程和标准才可以被广泛理解与复制，由于流程是理性的，对流程达成的共识基础就会相对稳固。

然而，流程管理是需要较为高昂的配套成本的，对流程的梳理、协调、监督、记录、审计，都需要单独协调人力和资源才能实现。在这一系列配套资源不太可能到位的情况下，现代流程管理将缺乏推行的土壤，故而管理模式会倾向于"人治"，以"一号位""全权负责人"为责任承担单位，同时下发对应的权限，上层只对最终结果负责。企业得以节省庞大的管理开支，只需逐层级问责即可。因为低廉的治理成本、简单易懂的管理模型，人治模式在尚未成熟的市场环境中更为常见。

然而，在某个决策人员的权力得到重视和放大的情况下，决策者的行为就难免会带上个人偏好。

在过去 10 年间，企业软件的主流客群，特别是偏传统的行业的客群，对软件的价值和价格不一定有直观理解，对其中的细腻之处缺乏认知和判断，也就更容易放权采购，以致某些部门或人员权力过大，而组织缺乏检查，最终乱象频出。

而现如今，政企基本都有一套完整的招标采购流程，虽然仍有层出不穷的隐匿手段，但同时影响整套流程的可能性已几乎没有，采购代理人对采购决策的影响因此降低，也就压低了回扣能为厂商带来的利润空间。

3. 解法

在很小的程度上，我似乎能感受到回扣些微的积极作用：它使两方在一个陌生的市场环境中，通过（不合规的）利益勾连快速缔结了合作的意向，项目得益于此，可能可以更快上马。这样看，回扣似乎抵消了部分售前成本，说不准在罕见的特定情况下，还可能出现三赢的局面：企业开销更少（更快完成招标），采购决策者得到个人的利益回报，厂商降低了售前成本。如果说这一现象有一丝一毫的合理性，可能就来源于此了。

然而，这一合理性实在太过脆弱，回扣导致的乱象太过普遍和显著。即便在个别情况下能够凑巧达成一两次这样的合理性状况，但不以明确规则为约束的事项，也就不具备长久的稳定。由于合理边界的缺失，采购者很容易做出损人利己的事情，通过损害企业的利益为自己牟利。

采购决定了企业的开支回报，对这一工作必须进行治理，且近些年已有显著成效。回扣问题的解决办法无外乎以重罚形成威慑，以规范流程降低回扣利益。至于对质量能否有更清晰的衡量标准，只能由多方共同努力了。甲方通过更多的信息化知识和经验，乙方通过更清晰的价值建议，行业通过更加规范化、标准化的内容输出，均可优化市场优胜劣汰、抬升品质的机制的效率。

4.2.4　小结

信息不对称导致行业产生了一股潜在力量，遏制了高水准产品的胜出，造成劣币驱逐良币的恶性循环；需求分发失效导致了供需结构失衡，造成结构化的资源浪费，且使得新兴企业需求不能被充分满足；代理人问题使得价值传递的链路变长，决策者过大、不受检查、不承担责任的权力，为回扣现象埋下了伏笔。

这 3 个问题均会导致市场偏离完美、高效、正向的供需配比，而进入失效、失衡的状态，会进一步造成企业软件市场陷入错综复杂的泥潭，无法加速发展。

作为从业者，我们如果不能清晰地分辨市场供需失灵的问题，在遇到一些不合理的现象时，就难免怨天尤人、不知所措。本节对以上 3 个典型现象进行拆解和解法分析，希望能够帮助从业者看清本质，在其中抓住属于自己的机会。

对于行业观察者、投资者而言，上述问题若能解决，行业均会相应释放出强大的、可获得收益的社会价值。对这些因素的趋势进行观察和推动，将有助于对行业整体状况进行判断，进而有助于投资决策或其他决策。

任意甲方或乙方均是大机器中的零件，虽然有一定的主观能动性，但更大程度上是整个行业秩序的接受者。在这 3 个现象中，我们反复提到了市场中间秩序的重要性。我鼓励人才在这方面多投入、多尝试、多实践，也期望资本能够长远、耐心地看待这一价值。正因这些难题突出，这些难题的解决方案才有可能成为下一个 10 年中最大的商业机会。

4.3 竞争演变与挑战

前文阐述了行业内供需两侧缔结而成的显著的多个市场特性，在这一节中，我们将对其余重要的、值得分析的市场现象展开讨论，并基于我们已知的内容大胆推测未来竞争形态的走势。

4.3.1 潜在交易成本与客户黏性

可以预见，过去 10 年是新市场拓展的 10 年，未来 10 年大概率会是老系统汰换的 10 年。厂商对老客户的续存能力，即企业软件的客户黏性，将更关键地决定竞争的表现形态。客户黏性越高，竞争局面越稳定、固化；客户黏性越低，客户越可能会随时选择更优的产品，竞争则会更加激烈。

对于企业软件而言，客户黏性的最大来源在于高昂的交易成本。交易成本指在达成交易前后出现的各种摩擦，例如商务公关消耗的时间、构建信任耗费的精力等。通常，交易成本与交易的实际价值并无关系，是市场运转的自然损耗。

假设行业是赛车跑道，赛车沿着弯曲的道路快速奔腾。除了路上会有的颠簸、路障外，还有一个因素会阻碍赛车一路奔驰，那就是每一次换向都存在的切换成本。切换时的适当减速，是为了切换后的更高速度。企业购买软件是为了"换挡"到更高效率的方案中，切换成本是指企业采购新软件前后的交易成本，除了上文描述的各类因素外，这一因素也会显著影响行业新陈代谢的速度。

与显要商品成本（包括产品开销、维保价格、交付服务、定制开发、驻场咨询等）相对，潜在交易成本指在软件交付落地过程中通常不直接在工作分解书内指明的隐性成本。

潜在交易成本是影响产品是否易于交付、是否容易销售的重要原因。与其重要性不成正比的是，从业者往往会忽略或低估这一因素。但这不影响其发挥作用。由于本身是交易中的关键一环，过高的替换成本当然会抑制客户对新产品的购买欲望。因此，潜在交易成本构成了行业新陈代谢的巨大障碍，也即构成了老旧系统对客户的持久黏性。

也就是说，客户即便存在明确的痛点、痒点，并且已经明确将其识别出来，但由于潜在的替换成本过高，最终仍不一定会进行采买。

这给企业软件行业新厂商、新产品的市场拓展带来了困扰。ToB 行业相对高昂的交易成本与 ToC 消费互联网行业中用户来去自如、几乎没有成本的状况形成鲜明对比（具备网络效应的高黏性 App 除外），这也是企业软件行业无法依靠产品爆发突破，只能稳重、缓慢地发展的重要原因。

我将潜在交易成本的常见类型及说明总结为表 4-3。

表 4-3　潜在交易成本

潜在交易 成本类型	说　　明
心理抗拒带来的成本	心理抗拒带来的交易成本最为隐秘，但其直接影响决策者个体，影响力反而可能最高 ● 自我驳斥：采购流程涉及人员甚广，旧系统的采用必然是经由从上到下、多职能、多部门共同参与和决议的。将其很快替换掉的提案，无疑是对采购人员专业性的质疑，是对过去参与决策人员的自我反驳、自我否定、自我打击，天然就是违背职场人意愿的 ● 沉没成本：已经投入成本购买，哪怕不好用，若不多用几年，似乎就亏本了。这一心理状态在较为保守的企业中普遍存在
重新梳理业务的成本	在大型软件售前阶段，往往厂商需要与企业一起对业务进行深入的梳理。这不仅是厂商的成本，对企业而言也意味着很多次会议讨论和人员投入。当梳理完并交付成功后，现存两方则已经就需求达成共识。若新厂商希望介入，则需要企业重新将背景信息与其完整同步，重新达成共识，这一重复构建的成本是非常高昂的
构建新采购关系的成本	在旧系统采购过程中，旧厂商和企业之间已经经过多次长期的沟通，达成了合作关系与共识，项目组之间的联系应已较为紧密。在此基础上，如果没有恶劣事件破坏关系，新产品即便方方面面都更优秀，也难以切入这一人情关系中 另外，前文反复提到了新的信任关系构建的难度，其中一系列对资质、能力、态度的试探和合作关系的磨合，均属隐性成本的范畴
逐个部门说服的成本	替换需要的并不只是对一个部门进行价值说服，而需要对所有相关部门进行背景说明、价值讨论和协同。这一过程对双方来说成本都非常高昂，需要发起方强力斡旋。如果部门之间的关系有微妙之处，或涉及跨国汇报，这一成本会进一步抬高，形成对新尝试的明确阻遏
新品培训和上手的成本	一个系统的使用者很可能不是技术人员，也可能分散在全国各地。对旧系统的替换，哪怕新产品价值再高、体验再优，也无疑会在替换后的短时间内造成更多的咨询工单、培训需求，甚至导致小部分业务出现阻塞，在这之后，新产品价值曲线的走势才有可能会上一个台阶。在这些异常中，大的问题可以通过产品设计和售后服务尽可能解决，而一些边缘场景就只能硬着头皮闯过去，难以避免一定程度的损失 在成熟的软件市场中，这一成本若可预料，应由培训服务单独计费覆盖

我们在进行博弈论探讨或经济学假设时，经常会默认一个前提假设：交易成本几乎为零，买卖只涉及直接的价值交换。虽然简化（或完全忽略）交易成本确实有助于我们分析或阐述产品价值，但若希望促成交易，我们必须将交易成本计算在内，才能真正理解企业的权衡。

在真实世界中，在尝试说服客户、向企业提供价值建议时，我们通常只会强调产品价值，只与客户交流显要成本，而经常忽略随之而来的潜在成本，没有站在客户的角度对此进行完整评估。这会使得我们的言论欠缺土壤、不接地气、缺乏说服力，对客户"柔和的抗拒"也会难以理解。

只有充分的行业经验才能带来对潜在交易成本的评估，这是一个软性门槛。

从新产品的角度来看，若能够系统地帮助企业解决这一系列交易成本的问题，即能开启新的潜在客群的大门。更多原来由于交易成本过高而无法成交的客户，将有机会愿意完成替换，成为新品的客户，行业规模也会得以扩张。这是错位竞争、破坏性创新的最佳实践。对于高昂的交易成本，我将新品策略总结为以下 3 条。

- 规避：选择一个较新的赛道，尽量避免旧系统汰换成本的问题。
- 容错：选择客单价较高的赛道 / 客群。高客单价使企业可以有更充裕的容纳隐性成本的灵活空间。
- 降本：通过良好的产品设计，增强产品的易学、易用、易换性，以降低谈判和培训的成本。

从既有厂商的角度来看，较高的替换成本可以在短期内有效遏制客户流失。虽然没有人希望采用重交付模式，但一定程度上，厂商在交付阶段的投入越多，客户的黏性普遍就越高，客户将旧系统替换掉的意愿（或能力）就越低。所以企业无论进行培训、交付、驻场、咨询、能力定制，还是进行其他领域的投入，都相当于是在给后来者竖立门槛。

不过，对于传统软件而言，大部分收益在交付完成时就已经收回，传统软件厂商对客户黏性的投入，其实更多是在客户自己的特殊要求下间接完成的，而并非（也没有必要）厂商主动而为的。只有切换到 SaaS 模式，或走入国外商用软件重维保、重服务的收费模式中，才能保障长期合作能够为厂商持续带来现金流，长期存续的合作关系才有对应的收益基础，提高客户黏性才会成为厂商的核心策略。

国外一些 SaaS 厂商为了增强客户黏性，非常愿意接受一定量的客户交付工作，并以此作为降低客户流失率的要诀。然而，这明显是短效行为。交易成本只能延缓替换，而无法提高产品价值。若旧产品本身的价值有限，而厂商仅依赖于此，那么无论再怎么刻意抬高替换成本，旧产品也早晚会被真实价值更高的新品所淘汰。

在任何时候，脱离价值本身的策略，即便可以被暂时采用，也肯定不应该是厂商的核心竞争策略。

另外，还有两种产品特性较为特殊，它们不仅属于产品价值本身，还对增强客户黏性有非常明显的助益。不过，这两种特性并非厂商争取即可获得，而是只有一小部分软件领域厂商才有可能具备的，并不存在普遍的适用性。对大部分读者而言，这两种特性只具备开阔眼界的价值，不具备参考性。

其一，网络效应。部分产品类别只有在多方共同使用时才能发挥出价值来，所以既有客户存在邀请新客户的天然动力，且一旦整套关系网络进入软件，几乎不可能撤离。产品价值和客户黏性体现得最为清晰的行业是电子签章（两方均需注册使用，才能完成电子合同的签约）和协同办公（当多个团队、多个公司需要协同完成工作时，均需注册使用同一套办公软件）。

其二，品牌效应。品牌的价值来自个性鲜明的客户群体的认知需要，加上厂商对品牌的保护和投资，体现为忠实的客群（客户黏性高）和高市场溢价。只有在需求分层、分类后，多元化品牌才具备长远发展的土壤。品牌所需要的投资和经营周期都较长，目前企业软件行业中对品牌几乎没有专门经营（个别大厂商除外），溢价普遍为零。但再过 10 年，待需求进一步得到释放和满足后，对品牌这一"符号"的价值认可将会增强，软件的品牌价值也会随之升高。有品牌价值的软件将拥有一批付费的忠实拥趸。

客户留存的原因是复杂的、多重的，不局限于上述因素。对于上述因素，我鼓励大家以其真实价值去划分优劣。若真实价值未变，刻意抬高切换门槛，则有妨碍市场自然竞争之嫌；若客户留存是因为产品、服务确实到位，认可了软件价值，那么客户黏性就是为厂商努力颁发的勋章。

但无论如何，只有将客户黏性这一要素代入行业方程式中，我们才能真正理解竞争形态的成因和未来走向。

4.3.2　间接竞争：开源、免费与自研

近两年，市场中的新兴客群非常活跃，但不是所有的潜客最后都会选择使用商用软件。流失的客户，除了直接竞争对手外，还流向了哪里？客户希望解决问题、达成目标，有哪些可能更好的选项？

本节将介绍开源、免费、自研这 3 个商业软件的间接竞争选手，并分析各自的现况和适用范围。

1. 开源软件

中国的开发者在开源参与人数、创建开源项目数、开源影响力等方面，在过去 10 年快速攀升至世界第二，已经形成了广泛的社区影响。2021 年《中华人民共和国国民经济和社会发展第十四个五年规划和 2035 年远景目标纲要》发布，开源技术和开源社区的发展得到了明确的政策支持。

企业软件的开源已发展了十余年。到今天，几乎每个软件领域都有开源软件可供使用。

从竞争角度来讲，开源软件即是鲶鱼效应中的那条"鲶鱼"，可以加速商用软件向更加专精、更好服务的角度发展，以尽可能超出开源软件免费覆盖的服务范畴。从反面看，免费的开源软件在客户对企业软件价值认可上扮演了负面角色，让客户在付费购买商用软件时多了一层（通常不必要的）犹豫。

然而，我们尽管已经有了诸多国际知名的开源项目（大多由大型互联网企业发起），但在开源的影响力、原创性上仍然有较大的进步空间。

对经济强烈渴望的功利性是经济体起步阶段能快速发展的强烈促进剂。然而，开源本质是非功利性质的，是由社会中的"闲者"本着"创造不求回馈、成果社区共享"的理念贡献、协同、创造的。这一特点导致开源在"发展才是硬道理"的阶段缺乏土壤，即便国内有庞大的工程师群体，仍难以弥补这一特征带来的影响。可能只有当中国迈入下一阶段，经济总量不再那么重要时，开源才有可能更加蓬勃地发展。

对于软件价值难以得到充足认可的现况，开源提供了有参考价值的破局方案。

企业软件的研发成本高昂，而（纯产品）收入却难以与成本匹配，二者之间的账算不平，这是牵绊发展的关键矛盾。在此情况下，不如直接将软件开源，吸引外部开发力量参与开发，从而大幅降低开发成本，同时对开源软件配套的

服务、插件、数据进行售卖。据此，开发成本得以拉低，收益仍可能保持可观，账务显然因此更容易算平。这一模式近几年在海外已有不少成功案例，且多聚焦于开发者工具类目。

开源是企业开发者友好的象征。对于企业的底层工具，特别是开发工具，开源具备独特的魅力与能量。但对于复杂、使用者多元的企业软件，开源并未占据主流，同时未产生破坏性的新变化。

我无法评估这一创新模式在国内落地的前景，只将这一可能性指出来，供大家思考。

2. 免费模式

免费模式指商业软件以一个限制使用量的免费版本，吸引大量的中小规模团队使用，并在其中孵化出具备付费能力和意愿的企业，同时提供商业化付费版本以支撑不同的服务模式。

免费模式的最大能量源于它有效降低了试用门槛，在企业不一定认可付费软件价值的阶段，允许企业先用起来，先享受软件带来的信息化便利。国内的基础设施都是在不计成本的巨大投入之下建成，并通过相关联的业态增长而获取整体收益的。有人认为免费策略极大扰乱了市场的付费秩序，但若非有这样的开拓策略强硬地把信息化门槛拉到最低，国内的企业肯定无法整体、快速地迈入信息化的潮流中，完成跃迁。

不过也不可否认，这一策略把互联网以往低价、免费的策略带进了企业软件领域。让本来就犹豫的主流客群在进行购买决策时变得更加犹豫和意向模糊。

在第 2 章中，我们曾将软件按照使用对象划分为跨团队、团队内和个人 3 类。接下来我们逐类对免费模式的适用性进行说明。

对于个人软件，过去 10 年已有不少免费的小工具在网上流行，虽然无法形成规模，但自给自足也不错。对于团队内软件，近两三年中，一些服务于特定团队职能的免费版软件经过数年的沉稳耕耘，等来了规模化的市场转机。不过，这两类对企业的价值，也即企业软件市场规模，远没有跨团队软件高。而对于跨团队软件而言，免费模式在中国的能量是有限的。

不可否认，免费的基础企业软件可以击破所有传统障碍，达到国民级的使用水平，但这仅限于 IM、协同工具、文档等办公基础软件，稍微复杂些的业务软件，由于企业本身的多样性，就不具备这种通用性了。而且，免费模式对产品质量、流程规范的要求过高，更像是一款 ToC 产品，实际上超出了传统厂商能提供的质量范畴。

另外，这一方案所需的前期投资巨大，在过去 10 年，我很难想象资本能够支持这一量级的资源消耗而不关注收入，所以财力雄厚的大厂或具备自我增长机制的软件，采用免费模式最为顺利。最后，在达成了数百万、数千万个企业、团队、个体使用的成就后，厂商到底通过什么样的方式完成商业化，才能赚回前期可能投入的数亿元、十数亿元的成本呢？对此仍未有通用结论，只能每家厂商独立摸索。

免费版本肯定可以吸引更多人来试用、使用，它可以降低售前成本、提升市场影响力、快速打磨产品、以低成本在市场中传播、加速厂商本身的发展，具备诸多不可否认的价值。然而唯独一点，免费模式在国内市场不一定能带来多少额外收入，反而可能导致定位模糊。而长期收入是我们毋庸置疑的关注点。

中国企业软件市场的主体并不是靠免费模式能笼络的数量庞大的小微企业，而是由具有一定规模的中大型企业。由于存在断层问题，这些企业所需的业务软件仍然需要厂商重交付。经济主流的断层并不能通过免费模式这一单独的创新方式解决。

我们可以从另一侧面验证这一观点。一个同时服务于所有规模企业的软件，当 100 用户数规格的定价分别设定为 1 元、100 元、10 000 元时，使用人数上可能出现较大幅度的变化，但对软件的总收入（包含大、中、小企业客户的总收入）不一定会有太大差异。这是非常特殊的市场信号，读者可以分析背后的含义，并探索各自面对免费策略的决策逻辑。

免费模式和开源模式具备类似的前提，均需企业客户拥有较强的架构能力与价值认知，才能完成软件的自试用、自采纳，甚至自行对接和适配。对于新兴科技公司而言，这可能具备可行性，但对国内的主流客群而言，这反而可能会增加交易过程中的理解和沟通成本。

这一结论得自我自己的经验，不保证全面，但确定真实。欢迎同样对此有经验的朋友在行业内发起更多讨论，真理唯辩才明。

3. 自研思想

大多数企业软件的销售面临着与客户自研思想的对抗。

商业软件对抗自研思想的主要阵地就是成本。在第 3 章中我们提到，由于软件专业化、合规和安全要求的快速抬升，非功能性要求的逐渐增多，软件的开发成本快速上升，以致很快就超出自研可接受的成本范畴。

然而，对这一系列成本的认可，是需要建立在客户真正理解软件工程和信息化复杂度的基础上的。若客户只认识到功能需求，而忽略所有其他需配套条件，就容易得出"这系统招几个人我们自己就能做"的错误结论。而对复杂性的理解是很多甲方企业欠缺的，这就导致企业普遍对自研的难度和成本做出了轻率的估计。

除了系统的开发成本外，还有交易成本的因素掺杂在内。在一定程度上，我们可以说，正是为了抗击市场中高昂的交易成本，企业才会存在。当市场中交易成本更高时，为了节约这部分成本，企业将尽可能地把业务"内化"，自行生产，降低过程损耗；当市场效率更高、交易成本很低时，企业会将业务更多地承包给外部厂商，将更多职能也进行外包。不妨假想一下：若市场中交易成本为零，这意味着任何一方都能够无成本地找到市场最优方案，立刻达成交易，那么企业这一组织方式可能也将不复存在，社会将以每个个体为工作单位，所有人都可以成为别人的外包。

如果成本是对抗自研的核心要素，那么我们不妨对比一下客户选择自研的可能动机，两相对比，看孰优孰劣。

动机一：掌控性。部分非常核心的业务系统，例如涉及零售企业营销策略的系统，可能会长期存在反复、快速的修改和迭代诉求，这是由业务本身驱动的。如果交给软件厂商实现，修改时则必然会反复牵扯到甲乙两方的多次沟通，可能还需要走额外的合同流程，将企业的整体业务效率拖慢。在国内现在所处的经济发展阶段，不可避免地存在市场与业务的波动和快速变化。对此偏好自研的理由非常充分，但只适用于需要快速变化的核心业务模块。

动机二：稳定性。对于已处于稳定发展阶段的大企业而言，若其流程或业务依赖于外部厂商，那么一旦厂商出现风险，这一风险将直接传导到企业内部。这一风险非常值得警惕。大部分企业软件厂商都是近 10 年成立的，对于大政企而言，尚不能自证稳定。而若是系统自研，则不存在这一风险。

动机三：政策因素。政策因素经常为我们所忽视，但又尤为重要。举例而言，一些地区会制定科技企业的研发人员总数或配比标准，对达到标准的企业提供各类额外的补助和政策倾斜。企业为了享受这些政策福利，可能会倾向于合理扩张技术团队的规模。

动机四：组织因素。团队内的员工数量在一定程度上可能与部门负责人的权力、能量、职级甚至收入成正比。系统自研带来的业务话语权，能让负责人顺理成章地完成扩张，满足内部政治诉求。当我们难以通过其他动机解释客户对自研的偏好时，有可能就是组织因素在发挥作用。

基于以上逻辑，我们就可以将不同企业对不同软件的自研和采购优劣进行对比，并得出一些普适的结论了。变数无法穷尽，我只简要提供几条思路。

- 企业对流程稳定、标准化高的业务更倾向于采用商用软件。
- 在市场完善的环境中，较低的交易成本会引导企业进行更多外部采购。
- 信息架构水平高的企业能够充分理解系统的复杂性，可能更倾向于采用商业软件。
- 企业即便先选择自研，也可能中途发觉不对，改为采购软件。
- 若传统企业信息部的人数出乎意料地多，则有可能是受组织因素的影响。

综合权衡来看，似乎眼下企业选择自研的原因很充分，但我们需要关注限制性条件：交易成本、多变业务、简单需求。

不可否认的是，有些客户需求确实不太复杂，自研的确是更优的方案。不过，自研成本会受各类因素的影响而不断抬升，客户对软件复杂性的认知将会逐步健全，厂商的稳定性和可信度会随着时间而提升，企业的业务不可能一直快速变化和波动，早晚会进入相对稳定的状态，所有这些因素都有利于专业化商用软件的发展，所以我们可以满怀信心地说：未来的发展趋势是，商业化企业软件的优势必将得到不断增强，自研的比例必将逐渐降低。

4.3.3　百花齐放还是寡头垄断

有现成的例子在前：十余年持续耕耘的企业软件老厂，在大厂跳入赛道与之竞争、挤占之下，竟在一两年间"灰飞烟灭"。

企业软件的未来会是什么样呢？是会重演消费互联网"百团大战"的兼并格局，还是会走百花齐放、百舸争流的路线？商业机会瞬息万变，对行业局势演化的判断直接关系到软件厂商对机会的把握。

为了便于分析此问题，我们将软件厂商分为大、中、小 3 种规模。这一问题涉及这三者之间的互动和博弈，我们必须先具备对这三者之间转化和流动关系的简单理解，才能推演出未来趋势。

1. 大厂

先从大厂开始。

大厂指各类消费互联网巨头中既有的企业服务或云服务分支厂商，年收入在百亿元及以上规模。自从 2020 年以来，几个大的云服务提供商均通过扶持企业软件生态划定自己的势力范围，且在此之余，将大厂内已有的自研自用软件对外售卖，进行商业化尝试。也就是说，大厂既在培养外部友好势力，又"撸起袖子"亲自下场，可见大厂对企业软件这一领域的潜力较为看重。

大厂具备两个核心优势。

（1）销售优势

第一个优势是销售优势，包含明显更强有力的品牌价值、已经建立销售关系的大量客户、广布全国甚至全球的现成销售团队、庞大的渠道合作关系、更强大的市场能量等因素。

若大厂能够将这一系列销售优势发挥出来，成百上千的销售和渠道均能为它所用，任何一个市场细分领域均触手可及，这一压倒性力量几可所向披靡。不过，大厂中的所有资源不是全部默认享有的，其公共资源也有优先排序。由于企业软件的投入是长效机制，起步较为缓慢，在大厂的收入体系中，企业软件的贡献在短时间内几可忽略不计，自然短期优先级就更低。新企业软件往往需要高层明确支持和政策倾斜，才能从早期就发挥出销售优势。这对时机和软件特性的要求就很高了，一个企业软件若可以带来大量黏性高的活跃客户，且对其他软件有带动效应，那就容易在大厂的狙击范围内；相反，则大厂一般不会投入，优势也就难以发挥。

与此同时，销售优势也是大厂吸引外部软件厂商（中厂、小厂）成为伙伴的利器。长期以来市场中间商（提供咨询、搜索等供需两侧之间的服务）的缺失，使得厂商缺乏触达客户的有效通道。已经拥有较大流量的大厂可以补足这一市场空白，让流量的价值得以发挥。大厂能为一个普通商品带来流量和关注，这一价值无须质疑。

不过，事情不会尽善尽美。有两个额外因素会将此类合作对厂商的真正业绩价值打个折扣。

第一，第三方产品可能有一系列约束和限制，无法完整利用大厂的销售优势，例如软件售卖不完全计入大厂销售收入，所以缺乏动力推销。

第二，复杂的高价值企业软件往往需要较长的售前过程，在此类客户采购过程中，客户大概率会通过全面的渠道调研市面上的主流厂商。也就是说，无论是否与大厂合作，客户都有不同渠道能够找到厂商，所以大厂并不一定能带来新的线索，也就可能缺少真正能粘住外部厂商的抓手。

企业软件的复杂度和交付难度与消费者商品完全不在一个量级。在交易过程中，对于越复杂的产品，厂商的品牌、投入和质量保障的价值所占的权重就会更高，而渠道的价值所占的比重就会越低。大厂因有流量入口的优势去开"超市"，但"超市"就适合卖牙膏、口香糖一类的零碎标品，对复杂的"满汉全席"就难以有效销售了。

近两年来，大厂启动的各种 SaaS 加速器项目多少会显得"雷声大、雨点小"，原因就在于未有真正深入、互惠共赢的合作产生，更多只是大厂与第三方厂商萍水相逢、互相借势、结伴前行而已。

（2）产品技术优势

大厂具备的第二个优势是产品技术优势，包含人才优势、早期投入优势、技术架构优势、技术应用优势等，具体表现为产品流程完备、质量过硬、安全完善、更低的技术重构浪费等。企业软件行业对人才的吸引力有限，这在 2020 年前几乎是无解难题，而由于近两年人才向企业软件行业涌动，现在大厂的这一优势也在减弱。

由于反垄断法的修正实施，从 2020 年开始，"大"对"小"的投资和兼并活动大幅减缓，且无法通过强制性条款将大小厂深度绑定。实际上，大厂已无法直接对小厂造成决定性影响，它们能为"小"锦上添花，而无法雪中送炭，这一点非常关键。

2. 中厂

中厂指某一领域的企业软件领头者，年收入在 3 亿～10 亿元规模（取决于行业）。这是一个尴尬的位置。中厂即便上市，也无法拥有足够多的资本对"小"进行普遍意义上的参股或收购，也就无法像 Salesforce 一样实现从单品类经营到竖立行业影响力的转变。这个规模是大部分企业软件厂商的天花板，当下仍未出现"中"成长为"大"的机会，厂商成长的路线存在明显断层。

在当下语境下，中厂并无过多讨论意义，因其现有商业模型既无法支撑自身快速成长为大厂，又没有充足资源对小厂进行阻击或影响。从这个意义上来讲，它已达到行业当下的终结状态。中厂需要经过较长时间的润泽，其价值只能随着企业在社会中价值升高而逐渐提高。

3. 小厂

小厂指收入更低的新兴厂商。与大厂相对，小厂的优势在于资本加持和灵活高效两点。

随着企业软件行业珊瑚礁状的稳定发展特性越发引人注目，更多人才会投入到企业软件的建设中来，创造出更加丰富、满足不同需求、高水平的企业软件。也正因为这一特殊结构形态，小厂容易找到自己能够立足的一亩三分地，并以此为根基继续成长。

投资会是小厂的最关键驱动力之一。近期由于二级资本市场的跌宕，再加上并购退出的可能性骤然降低，投资的收益道路变窄，收益显著降低。这进一步暴露了成长期厂商的融资普遍存在估值与收入差距过大、"德不配位"的现况。这一局面短期不会完全改变，只可能平稳、逐步地好转。在此基础上，资本会转移注意力而关注更早期的赛道，并可能促使更多小团队发挥能量。这一趋势已较为明显。诸多过去只投资成长后期业务的资本，不约而同地开辟了创业前期的投资业务。当温度骤降带来的恐慌过去后，这些投资会加速小厂的出现和发展。

上文讲述了大、中、小厂之间互相影响和转化的机制，我将上述信息汇总为表 4-4。

表 4-4　大、中、小厂的动态条件

类别	交互情况
大厂	在反垄断的趋势和要求下，大厂即便有资金和意愿，也无法兼并或投资小厂 大厂对"中"和"小"提供的销售渠道价值重要但有限 大厂自营自研的软件商业化途径缓慢
中厂	在利润率更高、增长更快的模式（如 SaaS）普及前，中厂既无法成为大厂，也无资金或力量对小厂造成直接影响
小厂	在资本推动下，企业软件创新者，即小厂会不断出现 小厂可能成长为中厂

所有条件均已阐述清楚，只差最后一个因素：时间。

在时间的推动下，大厂和中厂均无法对小厂形成有效影响和钳制，在更多人才投入到行业中，且资金和政策大力支持的背景下，小厂的数量会快速增多。这其中，经过至少 5 年耕耘，会有部分幸运且有实力的小厂发展成为中厂，但中厂仍然无法积累能量完成向行业巨头的转型，只能做寸尺之争，而难更进一步。大厂依赖自己的平台资源和实力底蕴，也可维持住自己的一方市场。因此，如图 4-1 所示，企业软件的革新明显是从下到上、从草根逐步向上发展的。

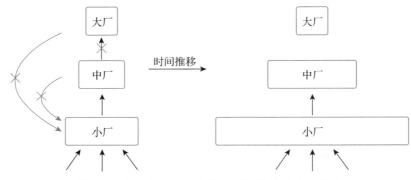

图 4-1　大、中、小厂数量随时间推移的变化推论

由此可以得出结论：小厂不一定要"站队"。对小厂而言，与大厂合作，有可能带来一些竞争优势，但也会带来明显的损耗和限制。这一优劣强弱并无定数，只能逐个案例仔细分辨。

在当前的政策和模式下，中国的企业软件不存在头部通吃的马太效应，不会出现类似消费互联网的"剩者为王"现象，且难以支撑更大规模厂商的出现（诸多原因均在前几章中进行了阐述）。创新者的竞争必然会变得更加多元和激烈，企业软件领域会呈现出百花齐放的多元化市场形态，未来 5 年可能会有数十家软件厂商收入接近天花板并上市。骏马将齐头并进，摩肩接踵，奔腾向前。

4.4　本章小结

表象千变万化，仿佛浮生泡沫，一触幻灭；而本质如林海松根，藏于地下，坚韧稳固。对表象的思考没有意义，只有对本质的思考才具备持久性价值。

在这一章中，通过分析行业友商之间因囚徒困境形成的原因，我们得以抛开表面的道德批判，看清竞争格局背后的决策链条，也看到了出路。我们展开分析了众人皆知的 3 个行业问题：劣币驱逐良币、供需失衡、回扣现象，了解了这些问题的底层原因，并从根源出发提供了可参考的解决思路。我们通过对软件客户黏性、间接竞争模式、未来行业分布这 3 个主题的分析，对未来的行业面貌和演进路径进行了畅想。

我们可以清晰地观察到，很多问题并非软件行业所独有，而是在社会与商业的方方面面都有所体现。这些问题像是来自不同乐器的跳跃的音符，最终组成了时代精神的宏大交响曲。只有通过对本质的深入思考，我们才能在纷杂的表象中保持初心，去做艰难而正确的事情。

4.5　扩展阅读

《市场演进的故事》　约翰·麦克米兰

这是一本既通俗又能引发思考的经济学"故事书"，是一本浅显易懂的大师之作。斯坦福大学教授约翰·麦克米兰将 17 世纪荷兰画家伦勃朗的艺术品市场和难民营原始经济、日本和印尼、药品专利和竞价零售等跨度极大的市场串了起来，以讲故事的方式点出了各类市场的相同与不同，穿针引线般讲出了经济的脉络。无论是什么水平的读者，都可从这本书中获益。

《市场本质》　周洛华

作者的履历保证了本书的知识含量，而本书内容的故事性和趣味性超出了我的预期。作者围绕市场的来由、形状与特征，从历史中翻找答案，从社会风俗中寻求解释，最终融汇成一套经济思想。作者以非常低的姿态和循循善诱的文字，引导我们与他攀谈。

《为权利而斗争》　鲁道夫·冯·耶林

这是一本充满激情的法学启蒙书，言简意赅，立意恢宏。作者是 19 世纪最伟大的法学家之一。通过阅读本书，读者在了解基础的法学理念外，还能够从作者身上感受到澎湃的社会情感和道德责任感，后者是我希望借此书向大家强调的。本书可成为困顿者的精神食粮，让人对美好世界心生向往，重获动力。

《策略博弈》 阿维纳什·迪克西特、苏珊·斯克丝、戴维·赖利；《博弈论平话》 王则柯

《策略博弈》是一本博弈论教材。当人们面对不同的先决条件时，本书以"策略"为出发点，分析了不同应对方式的优劣和特性。每个人都应该掌握通俗的博弈论基础，以建立在谈判、抗争、合作、交易等事件中多方的行为模型。阅读本书需要一定的数理能力，且全书篇幅厚重，对博弈论感兴趣者可以从《博弈论平话》这类入门书开始了解。

《合作的进化》 罗伯特·阿克塞尔罗德

商业中充满了针锋相对的对抗和谈判，但相比于竞争，良好合作会给人带来更多舒适感。无论是与客户之间达成长期交易，还是与伙伴之间达成信任，都需要满足合作的一系列基础条件。本书是一本浅显易懂的博弈论小书，围绕合作关系来描述多方动态博弈在不同情况下的表现。写完本章后我才看到这本书，惊讶地发现书中内容和本章存在很多契合点，于是推荐给大家作为补充阅读材料。

《精英的兴衰：基于理论社会学的考察》 维尔弗雷多·帕累托

本书从理论社会学的角度，讲述了一代又一代社会精英轮回循环的过程，对"投机的本能"和"群体的保守"之间的动态博弈进行了分析。软件行业可以说是一个小型的社会，通过本书，读者可以触类旁通地领悟行业革新的节奏和条件。

|第 5 章|

SaaS 的逻辑

在一个空间中被看成是后退的行为，在另一个空间中可能被看成一个革命性的进步。

——侯世达《哥德尔、艾舍尔、巴赫：集异璧之大成》

我们也亲眼看到过那些在大型企业市场取得一定成功的企业，之后往往数年徘徊不前。大客户业务的成功，要求企业把重心放在资源整合，而不是创新和开发上。

——雅各·范德库伊 / 费尔南多·皮萨罗《硅谷蓝图》

信息化是现代企业获取竞争优势的必要工具，为了在激烈的市场竞争中争得头筹，企业必须承担高昂的信息化传统软件的成本。中小企业通常无力负担这一成本，故而与大企业之间的经营差距只会进一步扩大。除了高昂的信息化成本外，传统软件还存在诸多弊端，包括周期长、风险高、成功率低、信息不对称、交易成本高昂、功能陈旧等。

SaaS 的出现颠覆了这一现象。SaaS（Software as a Service，软件即服务）是通过互联网提供企业软件服务的方式，具有订阅制、集中运维、公网访问等特征，且其价值具备多面性：从使用者角度来看，SaaS 的低门槛、易用性和按量付费增加了吸引力；从软件交付来讲，SaaS 模式允许厂商将交付和售前更充分地外包，进而享受产品专精带来的全链条收益；从销售的角度看，SaaS 实现了资源"超卖"，因此能通过均摊成本、拉低价格触达过去被忽略的受众群体；从行业整体来看，SaaS 是基于资源共享概念的创新商业模式，能有效地为行业降低信息化成本，为中小企业大开方便之门。

然而，具备如此多优势的 SaaS 模式，在中国的发展却远非势如破竹。由于中国软件市场具有独特的复杂性，无论是投资方还是从业者，均缺乏理解、难以建模，此时若想与国外某类软件对标，就会发现中国 SaaS 的发展与国外 SaaS 相比差别巨大，几乎无法归为一类。对这差别从哪来、如何解的思考存在于软件行业每个人的心中。

在对先进 SaaS 体系的追逐中，我们到底是阶段不同还是本质有别？这不同之处到底是会逐渐缩短的"差距"，还是迥乎不同的"差别"？

本章将就此差别背后的原因提供分析。主题有三。

- SaaS 的发展逻辑与国内外市场差异，得出中国无法复刻国外 SaaS 发展路径的结论。
- SaaS 推行的驱动和阻碍。市场中厂商积极推动，但客户较为犹豫，驱动力存在不对称的特点。
- 传统厂商转型 SaaS 的难题。通过列举经营要素的差异，体会两种模式的不兼容性，阐述转型的僵局。

以上 3 个主题，将分别从宏观背景、微观推力、转型难题 3 个维度来观察 SaaS 这一模式的特殊之处。希望这一思考方式可以帮助大家全面认识 SaaS 的特征，并对其未来发展得出自己的结论。

另外，在本书定义中，专有云（专有服务不具备订阅制特征）、私有云（私有化不具备集中运维特征）等不在 SaaS 的范围内，也不是本书重点。

5.1 SaaS 的发展逻辑

SaaS 是非常优秀的商业模式，但这一模式的构建并非由某个厂商拍脑袋得来，而是由整个商业社会形态的演化解锁的，这背后有难以完整列举的影响因素，当这些底层要素相对齐备时，才能结出 SaaS 模式这一果实。厂商对 SaaS 模式的采用和推广需要切准时机，但大背景、大环境的条件是更为基础的关键。

　　所以，这一节先从美国 SaaS 发展的土壤和背景入手。表 5-1 汇总了一些美国市场发展 SaaS 的优势。

表 5-1　美国市场发展 SaaS 的优势

优　　势	说　　明
巨大市场	在过去百年，美国以全世界最充分发展的自由经济市场著称，企业生态得以超前稳定发展，对软件增效带来的价值最为渴求。最高的 GDP 和不低的增速，代表了广袤的市场和强盛的生命力，足以孕育各门各类的 SaaS 软件
对效率的倚重	在已经成熟的充分竞争市场中，效率是企业持续运营、获取优势的法宝。以软件驱动的效率变革是每家企业都无须教育，必然会关注的
良好的付费意愿	企业对知识产品、信息软件具备良好的付费历史和付费意愿。经由数十年的打磨和市场教育，企业已充分了解软件价值，且对免费没有过多预期。这将极大降低销售难度
规范的企业流程	现代企业经历七八十年的打磨，在人、财、事上的管理均已形成标准，并通过商学院广为传播，管理流程具备更好的共识，为 SaaS 产品标准化提供助益
更专业的 IT 知识	企业甲方普遍具备长年累月积累的信息化经验，具备合理的人才储备。大企业信息化需求是逐步完善的，很少是跳跃的。企业 IT 部门对需求可以完成内部梳理，并提供完善说明，有的放矢地在市场中寻找方案。这有效降低了厂商售前咨询的成本
咨询生态完善	咨询生态的完善，能够在市场中间环节有效地为需求提供引导，为标准提供支持，引领趋势的发展，不会有过多不良的"自由发挥"的空间
高效的市场运转	社会中存在较为充足的社会资本，使企业合作或采购可以通过网络直接达成，而并非一定需要线下见面交流或驻场支持。这将极大降低项目在售前和售后的交付成本，更有利于 SaaS 模式的发展
订阅的习惯	由于所处市场环境较为稳定，保障较为完善，美国民众在购买物品时，对租赁、分期付款模式的接受度更高，消费时计算更多的是现金流（例如花费月薪的 1% 订阅音乐服务），而不是先储蓄后消费（例如先攒 100 美元，再来购买专辑）。SaaS 的订阅模式可以看作日常消费模式的自然延伸，不算突兀（这一点没有数据支撑，是我的个人体会）
不断提升的法规要求	在 SaaS 发展早期，信息安全相关法规尚不完善。而随着更多法律法规出台，SaaS 产品的公开、透明为企业应对合规要求提供了方便。在全世界任何一家大企业中，信息的安全与合规都是最为关键的软件采购决策因素，而 SaaS 不断更新、透明开放的特征为企业提供了选择的理由

上述这些发展优势较为笼统，且在诸多材料中均已得到充分宣传，本书点到为止，不多说明。接下来，我将聚焦于两个额外的常被忽略但可能更加重要的特征：一脉相承的技术"共享"理念和"去中心化"的企业决策。

共享的因素是经济驱动的，是技术的，是厂商发起的；而去中心化决策是市场环境驱动的，是社会的，是需求发起的。想要理解这两个因素如何对 SaaS 产生影响，就需要把 SaaS 放在更广阔的历史背景中去理解。

本节通过对这两个因素的说明，将得出一个可能片面、可能有一定争议的结论：中国 SaaS 与美国 SaaS 20 年来的路径将大有不同，因两方背景存在太多不同。

5.1.1 共享的一脉相承

SaaS 模式的颠覆性在于它能将资产与价值脱钩。它允许企业在不拥有软硬件资产的所有权时，仍然能够享受使用产品带来的价值。资产因此在更大程度上得到充分利用，而不局限于单一的拥有者，每单位资产产生的价值得以大幅提升。

将美国的企业软件发展历史展开，我们就会发现，其发展并不是跳跃的，而是连贯的。自从 20 世纪 60 年代开始，共享（或租赁）就已经成为降低硬件使用成本的基本思路。这一思路支持着软件行业跨越了 3 个不同阶段，才来到了今天 SaaS 百花齐放的时代。

1. 算力共享（1960～1980 年）

1960 年前后，世界从战争的阴影中缓缓走出，计算机开始脱离军事领域，进入更多高级领域（包括研究所、天文台、国家安全局等机构）。当时，计算机是极其昂贵的物件，我们日常使用的个人计算机尚未出现，IBM 研发的大型计算机是主流。一台计算机需要占用一整个房间，有多至数十人维护。随着使用需求的增加，将计算机的计算能力进行切分以与其他需求方共享成本的诉求产生了。

共享一直是对抗资源稀缺的有效途径。计算机不是每个用户随时都需要使用的，共享将这种昂贵、闲置的资源充分利用起来，是非常简洁有效的商业模式。

麻省理工学院承担了这一责任，并开发出了最早的"云"——CTSS（Compatible Time-Sharing System，兼容时间分享系统）。它基于一套大型机 IBM 7090，如图 5-1 所示，允许多达数百个终端同时使用。这些终端由键盘、显示器组成，非常轻量，所有的计算、代码、存储均由大型机统一托管、统一运行（这一模式和我们现在对超级计算机的使用分配很像，可见虽然时过境迁，对紧缺资源的分享逻辑并未改变）。依托这一共享系统，早期的电子邮件、文字编辑工具等基础软件得以在部分机构中应用。

图 5-1　IBM 7090

2. 应用共享（1980～2000 年）

20 世纪 80 年代，随着硬件技术的发展，个人计算机开始出现并得到广泛使用，这为后续更大范围的共享埋下了伏笔。不过，在这一阶段，市场中似乎出现了短暂的算力冗余，每个人都期望拥有属于自己的终端、Office 软件和存储，所以共享的发展趋势暂停了。这一现象非常重要，它表明共享并不是所有情况下的最优选，而是需要有先天条件的——资源紧缺。当资源充裕时，共享的收益不一定能覆盖共享带来的管理成本和麻烦。

1990 年前后，软件本身开始变得多元化，第一代互联网出现，除了 ERP 外，第一代的 CRM、HCM、SCM 系统也开始出现，软件复杂度的增速持平甚至高于硬件效率的增速（What Andy gives, Bill takes away）。

资源重新变得紧张，共享的理念再次复兴。

由于软件众多、数据开始堆积，在个人电脑的存储硬件成本仍然很高的情况下，软件的部署不得不与使用分离：个人电脑用来使用软件，并由专有机器部署软件。而互联网的公网带宽在这一阶段仍然非常昂贵，无法支持 SaaS 在更广泛的企业场景中应用。于是在这一阶段，企业就只能选择一个过渡方案：把软件放在企业的专属机器上，并组建 LAN（Local Area Network，本地局域网）在企业内部共享。这构成了上一个世代典型的大型企业信息化架构：一个专属的 IT 部门，在机房中的专属机器上部署办公套件（大概率是微软的），搭配 SAP、Oracle、Siebel 等几个厂商的软件（后 Siebel 被 Oracle 收购），并通过 LAN 将员工的办公终端与软件连接起来，允许员工访问。

通过这一模式，企业规避了昂贵的公网流量成本，企业内的硬件资源消耗得以均摊，但由于每家企业都要单独维护自己的硬件、软件，这些资源的运维工作仍然很繁重，企业为此付出的成本很高。居高不下的成本门槛，将几乎所有中小企业和部分大企业挡在了通过软件增效的大门之外。

到了 20 世纪的最后 5 年，计算和网络开始进入社会的方方面面，网络支付的初级手段开始应用，数据传输安全机制得以建立，个人计算机更加便携和普遍，其后互联网才能够成为企业软件的载体。当时，亚马逊、eBay 等消费互联网平台开始出现，Salesforce 这类 SaaS 鼻祖同时起步。虽然后来我们将二者分为 ToC 和 ToB 两种类型，但它们产生的初衷并无差异，都是顺应那个时代的新兴趋势。

不过，依托互联网产生的最早的共享模式并非 SaaS。我们刚才提到，企业对于资源管理运维的工作感到痛苦不堪，所以将这一部分工作集中到厂商侧，厂商利用规模效应尽可能降低运维成本，这就成了最直接的解法。ASP（Application Service Provider，应用提供方）模式在此背景下诞生。在这一模式中，厂商（或服务商、代理商）负责对所有客户的特定软件统一进行运维，用户通过互联网访问应用。而和 SaaS 不同的是，在 ASP 模式中，厂商仍然会为每个客户准备一整套定制化的专属资源，相当于只是将资源运维的工作从企业转移到了厂商，每位新客户的边际成本仍然高昂（有点像我们现在说的专有云），如图 5-2 所示。这一模式确实在一定程度上方便了大客户，但由于其成本仍然昂贵，所以并未能更广泛地打开新的市场，让更多企业享受到信息化的便利。

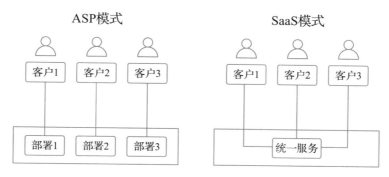

图 5-2　ASP 模式与 SaaS 模式

沿着这条路继续走下去，在更透彻地贯彻共享理念的 SaaS 模式兴起后，ASP 模式很快就消失在历史中了。

3.服务共享（2000～2020 年）

当我们看向身后时，总觉得历史的发展似乎存在跳跃性。但当我们观察历史的底色后，就能认识到很多发展不可避免，很多方向早已确定。

由早期互联网发展带来的动能，让企业软件得以改头换面，跨越重交付模式的深渊，涅槃重生，变为更轻量、更专精的 SaaS 模式（也可以说，SaaS 就是把企业软件做成 .com 网站）。软件即服务，是企业软件贯彻共享理念的终点。在这一模式中，能共享的资源要素（硬件、资源、软件，甚至包括市场、运营、售后等）几乎全部得到共享，软件的新客户边际成本极大降低，甚至可以忽略不计。

在 SaaS 出现之前，企业软件的平均开销仍普遍在百万美元以上，涉及大量的服务、交付和仍然非常昂贵的资源成本，且每年有极其昂贵的维保服务费用。SaaS 的出现让软件走入中小企业，让每位员工花费一张健身月卡的费用，即可享受工作中信息化带来的高效便利。软件帮助企业提效，企业帮助软件创收，二者成为最佳搭档，共同完成了一波又一波的变革和创新。大企业过去与传统软件企业签署了多年涉及金额巨大的合同，而在 SaaS 诞生三五年后，旧有合同陆续到期，大企业就有了新的选项，对 SaaS 的采用就由中小企业扩展到了大企业。

时间来到 2010 年前后，SaaS 已经势不可挡，它展示出的巨大颠覆性潜力和动能让所有传统软件大厂战栗不已，且已成为"未来"的象征。经过 10 年耕耘，SaaS 厂商借着高收益模式和高额投资，已经在各方面都趋于成熟，而企业对 SaaS 的疑虑也在逐步打消。几乎所有软件领域都在 SaaS 化。在十几年前，全世界大概只有一两千个企业软件，而走到现在，这一数字正在接近 100 000。微软"大象起舞"，以壮士断腕的决心，耗费多年，完成了向云服务的华丽转身，让人惊叹。而与此同时，大部分传统大厂的转型并不彻底，仍在原来固有的圈子里打转。SaaS 不断向专业化、精细化的方向发展，为现代企业搭建出了一个琳琅满目、复杂的应用市场，在其中，几乎任何企业经营诉求，不管多么小，都能够得到满足。企业来到了需求能得到快速响应的"消费主义"年代。

这一切的巨变经历数十年的进化与蓄力，在短短不到 10 年的时间里集中爆发，让人目眩神迷。

而当下，我们就在这一背景下奋起直追。

让我们来梳理一下历史的经验。从软件市场供给侧来讲，SaaS 的普及有几个必要条件。

条件一：昂贵的既有选项。成本降低是 SaaS 的核心价值。在既有选项昂贵到让人难以理解、使用门槛高到令人痛苦不堪时，若有一个新选项成本只有既有选项的十分之一，那么其他所有考量因素都将无足轻重。我们可以将 SaaS 的所有已知优势都列举出来，逐一检查。所有的其他优势（包括不断升级、即开即用、更好体验等，下文会有完整列举）都是零零碎碎的"延续性创新"，加在一起也并无颠覆的能量，只有 SaaS 模式带来的成本革命才能真正为 SaaS 打开新世界的大门。

条件二：触手可及的办公终端。对于 SaaS 模式来讲，用于访问企业软件的终端的普及必不可少。电脑的销售数量从大约 1995 年开始发生了明显的增长（参考图 5-3），这和".com 泡沫"、SaaS 的出现时间基本重合。而在 10 年后，智

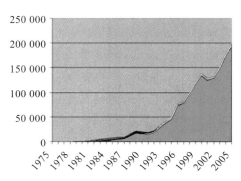

图 5-3　1975～2005 年电脑销售数量趋势

能手机的出现和快速普及，几乎让每个人都可以随时随地使用任何软件。办公终端的普及让更多人可用终端入网享受软件带来的便利，由此带来了软件市场的大幅拓宽、软件价值的大幅抬升。

条件三：不断降低的流量成本。流量成本的降低，使更大范围的连接成为可能，更多的价值节点得以凸显。1998 年，每月网络流量费用是 1200 美元/Mbps，在这一背景下，网络应用显然会被限制在极其有限的高价值场景中。而后，流量每年稳定、快速的降本（参考图 5-4）促成了视频网站、移动互联网、短视频等的出现，企业对 SaaS 的使用不再需要对流量成本的任何考量。更让人惊叹的是，流量和存储成本降低的速度在过去 20 年几乎未变，我们似乎可以预见到成本无限趋近于 0 的网络，届时整个网络商业又将发生剧烈的新变化。读者朋友们不妨对此进行畅想，看这一确定趋势下，有哪些看似违背常识的新机会可能会出现。

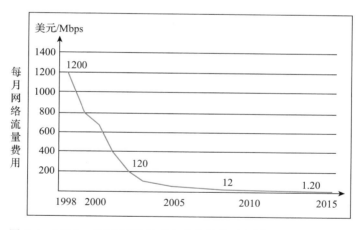

图 5-4　1998～2015 年流量成本变化趋势（来源：DrPeering.net）

在上述 3 个条件中，后两个条件是普遍意义上互联网和网站得以发展的根基。SaaS 作为一种复杂、特殊的网站，享受了同一趟迅疾列车的便利。在这两个条件逐渐具备时，企业更多的业务场景将可以通过软件实现，SaaS 在成本节省层面的破坏性创新能量，才能以企业可接触、可购买的方式体现在更多经营场景中。

让我们回顾一下本节的内容，并对美国企业软件的共享路线特点进行总结。

特征一：经济驱动。首先，对共享的追求是经济驱动的，是资源昂贵时的自然选择。虽然不否认在 SaaS 起飞后，对 SaaS 的采用决策开始有了"信仰"的成分，且在理性决策中夹杂了感性甚至盲目的色彩，但 SaaS 的第一特性仍是极大降低软件成本的能力。若这一特性不存在，或者无法充分发挥出来，SaaS 对传统市场的锋利刀锋将不复存在。从这一角度看，每一个开始发展 SaaS 的国家或地区都需要判断当前的环境是否真的需要 SaaS 带来的经济效益。部分从业者将 SaaS 当作绝对的、全市场 / 全场景通用的未来，盲目地追求它，且不屑于对争议进行解释或讨论，这反而是不理性、不自信的体现。

这是最重要的特征。SaaS 能够发挥出的能量很大程度上取决于它能为企业降低的信息化成本，以及带来的社会经济动量。

特征二：自然发生。美国 SaaS 市场的出现是多个因素交叉作用的结果，是自然演化的过程。这个过程并不需要过多额外的资源去跃迁，Salesforce、Concur 和其他早期 SaaS 企业的发展从第一年开始就非常顺利（除了遇到".com 泡沫"破裂的宏观经济问题外），并没有经历很长的磨合期。这和中国 SaaS 的发展节奏有鲜明的差异。

以上，我们分析了企业软件新变革在软件提供商侧的动力来源，但一个巴掌拍不响，SaaS 必然也正好契合了企业自身发展方向，供给侧优化带来的推力结合需求侧的拉力，才能有如此普遍的接纳和深远的演化。接下来，我们将对企业需求的变因进行简要分析，并希望将两个动因交汇在一起，以完善对 SaaS 发展原动力的解释。

5.1.2 去中心化的企业决策

从企业的发展来看，有两条核心的企业趋势与 SaaS 的发展目标相契合。

1. 驱动一：去中心化趋势

在与 SaaS 起步发展的同期，企业也出于去中心化的管理诉求，迫切需要更低廉、更易用的解决方案。企业需求与 SaaS 模式一拍即合。

企业为什么要去中心化，又为什么对 SaaS 情有独钟呢？

为了介绍清楚这一趋势的来源，我将先简单介绍企业组织的两种模式，从中可以看到模式与环境之间的密切关联。不过，企业组织模式是复杂的企业管理话题，类型千变万化，书中无法穷尽。本书对这两个模式进行了大幅简化，仅用于描述和本书主旨相关的联系。

第一种模式是 J 型组织。J 型组织[一]是传统企业组织方式，企业按照部门划分，从上到下分配资源，通过完善的流程、严谨的规范、良好的企业文化，跨部门协调并制定长远策略，获取竞争优势。

在较为稳定、破坏性创新不太频繁的市场背景中，竞争会使绝大部分市场领域快速进入红海。在红海竞争中，市场成熟并呈线性发展，未来的收益是稳定可预期的，竞争的目标是清晰可衡量的，长远稳定的规划就具备了基础。在此时，企业的最佳策略就是摆好阵脚，挖掘战壕，并从现有盘面中通过延续性创新，锱铢必较、逐个百分比地提高自己的竞争优势。

在这一过程中，一个传统的 J 型组织，由于细化的拆解分工、深入的专业化发掘、多层级逐级决策的组织架构，具备很高的执行效率，能够体现出最适应环境且步步为营的发展特点。即便这一形态具备僵化、不灵活的负面特征，但由于市场变数较少，企业往往会甘愿冒此风险。

第二种模式是 M 型组织。M 型组织[二]是更加灵活的组织方式，企业按照产品线进行划分，不同的产品线资源相对独立，通过调动团队的自驱能量，尽可能抓住市场先机。

在市场较为动荡、复杂，或处于快速成长的阶段时，由于无法预料未来高潜力机会何时何地才会出现，市场处于非线性、不稳定的状态中。在这一阶段，信息是复杂、多变且混乱的，所有长远规划都缺乏可信度，没有人能通过集中决策进行有意义的整体规划。这时，企业反而需要更扁平、更灵活的分布式架构，尽可能充分发挥出每个节点对各自领域的信息优势，鼓励创新。通过每个节点自身的能量最大化，引导整个企业达成效益最优。这些节点可以是集团的子公司，也可以是一个中小企业内的不同部门。

毫无疑问，在这一模式中，不同节点中的资源必然会有重叠和浪费，甚至互相之间还会有资源争抢，但若经由良好的统一引导，这些浪费将被控制在合理范围内。规避劣势，发挥优势，M 型组织可以提供良好的灵活性和适应性，使企业多元化发展，抓住新的机遇。

[一]　命名来自 Japanese，代表日式企业管理方法。
[二]　命名来自 Matrix，即矩阵式管理，近 10 年在国内较为流行。

我将两种组织模式的优劣总结于表 5-2 中。

表 5-2 J 型和 M 型组织模式的优劣

组织模式	优　势	劣　势
J 型组织	● 规模经济，成本最低 ● 稳定，极低错误率 ● 流程清晰，文档充分 ● 员工稳定、长期签约，高培训投入 ● 人力资源统一规划，避免浪费	● 对多产品线适应性一般 ● 跨部门横向拉通非常困难 ● 反应极慢，难以变化 ● 遏制创新
M 型组织	● 快速变化，灵活变通 ● 客户、员工满意度高 ● 快速需求响应能力	● 部门重叠，成本更高 ● 多线汇报，会议过多 ● 依赖经验，欠缺沉淀

之所以花费如此多的篇幅对此进行描述，是因为这两个模式与企业软件行业有 3 层关系。

第一层：企业客户的转型需求。在我所经历的一些重大项目中，有不少需求来源于企业组织根本模式的大改动。当软件服务的企业客户产生软件需求时，我们应该深入理解客户正在经历的组织变化。当然，组织还有 U 型、F 型等各种形状，并有各自的特点和适用场景，感兴趣的读者可以自行了解。

第二层：多产品线的组织架构。企业软件普遍单产品线的营收天花板较低，在发展的压力下，厂商自然通过多产品线进行横向扩展。在这时，到底采用 J 型组织模式以降低成本，尽可能共用研发、复用架构、统一推广，还是采用 M 型组织模式加快试错，以更独立的品牌、自负盈亏的方式鼓励创新，是每个厂商都会面临的重大决策。对此，第 8 章会进一步展开讨论。

第三层：在变化、复杂的市场环境中，相对扁平、矩阵式的管理模式存在竞争优势，这也是这一节的关键观点。M 型组织意味着管理权限下放，会让企业内产生较为清晰的、大量单独组织节点各自的信息化需求。这些需求脱离了企业的统一采购，而希望通过独立选型采买来完成对自身效能最大、最快的增强。这为天然灵活、开通即用的 SaaS 带来了重大机遇。

在过去 40 年中，全世界无疑都处于新技术、新形态、新业务的冲击下。全球范围内的既有巨头企业，一不留神，就面临着被新兴机会彻底颠覆的风险。这一紧张的市场情绪导致了企业对 M 型组织灵活性特征的强烈需要，按照上述推论，这也就进一步构成了市场对 SaaS 的强烈、无法被其他方式满足的需求。

首先，企业中独立决策的节点（相对于整体采购而言）要求软件必须有远远更低的成本，才能进入部门常规报销的预算范围内，以规避企业采购的冗长流程。其次，这些节点要求软件必须开通即用，越低层级节点的工作人员越能对当下问题感同身受，所以该节点的软件采购不遵循"深思熟虑，想好再买"的企业采购模式，而是遵循"遇到问题，当即解决"的工程师思维。另外，这些节点要求软件必须运维省事，由于这样的节点无法直接调动企业 IT 部门来支持，软件必须要好用、稳定且完全被厂商托管，才能规避掉运维、升级、补丁等日常问题，真正让其价值发挥出来。

不可避免，放权决策必然会带来影子 IT（Shadow IT，指在企业软件去中心化后，企业各部门使用不在 IT 部门统一管控范围内的软件）的问题。若缺乏收口机制，企业将丧失对信息架构的掌控力，也将难以把控企业整体的信息安全。但这一变革由市场环境、业务需要来驱动，影子 IT 的问题属于片鳞半爪，应想办法克服，企业通常不会因噎废食而选择规避。

于是我们看到，在快速而动荡的发展中，企业决策的去中心化与 SaaS 模式带来的效率和性价比能够一拍即合，共同推动着 SaaS 行业的发展。

2. 驱动二：企业信息化的深入

随着终端的普及和技术对生活的渗透，人们对软件的习惯程度越来越高，更多的企业经营过程也就有了深入信息化的可能性。

对于大企业而言，经过二十余年的打磨，在新世纪到来之时，它们已经耗费巨资基本完成信息化管理的转型，并从大而完整的软件使用过程中受益。很自然地，在更进一步探讨信息化需求时，这些企业在咨询公司和厂商的引导下，会希望进一步深化，让更多的企业经营要素信息化，以更充分地发挥出软件的透明和高效特性。

此时，收益最大、最贴合于业务的业务流程已经完成信息化，接下来对分支、零碎的其他领域，例如协同、沟通、开发、设计、品牌管理、营销、客服、合规等数十甚至上百个细分领域，需求也就逐渐变得明确。

在过去 20 年间，这一需求在企业经营管理中的深入，近乎无穷无尽地挖掘出了更多多元化的降本增效价值。在不断推陈出新的过程中，企业软件行业从一个高端服务定制业转变为一个高品质、多层次、丰富完整的产品行业。

如果说推开共享的大门继而开启了 SaaS 时代，那么逐步丰富多元的企业需求就为 SaaS 进入成熟的市场环境提供了助力。

在 SaaS 出现的同时，企业侧产生了对更好用、更便宜、更细化的软件的需求。这两者一推一拉，共同成为 SaaS 起飞的助燃剂，如图 5-5 所示。

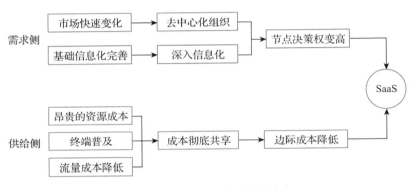

图 5-5　SaaS 快速发展的原动力

那么，为什么这么巧，这两个趋势就正好与 SaaS 同频发展呢？

这并非偶然，它们背后的原因是一样的：技术应用带来的划时代革新。这一革新至少使生产方法和消费方式发生了巨大的变革，对每个人都产生了深远的影响。历史上的几次工业革命，其革新能量均是在数十年甚至一两百年中持续散发，将人类社会的运转效率整体拔高的。技术在应用的过程中创造了大量机会，同时使得市场处于非线性发展中。其一，市场的风险偏好升高，鼓励企业去中心化经营以获取收益；其二，技术的渗透让软件向企业经营流程中更深入、更琐碎的领域延伸；其三，技术又带来了 SaaS 这一新模式。各方面里应外合，才交织出了这一广阔市场。

5.1.3　SaaS 在中国的两个问题

上一节中，我们主要描述了美国 SaaS 得以发展的历史原因，那么国内如何呢？中国会走出一条不同的路线，还是会沿着既有路径走，只是晚起步了一些呢？

我的答案是两面性的。过去 10 年的历程已经证实中国 SaaS 市场的发展速度并未对标美国，而是走出了一条独特的成长曲线。这不一定是因为 SaaS 不适合国内土壤，相反，我相信 SaaS 在国内仍会有其特定的市场地位，并在一定程度上代表未来方向。

导致这一结果的可能原因有很多。表 8-1 罗列了美国市场发展 SaaS 的优势，换个角度来看，这些可能就是中国市场尚有进步空间的因素。对表中大多因素的理解和分析已较为广泛与常见，但大部分仍有不够犀利、没有切中问题要害的嫌疑。接下来，我希望继续抓住本节中共享与去中心化的线索，提供独特的、具备解释力的视角，看通过"成本优势缺失"和"受众不清晰"两个关键原因，是否能对现象进行更好的解释。

每个变革都有机会窗口，而并非如人所说的"该到来的终将到来"。机遇稍纵即逝，在能量的此消彼长之中，并没有恒定的最佳策略，事情也往往不会按照既定剧本发展。

1. 成本优势缺失

在千禧年前后，美国新兴 SaaS 和传统企业软件的价格相差数十倍。Salesforce 在初创时的标准价格约为 75 美元 /（用户·月），与 CRM 企业软件动辄数十万、上百万美元的软件开销及昂贵的硬件资源和运维成本相比，差别不可以道里计。以今天的视角来看，Salesforce 当时的定价根本不便宜，但其与既有模式的巨大价差，在能让企业感到心动的同时，也为 Salesforce 留下了充足的利润空间。上文提到，这是 SaaS 发展势如破竹的最根本、最关键原因，这使得 SaaS 当时成为名副其实的破坏性创新模式。

然而，技术发展带来的成本降低是全方位的。在 SaaS 模式得以成形的同时，第 4 章提到的其他选项（自研、开源、企业自行运维）也正在快速变得可行。硬件资源成本在大幅下降，新兴 IaaS 云厂商使资源运维变得更加直观、易用。同时，新兴的开源模式走出了狭窄的极客领域，在更大社区范围内获取支持，并提供了各类能力完善、便于部署的开源软件。

过去的硬件单价是以万元为单位的，而现在，依赖 IaaS 基础云服务，客户可以每月花几十块钱长期租赁，而在硬件上部署的软件本身甚至就是开源、免费的，这一组合极大降低了部署、运维企业软件的成本。到了今天，软件部署与运维的开销已成细枝末节，甚至可以在交易谈判中忽略。另有一点，国内开发者数量充足、人力成本相对较低、性价比高，肯定会使得自研、自维护、自运营企业软件的比例比西方国家更高。

于是我们会发现，国内的 SaaS 并未带来 10 倍的成本优势。经过 20 年的发展，其他选项的成本也已变得相当便宜，难以拉开差距。

可能可以这么说：正是因为当初美国传统企业软件的价格和利润太高，才给 SaaS 留出了破坏性的打击空间。但和美国不同，中国 SaaS 在一个传统企业软件也普遍并未获取超额利润的时代出现。由于对标物（传统软件）本身收益并不高，为了维持基本收入，SaaS 对大客户（因为大客户是毫无疑问的软件市场主要客群）的年定价普遍按照传统模式一口价的 $\frac{1}{3} \sim \frac{1}{5}$ 制定。也就是说，企业客户使用三五年后，SaaS 的总成本就会超过传统企业软件，对企业而言并未更便宜。这和美国 SaaS 初期在成本上对传统企业软件的降维打击形成鲜明对比。在中国，SaaS 对企业财务的帮助只是把 CapEx（Capital Expenditure，资本性支出）换成了 OpEx（Operational Expenditure，管理运营支出）而已，而这对企业而言不一定是好事。

彼得·蒂尔在《从 0 到 1：开启商业与未来的秘密》一书中指出，若希望客户切换掉既有产品，新产品必须好 10 倍。我们可以站在企业的角度算一笔总账，看当下 SaaS 的成本是否真的比自研、开源、企业自己运维更低。若答案不够坚定，那么除了价格与尚未明确的政策推动之外，还有什么别的优势可能具备破坏性的能量，能帮助 SaaS 快速打穿市场吗？

几乎可以断定，在当下阶段才开始发展 SaaS 的国家，SaaS 市场注定不再有机会像 20 年前那样闪耀。不仅中国如此，全球皆然。原因很简单：当下企业的选择更多，SaaS 尽管优势犹在，但差距已经缩窄。

我们做个假设，如果美国是在 2020 年才出现 SaaS 模式，那么即便美国有诸多适合其发展的条件，即前文提到的良好的付费意愿、规范的企业流程、成体系的信息化采购决策、相对高效的市场运作等，SaaS 也大概率无法积蓄足够的动能，以支撑其如此快速地攻城略地。由于缺乏巨大成本优势而产生的强烈吸引力，SaaS 的发展会减缓很多，甚至有可能只是徘徊于主流市场之外（肯定会存在特例，但这里希望描述行业整体的普遍现象）。

仅出于这一个角度，我们可有一个推论：想要看到中国 SaaS 如我们美妙预期一样起飞，时机不是尚未到来，而可能是早已过去。根据过去 10 年的发展情况，可以说这并非推论，而是事实观察。

但我仍要强调，这不意味着中国 SaaS 不会继续发展，甚至不意味着中国无法达到类似于美国 SaaS 的繁荣阶段，但周期更长、困难更多已经是完全可以预料的事情。

2. 受众不清晰

SaaS 的目标受众是全行业、全规模企业，但由于中小规模企业的需求在过去完全未被满足，SaaS 的价值对它们而言体现得也就最为突出。在大企业对 SaaS 早期的观望阶段，中小企业是支撑 SaaS 度过艰难早期的最佳拍档。

Salesforce 的发展侧面印证了这一观点（Salesforce 创始人 Brent Benioff 在《云攻略》一书中有对此的描述）。Salesforce 一开始并未按客户体量进行价值区分，而是观察到中小客户对 SaaS 的热情和付费能力，然后才锚定这一早期画像，专为中小企业提供方案与服务。

在一定程度上，企业市场的分布连续性、大 / 中 / 小企业的需求规模是否呈现连续、递进的关系，决定了 SaaS 是否可以以中小企业为台阶，向大企业、全场景的广阔市场攀爬。从近乎没有市场竞争的中小企业开始发力，逐步培养更多大企业的价值认可，这是美国 SaaS 成长的天然途径之一。

而在第 3 章中提到，中国的企业分布是杠铃形的，大企业非常大，小微企业非常多，各自占有一端，而中间数百人至上千人规模的企业，其数量和消费能力都不够突出。市面上的统计通常把中、小企业放在一起计算，没有区分，我并未找到能够确切描述"腰部乏力"的数据支撑，但从经验而言，这一描述完全符合实情，只是无法精确衡量其程度。

国内小微企业生存困难，特别是在刚创业的前两年，企业普遍处于在一片混沌中摸索市场规则、找寻适合自己的方法的状态，这一阶段企业对软件的付费能力基本为零。如果国内中型企业的数量及其需求无法支撑起软件行业的过渡发展，那么 SaaS 第一步的踏板就不复存在，更不要提后面的发展了。

另外，软件更长期、更充分的发展使得现在美国 SaaS 越发精细化，每一个新的 SaaS 就像是在一个完善的、层层叠叠加固的木桶上查缺补漏，所以我们经常会听到一个小团队由于补上了某个市场缺口，获得巨大市场效益的故事。然而，中国的企业软件还处于帮助客户"造桶"的阶段，这是大方案、多产品矩阵的市场环境，所以细分的、解决一个点上问题的工具价值难以体现。

有必要重申：一些细分领域天然就适合 SaaS，我看好软件在这些领域中以 SaaS 的形态从无到有演进，但这能否代表主流企业软件的发展路径，我对此打个大大的问号。

5.1.4 小结

通过上述说明，我想我们可以达成一个共识：中国 SaaS 的发展也存在断层，也需要跃迁。SaaS 尝试帮助企业完成信息化跃迁的同时，也带来了自己的问题。

SaaS 只能解决产品成本问题，无法绕过软件产生价值的必要步骤。国内大部分企业缺的并非单纯的产品，而是顾问式的、能落地执行的解决方案。

有可能，真的只有通过更大力度的政策、合规支持在一定程度上强行推动国产化，才能让企业软件行业迈过断层，逐渐完善，趋向成熟。2022 年中旬，《上海市数字经济发展"十四五"规划》中指出：鼓励"使用者即开发者"模式，构建完整 SaaS（软件即服务）产品矩阵，完善国产信创软件产业生态。这是我首次看到地区政策制定者用出乎意料的细腻笔触对 SaaS 明确支持的表态。

然而，单单政策并不能解决所有问题。我们可以参考韩国的发展。韩国和中国的社会存在很多相似之处，政府都扮演了非常重要的角色。三星、现代等具备国际竞争力的巨型企业，均由韩国政府大力扶持、帮助成形。早在 2007 年，韩国 NIA（National Information Society Agency，韩国国家信息社会局）就出台了一系列提高境内 SaaS 竞争力的举措[一]，而 10 多年过去，仍未告功成。行业的变迁需要所有相关者的努力，需要资本长期、稳定的支持，需要从业者具备坚定的目标、凝聚更多才华，也需要企业客户尽可能专业和宽容。

除了少数西欧国家外，绝大部分国家和地区没有发展出完整、完善的

[一] 参考文章"Drivers and inhibitors of SaaS adoption in Korea"，作者为 Sang-Gun Lee、Seung Hoon Chae、Kyung Min Cho。

SaaS 生态。我们需要对此有清晰的认知和分辨力，打开视野，不局限于美国这一个样本，才能看到社会的多样性带来的软件行业的不同发展路径和形态。

毫无疑问，中国的 SaaS 市场仍然在快速增长中，但这一增长到底：是落后追赶的短期红利，还是可持续的长远增长；是因为过去规模实在太小带来的增长幻影，还是真的具备宽广的市场潜能；是会在快速占领新兴市场后无法跨越鸿沟、进入主流市场，还是会借风使力、势如破竹……这些问题仍未有答案。我希望抛砖引玉，请大家独立思考并做出判断。

虽然 SaaS 必定是国内企业软件行业的重要组成部分，但中国大概不会沿着美国全面 SaaS 化的路线发展。最终发展的结果一定会依据国内环境，克服专有的信息化问题，形成特色的解决方案。

英语中有句俗语："If it quacks like a duck, walks like a duck, then it's a duck."意思是：如果一个动物叫得像鸭子，走路一摇一摆，那不用怀疑，它就是鸭子。从业者无不希望 SaaS 模式大行其道，但我们怀揣理想的同时，也要面对现实、脚踏实地。

5.2　SaaS 推行的驱动和阻碍

在上一节中，我们从整个宏观市场背景来观察，试图了解 SaaS 得以发展的特殊时机，并希望找出中国 SaaS 的必经之路。而接下来，我们将进入微观视角，从厂商和企业的软件决策因素中观察 SaaS 带来的便利和问题。

行业宏观的发展趋势，是由每一个企业、每一个厂商的偏好累积而成的。是否采用 SaaS 模式，不仅是企业和厂商的博弈，还是 SaaS 带来的优势和矛盾之间的交锋。

在表 5-3 中，我按照视角（厂商或企业）、方向（驱动或阻碍）两个坐标，将主要的 SaaS 发展影响因素逐一进行了说明，帮助诸位鸟瞰整个行业内的动量。行业发展不是随机的布朗运动。对这些因素逐个说明和分析，有助于理解 SaaS 的发展动力，真正理解 SaaS 带来的优势和问题，以便我们扬长避短，推进行业向预期的方向发展。

表 5-3　SaaS 发展的驱动和阻碍（完整说明）

视角	方向	优势	说明
厂商	驱动	可扩展性优势	通过共用同一套代码、产品、运营、获客体系，极大降低单个客户的全生命周期成本，以此为基础降低价格，极大拓展市场边界
			通过这一优势，厂商既可以获取远远高得多的利润，又可以获得大量客户真实使用所带来的价值满足
		规模效应优势	服务大量客户，从而获得对成本要素的谈判优势与一定程度的定价权，获取更好的合作关系和人才青睐，降低整体经营成本
		市场宣发优势	相对于传统模式，SaaS 可以将自动拓客、统一运维所节省下来的大量资金投入市场活动中，从而以同样的资金总量创造出远远大于过去的市场声浪，影响市场摒弃传统软件而偏好 SaaS
			SaaS 这一模式占据宣传的主声道，很有可能是美国企业对 SaaS 接受度不断攀升的关键原因
	阻碍	早期起步困难	SaaS 需要长线经营。如上文所说，由于缺乏中小企业作为跳板，新兴 SaaS 难以发展到主流市场，短期难以获取足够多有付费能力的客户以维持运转
			在美国 SaaS 二级市场估值受挫的背景下，投资情绪会逐级传导到 SaaS 早期融资，若资本变得进一步谨慎，SaaS 早期起步阶段就会更加困难
			这导致了早些年尝试做 SaaS 的厂商中有相当一部分在一两年后转向，投身于短期收入更高的传统模式
		经验能力不足	SaaS 对各方面人才和资源的要求都远比传统软件高。绝大部分企业软件团队并不具备开发持久、稳定、灵活的企业产品的能力
			行业若能快速发展，会不断吸引优秀人才加入，这一问题当有效改观
企业	驱动	降低购买成本	前文已有描述，价格是能够击破既有模式的最有效工具，不再赘述
		即开即用	对于小团队，遇到问题想用软件解决，那么即开即用的产品特性就是一个标志，意味着这类团队也是目标受众，因为小团队只是想解决问题，软件开通的流程越长，越不合适，目标画像越与小团队不匹配
			对于大团队，若放在 20 年前，即开即用的便捷性会让人目瞪口呆。而在现代部署运维工具的加持下，传统软件的部署和 SaaS 的开通成本差异已几乎可忽略不计，这一优势不再突出
		实时更新	若市场发生新的变化，软件无法实时更新（例如可能要单独再走合同），业务发展就被软件限制和捆绑，步履蹒跚
			采用 SaaS 后，功能的完善、安全、稳定均具备了持久性，对企业而言，长期成本肯定会大幅下降。然则这一价值难以准确估算，且体现周期较长，没有经验的企业，特别是中小企业，也不会太认可

（续）

视角	方向	优势	说明
企业	驱动	不用维护	以解决问题的心态买软件，就是为了省事。SaaS 是最省事的模式，在其软件支持的范围内，硬件、运维、监控、更新、补丁等所有"脏活"全部包给了软件提供商，使用者几可无感地使用软件 当采购决策只聚焦于解决某个问题，其团队不具备 IT 管理能力时，"不用维护，释放双手"这一特性就非常重要 而对本就具备 IT 部门的大企业而言，SaaS 不用维护的优势难以充分体现
		生态开放	SaaS 对协议与规范的支持普遍更加标准。为了便于大量客户自行对接和延展，SaaS 普遍开放的 API 数量比传统软件更多。这一开放生态允许专业的企业能够更自由、自主地完成所需工作
	阻碍	业务丧失控制	由于环境的飞速变化，企业经营模式的方方面面都存在变化，软件能力也需要与时俱进。当企业的核心业务会经常变动时，若依赖于 SaaS，则只能通过有限的 API 和扩展能力在外围扩建新流程。这一模式的灵活性较弱，可能无法满足企业所需 SaaS 适用于较稳定的业务。越多变，企业对自身掌控力的要求就越高
		担心数据安全	这一担心是合理的。即便国内很多企业对数据安全其实不算重视（体现为企业普遍不愿意购买数据安全产品），但它们对将数据托管到 SaaS 中仍存在本能的抵触。这一反应是感性的不信任带来的，这一不信任不针对任何厂商，而是针对企业软件行业的整体环境，所以很难进行有效说服 SaaS 产品对云上生产数据的查看权限理应要求极为严格，甚至产品和开发人员都不应有权限，对数据的查看和导出也应有严格的脱敏和审批流程。但很遗憾，在我的了解中，真正做到这一点的厂商实在太少。我无法为行业辩解，只能说可以做得更好
		新品牌合作	对于软件主流的中大客群而言，绝大部分 SaaS 均由不太知名的小厂商提供，两方之间要达成合作，在流程、层级、方法、支撑等各种层面均存在难度。政企面对这一不对称的合作，可能会有诸多担忧
		新增成本	若企业之前尚未使用过 SaaS，那么采用 SaaS 可能会造成企业的信息架构变化，导致新增的安全管理成本、网络连通成本等。这对企业而言是陌生领域，企业会有谨慎心理
		对价值认识不充分	大部分企业的信息化并未形成体系，也没有精算过整体成本和效益，导致它们对传统软件的真实成本评估可能偏低，从而对 SaaS 的价值认识不充分 客户对价值的感知不充分，除了需求本身简单外，确实还有厂商的水平有限、产品不够成熟等因素。通过厂商的能力不断累积加强，SaaS 对比传统软件的优势应会体现得更明显

（续）

视角	方向	优 势	说 明
企业	阻碍	稳定性担忧	传统软件在部署后一般不会轻易更新，而 SaaS 的版本更新是频繁的。若缺乏从产品定义到代码实现的整套兼容管理、稳定性规范，那么 SaaS 很可能会带来更大的服务不稳定性。企业可能会认为，用 SaaS 反而不如用传统软件，至少本地化部署不会有意外的更新异常

为了便于分析，我将表 5-3 中不同因素的名称按照视角、方向两个坐标总结为表 5-4。

表 5-4　SaaS 发展的驱动和阻碍（简表）

	厂商视角	企业视角
驱动	● 可扩展性优势 ● 规模效应优势 ● 市场宣发优势	● 降低购买成本 ● 即开即用 ● 实时更新 ● 不用维护 ● 生态开放
阻碍	● 早期起步困难 ● 经验能力不足	● 业务丧失控制 ● 担心数据安全 ● 新品牌合作 ● 新增成本 ● 对价值认识不充分 ● 稳定性担忧

由此可得出一些观察。

观察一：对软件厂商而言，驱动远大于阻碍，这使得软件厂商整齐划一地鼓吹 SaaS 模式，传统软件也整齐转身，高喊 SaaS 的口号，业内坚定不移地相信这是未来。

观察二：对企业而言，采用 SaaS 的驱动和阻碍的原因均较为多样，但阻碍原因多在战略层面（业务掌控力、市场稳定性、新品牌合作难度等），驱动原因多为应用层面（好用、便捷、便宜等）。大企业对战略问题更加看重，采用 SaaS 的阻碍会大于驱动；小团队对应用效率更为关注，驱动可能大于阻碍。

观察三：当前 SaaS 整体市场由厂商驱动，主流企业客户对此存在怀疑，存在明显的市场结构不协调。我们若不能提供真正具备价值、让客户满意的 SaaS 商业模式，则可能会浪费掉 SaaS 行业发展的最好机会。在上云的大潮流中，过去几年应用了 SaaS 的大客户，也可能因为价值体现不明显、软件不够成熟等最终选择下云或自研，这一回头，它们可能要耽搁 5～10 年才会重新尝试新的模式。

只有真正抹平两方在价值认可上的差异，供需两侧对 SaaS 的拉力和推力的认知才能达成共识。只有将本节中提及的 SaaS 优势进一步发挥出来，此消彼长，SaaS 才有机会进入主流市场。

5.3　传统软件转型 SaaS 的难题

在上一节中，我们总结了 SaaS 模式对厂商的吸引力。没有任何从业者希望做重交付、难扩张的传统模式。SaaS 的模式更轻、估值更高、收益更稳，既有的从业者面对这一新浪潮，肯定也会考虑转型 SaaS 的可能性。

然而，绝大部分想要转型的传统软件厂商严重低估了转型所需要的成本和带来的影响。传统厂商的产品更多聚焦于功能层面，所以很容易只看到 SaaS 的表面新意，以为 SaaS 只是将软件开放注册，简单做一个多租户关系模型就可以了。这就好比搭泥瓦房的熟练工人，认为只要把砖头堆高些，就能砌出摩天大楼。其实传统软件和 SaaS 各有所长，并非在所有情况下都高下立见，但这个类比即便不恰当，也足够形象。

而实际上，SaaS 整个商业模式给行业带来的剧变是深远的、成体系的。SaaS 和企业软件的经营模式之间存在冲突，难以并存。从传统模式转向 SaaS，意味着在经营模式上从重资产向轻资产的转变，从注重功能到注重体验的转变，从买断交易到订阅制的转变，从销售到运营的转变，从专属到共享的转变。这些转变不仅需要厂商自身的努力，更多还要依从整个市场的情绪变化，并非一蹴而就的事情。

在表 5-5 中，我们从上到下，从最外侧的市场定位开始，途径形态、模式、组织、基因等要素，观察 SaaS 和传统软件模式的外部市场特征差异逐步向内传导的途径，并检查每个差异点的区别，体会二者的冲突。

| ToB 的本质：行业逻辑与商业运作 |

表 5-5　传统软件和 SaaS 的经营要素差异

	传统软件	SaaS
目标市场	主要是大客户 只有大客户才能覆盖掉传统售前和售后成本。习惯服务大客户后，企业很难再服务于"钱少事多"的中小客户	以中小客户为主，拓展大客户 以中小客户作为初始市场，打磨出更加锋锐、资源利用率更高的模式，再进入大客户市场将优势发挥出来。当前，传统软件和 SaaS 的客群是基本不相关的
市场打法	以关键字推广、展会、平台合作为主 市场活动的目的是获取近期可转化的线索，对投资市场展示良好的发展潜力，对客户展示权威性和活跃度	全面覆盖 市场宣传的目的是培养品牌价值，树立理念，培养潜在客户。SaaS 模式可能以 10 倍于传统软件的市场预算，占据市场流量的绝对主流
销售策略	大客户跟进模式 对可能有机会转化的大客户，从头跟到尾，深入挖掘，深入服务	商机过滤体系 由于客户数量多、平均价值低，需要建立完整的商机规则和转化漏斗，以提供分等级的服务
交付模式	逐客交付模式 大客户大多习惯定制功能，专属部署、驻场运维等	客户成功机制 依赖产品、文档、社区和客户成功团队的辅导，流程化地引导客户上手使用
产品价值	看起来专业 产品策略通常为尽可能堆砌功能，以在展示产品时直观体现出经验和沉淀，同时降低交付成本	用起来舒服 由于即开即用允许低成本调研，SaaS 的试用者大概率就是未来的使用者，对产品体验的要求更高
产品灵活性	无须太灵活 对于灵活的功能，设计、开发的成本和使用难度会陡升。当定制可解决眼下问题时，通常会倾向于定制处理	必须很灵活 由于 SaaS 无法为某位客户快速添加/修改功能，SaaS 产品对设计灵活性更加看重，必须允许客户在产品基础上进行扩展和调整
代码质量	要求较低 由于代码是逐份售卖的，代码只需要满足功能演示需求，后续交付过程中再针对客户补充完善即可。代码质量高低对收入影响较小	要求很高 提供的代码必须健壮、灵活、长期可维护，否则过不了几年，堆积出的问题将使得更新成本呈指数级升高，最终产品崩塌，只能重构
产研组织	产研价值较低，话语权弱 大部分传统企业软件厂商中，领导者对产品的想象和销售传回的需求，就构成了产品功能的来源。既不必有产品的独立决策，也无法吸引好的产品人才	产研角色清晰，话语权强 SaaS 产品设计具备相当的复杂度，且获客很大程度上不依赖于销售关系。独立、专业的产品职能存在不可替代的重要性

（续）

	传统软件	SaaS
产研组织	研发负责实现，不用关注市场或业务，也缺乏与客户有效沟通的基础	研发的职能远超出了功能范畴，而要同时包含稳定性、版本兼容、升级管理、运维限制、数据安全等一系列专业领域，话语权大幅增强 产研之间的协同变得非常重要
人才水平	交付人才，要求较低 在为水平有限的客户交付的过程中，客户大多只关注某个功能是否能用，不过多关注其他。交付的产品在客户自己的网络环境内，因而不用过多关注安全性。想实现这些目标，招聘中初级人才即可	产研人才，要求较高 由于所有客户的部署、数据、运营、管理等完全集中于一处，且 SaaS 采用互联网访问，这对人才的经验和知识体系提出了全方位的更高要求
薪资体系	中低水平 薪资水平对应人才水平。由于水平要求不高且供给过剩，企业不会为人才的成长而买单，而会更倾向于每过两年就换便宜的新人	高水平 具备 SaaS 经营、生产经验或能力的人目前非常稀缺。SaaS 模式理想中的高利润，也理应支持高薪资人员的加入
企业文化	皮实、奉献、服从 具备这些因素，厂商才能够控制住管理成本，获取稳步发展的长远机会	高效、专业、热情 具备这些因素，厂商才能查漏补缺，不断优化效率，提高软件价值和吸引力，积累不可替代的竞争优势
核心竞争力	销售渠道，成本控制 一个好渠道可能就足以带活整个公司。在红海竞争中，降低成本即是提效。能够以更小成本、更快速度达成同样收入就是竞争优势	产品能力，品牌宣传 SaaS 的优势在于价值的累积。能力的完善、灵活性的提升、版本的稳定，这些均属可积累的价值。在此基础上，配合更强力的市场宣传，与更多潜客建立认知连接和信任，也就会带来更大的影响力和更高的收入
心态目标	短期 由于对传统软件每月、每季的收益难以预期，且采购和验收均存在明显的季度周期，厂商不可避免地需要不断追逐短期目标	长期 由于 SaaS 增长稳定、抗风险，厂商可以看到价值逐步积累的过程，并可以有信心、坦然地构思长远目标
关键基因	渠道、包装、销售 需要有良好的大客户销售渠道，有能力对产品进行包装，有资源上关键的牌桌	高知、技术、效率 需要对 SaaS 模式有清晰的认识，想清楚再动手，能够快速学习中国市场的特点，能够接受并处理商业复杂性

经由此表，希望帮大家理解转型在方方面面存在的差异和挑战，并认识到这两个模式之间的不同。从本质上来讲，二者发展所需的诸多要素不同，无法在同一个组织中共存。服务商想要转为产品商，这中间的困难绝非三言两语可讲透彻。

在一个高度竞争的市场中，想要获得竞争优势，就必然要在某一个模式中做到优秀。当 PMF 达成后，企业得以在一个擅长的轨道中运行，获取收益。此时，任何"变轨"的做法均会分走对既有模式、确定收益的资源投入，且由于新模式配套不完善，无法在短期收获成果，在这样层层叠叠的拉力下，变革就会失败，重回过去的轨道。

这就引出同样关键的一点：转型并非在一个平滑的光谱上运动，并不允许厂商以一个可控、优雅的姿态逐块、逐步地完成改造。我们会看到，能够实现 SaaS 转型的传统厂商，必然是破釜沉舟、毅然决然的，必须在对风险有明确认识后，鼓起勇气和力量，纵身完成"信仰之跃"。

国内很多传统软件厂商具备坚定的 SaaS 化意愿，但出于对 SaaS 模式所需条件的认知不足，没有完整地切换到 SaaS，而是试图"换皮"，以达到鱼目混珠的效果。这就像是在犀牛身上装个长颈鹿的脖子和脑袋，即便短期看似切换了模式，但"排异反应"最终会对厂商造成更大损耗。

那么，转型 SaaS 是不是相当于从头再来、再造公司呢？

我也曾是寻求转型的厂商中的一员，曾在 10 年内先从 SaaS 转到传统模式，后又转回 SaaS，所以我能充分体会这一过程中的痛苦和困难。即便我们已经知道这两个模式之间不兼容，应该拆分对待，但几乎没有团队能奢侈地预备双份资源，供养一个独立的 SaaS 业务缓缓起步。

在转型阶段，一定程度上的复用（如部分代码复用、销售体系复用等）能够极大降低成本，并加快试错的步伐。所以，这一问题其实是成本和转型程度之间的均衡问题。

如何转型？哪些可以共用？这些问题背后是成本和决心、收益与风险之间的平衡，平衡点的位置取决于市场，取决于投入，也取决于每个团队的独特文化，没有统一答案。

5.4　本章小结

SaaS 是一个熠熠生辉的舶来品，它在海外的成功故事鲜亮、闪耀，不断地吸引我们向其靠拢。但它也是"血色蔷薇"，在我们顶礼膜拜之时，它容易使我们偏离市场需要的根本，丧失宝贵的"土气"，也容易让我们放弃解读市场传递回来的清晰信号，不加思索地奔向理想中的简单路径。

本章从宏观、微观和转型这 3 个方面入手，分析了 SaaS 的发展逻辑、SaaS 推行的驱动和阻碍、传统软件转型 SaaS 的难题这 3 个话题。只有认清了 SaaS 的边界，我们才能真正消化这一理念，为我们所用。不限于执念，我们才能够将不同模式的优势因地制宜地发挥出来。

认为中国企业软件会如同美国 SaaS 一样起飞的乐天派必定会失望，而认为中国 SaaS 永远无法发展起来的悲观者将无缘宝贵的时代机会。"谨慎乐观"是中国企业软件行业所需的精神背景，也是我对待行业的态度。

5.5　扩展阅读

《中西文明根性比较》 潘岳；《文明的逻辑：中西文明的博弈与未来》 文扬

企业的发展依从于文化。从更广的意义上讲，我们甚至可以推导，中西社会的历史形态延续性，导致了不同的政治精神和社会组织形态，进一步影响了现代企业软件本身的模式和价值基础。这两本书将不同历史时期的西方和中国故事并排讲述、互相参照，让人不仅能看出两方迥乎不同的差异，还能产生全民族共命运的惺惺相惜之感。东海西海，心同理同，这将会是冲突中的世界在未来数十年最为珍贵的精神财富。

《新教伦理与资本主义精神》 马克思·韦伯；《论自由》 约翰·穆勒；《科学革命的结构》 托马斯·库恩；《加德纳艺术史》 弗雷德·S.克莱纳

在发展的过程中，国外模式（如 SaaS 模式）的经验是很关键的行业参考内容。不过，若只看到只鳞片爪，未见其全貌，难免东施效颦。政治、经济、科学、艺术与宗教构成了西方的整套思想和话语体系。只有将这 5 项关键的思想造物合并在一起，放到同一个时代进行透彻的跨学科检查，我们才能意识到这些学科均为同一社会体系的不同表面，它们对社会的影响已经交织、融为一体。

《区域优势：硅谷与 128 号公路的文化和竞争》 安纳李·萨克森尼安

波士顿是 20 世纪中期的信息技术领头区域，较为保守陈旧，而硅谷是后来居上的信息技术中心，拥有非常特殊的共享互助的社区文化。本书对比了这两处信息产业的发展格局，在几十年的时间跨度中，尝试找出硅谷快速追赶、大幅超越、保持领先的原因。这两者的对比对于社会中的许多方面可触类旁通，对读者理解国内外差别亦有帮助，非常推荐。

《第 4 消费时代：共享经济的新型社会》 三浦展

SaaS 模式并不是一次简单的灵感开窍，而是由整个市场经济与消费文化发展带来的演变。SaaS 在企业商业中承载着与消费互联网同样的时代精神。只有认可租赁与共享模式、追求品质和卓越成为主流，SaaS 才能充分发挥其市场优势。通过本书，读者可以了解到日本不同消费精神内在的递进发展规律，并从中获得对于理解中国主流消费理念发展趋势的有价值参考。

《硅谷蓝图》 雅各·范德库伊、费尔南多·皮萨罗

这是一本罕见的专门讲述 SaaS 营销实践的书，在 SaaS 行业名声响亮。本书全面梳理了海外 SaaS 营销体系的概念和构成。虽然由于国内外市场的差异，本书难以在国内用于实践指导，但仍可以让我们一览行业全貌，认清目标，领略一套成熟的 SaaS 营销体系的复杂性和魅力。

《云攻略》 马克·贝尼奥夫、卡莱尔·阿德勒

本书由 Salesforce 创始人马克·贝尼奥夫所著，讲述了 Salesforce 的发展故事，让我们得以窥见全球最大的 SaaS 公司的早期成长经历。不过，这本书肯定有宣传目的，我们可以把它当作鼓励人心的故事来读，用于拓宽我们对行业的想象力和探索兴趣，而若要将它用于实际工作，则实操性有待商榷。

《平台革命：改变世界的商业模式》 杰奥夫雷·G. 帕克、马歇尔·W. 范·埃尔斯泰恩、桑基特·保罗·邱达利

本书讲述了互联网时代大平台的结构、能量、收益、治理等话题。虽然在已进入后互联网时代的今天看来，本书题材略显老套，但平台概念对 ToB 行业而言仍非常新颖。平台与企业软件有双重关联：产品内插件市场可以看作一个平台，企业软件行业早晚会诞生能连接甲、乙两方的交易平台。借由此书，我们可以理解平台的体系框架。

《游戏改变世界》　简·麦戈尼格尔

大概 10 年前，美国掀起了游戏化的浪潮，学习和工作的趣味性得到人们空前的重视，而本书引领了这一浪潮的发生。我相信，人天性使然的好奇心、探索欲、收集欲等是工作最好的驱动力，在游戏中感受到的兴奋与幸福完全可以在工作中复现。本书将游戏解构为目标、规则、反馈系统、自愿参与 4 个要素，希望能在匮乏、无味的日常生活中构建目标与意义。本书思路应该是现代软件设计的必备思想，推荐产品管理者、产品设计人员阅读。

| 下篇 |

商业 发展 指南

第 6 章

牢抓核心：规模与定价

　　每次读管理类或励志类的书时，我总在想："写得不错，可我们所说的还不是真正的难题。"对于一家企业来说，真正的难题并不是设置一个宏伟的、难以实现的、大胆的目标，而是你在没有实现宏伟目标之时不得不忍痛裁员的过程。真正的难题不是聘请出色的人才，而是这些"出色的人才"逐渐滋生一种优越感并开始提出过分的要求。真正的难题不是绘制一张组织结构图表，而是让大家在你刚设计好的组织结构内相互交流。真正的难题不是拥有伟大的梦想，而是你在半夜惊醒，一身冷汗，发现梦想变成一场噩梦。

——本·霍洛维茨《创业维艰：如何完成比难更难的事》

　　对于无限游戏的参与者来说，时间并不流失，时间的每一瞬间，都是一个开始……无限游戏的参与者开始工作，并不是为了将一段时间用工作来填充，而是为了将一段工作用时间来填满。工作不是无限游戏的参与者打发时间的方式，而是产生各种可能性的方式。工作并不是抵达一个被期望的现在，然后攫取它以对抗一个不可预知的未来，而是走向一个本身具有未来的未来。

——詹姆斯·卡斯《有限与无限的游戏：一个哲学家眼中的竞技世界》

It doesn't really matter which pricing method you ultimately choose, because regardless of your product or company or market, the customer will never pay more (for long) than the fair value they believe they are trading.

最终选择的定价方法无关紧要，因为无论是什么产品、公司或市场，顾客永远不会（长期）为超出他们认为合理的交易价值买单。[⊖]

——Amos Schwartzfarb, *Sell More Faster*

对行业，若只分析，则失之太浅；若只实践，则难成体系。两者只有相辅相成，才有真正的意义。

本书的上篇（第 1～5 章）着重于行业分析，目的是为关注者提供可用于全面理解行业的模型与工具；下篇（第 6～8 章）将聚焦于实践指南，旨在为从业者提供第一手经验和实践教训。

20 世纪的建筑大师路德维希·密斯·凡德罗有句经典名言："上帝在细节中。"在软件产品的发展早期，有太多决策纷纷扰扰、需要断定，有太多经营细节扑面而来。在所有要考虑的方方面面中，有两点最为关键：一为市场规模，规模决定心态和策略；二为市场定位，定位决定切入角度、目标客户、商业理念、企业文化等经营要素。

在本章中，我将就这两个核心话题提供经验分享。

第一，评估真实的软件市场规模。我将介绍漏斗式、汇总式、价值式 3 种市场规模估算方法，指出评估过程中存在的隐藏难点，并以此尝试估算行业天花板。

第二，可落地的产品定价方法。由于与定位相关的因素较杂，我选择了定位最关键的锚点——定价作为本章的分享主题。定价是需求和供给的交叉点，决定了产品的价值传递方式。我将介绍一套可落地、易于理解的企业软件定价方法，并指出"以价值定价格""见机调整价格"的重要性。

方法论只是骨架。在对方法论的阐述中，我将结合实践经验，将方法验证过程中可能遇到的表征与困难分解出来，以期将实践经验与方法论有机结合，使本章内容具备成体系的实操性。

　⊖　笔者译。

6.1 评估真实的市场规模

市场规模是一切投入的前提。

参与过创业的人应该都有同感：每次在董事会进行年度汇报或进行路演、寻求融资的时候，汇报人都要拿出市场规模增长曲线和规模总计，努力往百亿元、千亿元的市场规模靠拢。然而，汇报人心里肯定清楚，这一数字的参考价值非常有限。对某一企业软件的市场规模进行准确评估几乎是一件不可能的事情。这有两个原因。

第一，没有可信数据源。统计局有资源和力量对各主要行业进行分类统计，但企业软件仍是个小领域，新兴行业的数据收集成本高昂，统计局对此有力无心。同时，中国并没有民间咨询公司或智库有能力把国内纷杂、多样的企业服务领域统计清楚，是有心无力。

第二，破坏性创新的统计价值低。即便能统计清楚，按照行业内动辄"颠覆""重新定义"的创业思路，既有格局和规模也丧失了参考意义。如果行业在快速变化，那么可能统计结果刚出来行业就已经改天换地，统计结果也就不再适用。颠覆行业的过程可能是将几个相关的领域结合起来的过程，想用一个数字来表达规模可能并不合适，而想要进行跨领域统计就更加困难。

然而，市场规模是所有战略制订过程中要考虑的基本变量，对几乎所有经营要素都会产生深远影响。即便得不出准确结论，我们也要不断向其靠拢。

面对这一评估，最关键的是要实事求是，不能因为数字不好看而拒绝接受。好看但不真实的数字，既难以蒙骗别人，又容易把自己的决策带向歧途。

接下来，我将分享几个市场规模评估方式。这些方式单独来评估指标，均有其明显的弱点，所以建议综合应用。若通过多种方式计算出的结果相差不大，则可以认为对市场规模的评估具备了较高的准确度。

在此之前，先明确几个关于规模的定义（见图 6-1）。这些定义对咨询公司和风险投资人来说可能是基础概念，但很多从业者从未加以区分。若口径不同，所有的沟通也就丧失了被理解的前提。

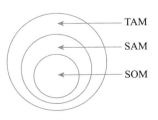

图 6-1 不同市场规模口径

SOM（Serviceable Obtainable Market，可获取市场总额），即考虑到竞争、壁垒、渠道、偏好等市场因素，考虑到有限的市占率，一个厂商能够达到的市场规模上限。通常用于制定中期目标，适用于自下而上的规模评估。

SAM（Serviceable Available Market，可服务市场总额），基于软件（不包含外包、咨询、纯开发服务等）的商业模式可带来价值的所有潜在客户需求规模，亦可通过将同一领域的所有厂商软件收入加在一起进行计算。通常用于制定长远战略目标。

TAM（Total Addressable Market，潜在市场总额），代表市场对特定类型问题的总需求规模。通常用于评估破坏性创新事物的增长潜力，适用于自上而下的规模评估。

接下来介绍这 3 种评估方法。

6.1.1 漏斗式：自上而下

漏斗式是自上而下的评估方式，它根据一个更宽泛但相对权威、准确的统计数字，通过评估细分市场在其中的占比来计算细分市场的规模，并进一步计算出厂商采用不同模式经营的收入天花板。

我们拿一款假想的通用型企业软件产品举例。国家整体 IT 年营收在 1 万亿元左右，我们以此作为宽泛行业统计数字。

1）IT 总开销为 1 万亿元[⊖]每年。根据 IT 的定义，其范围包括硬件集成、软件集成、行业解决方案、通用解决方案、IT 综合服务等。

2）IT 总开销的 10% 花在软件上。政企的大部分 IT 开销花在电信服务、支持运维、基础资源上，只有不到 5% 花在软件上。为了得出更稳妥的规模上限，我们把这个比例翻一倍，算作 10%[⊖]。

3）软件开销的 10% 用于细分领域（即 TAM）。在所有企业软件购买中，CRM、HRM、ERP 等属于开销大项，假设每项平均占 10% 的企业软件开销，其他大部分软件类目的占比应该更低。这就是细分软件服务领域的行业规模了。

4）细分领域开销的 20% 用于购买产品（即 SAM）。在所有企业软件中，通

⊖ 此数据来源于智研咨询《2022—2028 年中国 IT 服务行业市场运营态势及投资潜力研究报告》，《21 世纪经济报道》亦有数据称数字化转型相关 IT 服务和解决方案的市场总规模在 2 万亿元以上，不确定统计口径的差异。

⊖ 这一数据与 statistica.com 所称中国企业软件市场规模为 101.5 亿美元相差不太大，考虑到 statistica.com 的统计口径更窄，千亿元软件市场规模的估计具备一定合理性。

过自研、外包等非商业化产品交付的比例非常高，估计有 20% 的行业收入是通过购买成熟产品实现的。这个比例每行都不一样，各位可自行按情况调整。

5）10% 的市占率上限（即 SOM）。在单一领域，头部厂商的市占率约为 20%，我们按照 10% 计算。这是单一产品的营收天花板。很多企业在进行市场规模评估的时候，没有将市占率折算在内，这样估算出的市场规模对实际经营意义不大。

6）20% 的 SaaS 接受度。根据经验，最多有 20% 的客户真正接受严格意义上的 SaaS 模式，其他 80% 均比较依赖专属、私有的软件服务。

基于以上估算数据，我们可以算个总账。

一款通用型企业软件产品能为企业带来的收入上限约为 1 万亿元 / 年 × 10% × 10% × 20% × 10% ＝ 2 亿元 / 年。SaaS 模式收入约为 1 万亿元 / 年 × 10% × 10% × 20% × 10% × 20% ＝ 4000 万元 / 年。

这可能就是单款通用型企业软件的收入上限了（可能比绝大部分人想象的低）。

假设有另一款企业软件并非全行业通用，而只垂直服务于银行业，行业规模约为 500 亿元 / 年[⊖]，则其收入天花板可以按此计算：500 亿元 / 年 × 20%（购买产品）× 10%（市占率上限）＝ 10 亿元 / 年。

垂直领域服务商通常会提供目标行业所需的整套信息化方案，该方案大概率会由多款软件组合而成，这 10 亿元是多款产品的总收入。假设每个垂直领域服务商的软件数平均为 20，则其单软件价值为 10 亿元 / 年 ÷ 20 ＝ 0.5 亿元 / 年。

将上述不同场景下的收入上限汇总，得到表 6-1。

表 6-1 市场天花板评估举例

	类型	收入天花板
通用	单产品，传统软件	1.6 亿元 / 年
	单产品，SaaS	0.4 亿元 / 年
垂直（银行）	单产品	0.5 亿元 / 年
	整套产品（假设包含 20 个产品）	10 亿元 / 年

⊖ 参考金台资讯发布的文章《2021 中国银行业 IT 解决方案市场规模 479.59 亿元！中电金信份额居首》。

　　这些数字虽然是基于假想的个例，但仍然有一定的代表性。除了特定行业关系深厚的小部分老厂外，软件厂商的收入天花板基本都遵循以上逻辑。

　　请注意，这并不是说厂商无法突破这一天花板。这里的天花板本来就是毛估的虚数，仅供读者理解这一建模方式。另外，通过阐述这一估值的计算过程，我们也指明了突破天花板的途径：只要有针对性地将任意一个百分比提高就可以了。

6.1.2　汇总式：自下而上

　　汇总式是自下而上的评估方式，只需将行业中所有企业的年收入相加即可得出可信的市场总规模。

　　企业软件行业仍处于发展早期，竞争对手并不太多，理论上十分适合采用汇总式的评估方式，然而，这仍可能受到一些因素的牵绊，难以获取准确数字。

1. 因素一：无法掌握竞争对手的真实收入

　　行业内具备一定人脉的人想要获取竞争对手的总收入规模并不太难。然而，这一收入不一定是其真实收入。为了给所有关注者一个良好的增长预期，软件厂商可能会将其收入"放大"。对真实收入的评估过程中，常见的困难如下。

　　通过刻意压货提前将未来的收入计入。压货是指以提供较大折扣作为诱导，请渠道商一次性批量采购，并在未来逐步售卖、消化库存的过程。这在相对标准甚至硬件化的软件产品中较为普遍。压货确实是产品收入，通过一定程度上透支未来，获取眼下的业绩稳定或增长，隐蔽性很强。除非进行详细的财务尽调，否则外部不会知晓，甚至内部人士也不会知晓细节。在企业软件行业，较为常见的压货比例是 5%～10%。

　　无法区分非产品相关收入，包括投资收益、外包项目收益、渠道收益等。当主营软件的厂商通过其他方式获取到收益时，外部无法将其分辨出来。拥有资源的厂商把握机会赚取收益，这不是坏事，但会给市场规模评估带来不确定性。非上市公司不会公开披露这类收入，我们无从得知其比例。

　　无法区分不同产品线和交付模式。软件厂商很可能有诸多产品线，这些产品线又分为硬件、软件、SaaS 等不同的交付模式。而 SaaS 收入的界定还存在诸多不清晰之处（很多厂商为了夸大自己云转型的成果，会将专有云、私有云，甚

157

至仅仅付费换成年费的传统模式收入都记为 SaaS 收入），符合本书限定的订阅制、集中运维、公网访问特点的 SaaS 收入到底能占多少比例，没有人能说得清楚。这些因素导致了对竞争对手收入评估的偏差。

2. 因素二："冰山"下的竞争对手

对于企业软件而言，我们日常见到的竞争对手数量并不多，似乎将有限的几家简单汇总就能得出行业规模。然而，我们能看到的很有可能只是冰山一角，知名厂商汇在一起，可能也只能占据一小半的市场份额。剩余的一大半，在中国广袤而区隔的市场环境中，被各行业服务商、地方分销商吸收。以财务软件行业举例，通过网络能检索到的厂商两只手就能数过来，但深入走访后会发现，能承接类似需求的各类团队全国可能有 100 家。

这隐藏在"冰山"之下的行业纵深，这真实的"绝大部分"，由于分散且声名不显，几乎不显示在任何统计雷达中，我们很难得到有意义的规模评估。

由于上述两个因素，对市场规模的汇总式评估存在很大的不准确性，我们只能尝试将这些因素都包含在内，尽可能向现实靠拢。

假设一家成熟的 CRM 龙头厂商，经过 10 年的耕耘，去年公布总收入为 5 亿元。假设其中包含 10% 的压货、10% 的其他收入，剩余 4 亿元和产品主业相关。经过观察发现，市场中还有 3 家类似规模厂商和多家稍小规模厂商，它们的总收入大约为 20 亿元。假设这一总收入的市场占比为 30%，剩余难以逐一统计的总收入为 70%，则可以推算出市场总规模（SAM）为 66 亿元。

6.1.3　价值式：需求评估

价值式规模评估从为客户带来的价值出发，根据客户的付费意愿和客户总数计算出市场的价值规模。价值式常用于新兴市场。当无法使用其他参考系的时候，通过价值评估仍然可以得到一个参考数字。但价值式评估由于缺乏硬性参考指标，所以变数最大，且由于评估者不了解行业的具体情况，评估经常过于乐观。

价值式的市场规模估算公式为：价值式市场规模＝单位客户平均收入 × 客户群体规模。

单位客户平均收入并不是很好估算。由于战线较长，软件同时服务的客户群体差异较大，我们知道了几个道听途说的案例，或者通过实地采访获得了几个客户对某类软件的付费记录，也不能以偏概全，据此评估出平均收入。

解决这一问题的一种思路是继续采样，在样本足够多的情况下，无论多么复杂的市场，都可以统计出实际的市场情况。但由于采样成本较高，且不一定能找到足够多愿意配合的客户，所以这种思路通常没人采用。

另一种思路是依赖经验，在已知的较为通用的模型的基础上，通过微调得到贴近真实的行业规模情况。

在市场中能够经营 3～5 年或 5 年以上的软件厂商，基本上都已进入中国的主流企业需求市场。这是一个可能比大家想象中更小的市场，所以各厂商、各领域的客户群体自然也就存在结构共性，从业者就能凭借经验对各市场结构触类旁通。

即便国内有千万数量级的个体户和公司，即便开放的通用企业软件的注册企业数以百万计，根据我了解的各类数据估计，具备信息管理体系、具备较成体系的软件采购能力的企业可能不到 10 万家，值得销售贴身跟进的大客户可能不到 5000 家。这不到 10 万家、5000 家企业是所有 IT 服务、软硬件、IaaS、SaaS 的共同目标市场。

还是以刚才那家假设的 CRM 公司为例。假设该公司的市场占有率达到10%，那么它的客户群体大概会按如下方式分布。

- 100 家大客户，年均付费 100 万元以上。
- 1000 家中客户，年均付费 10 万元。
- 10 000 家小客户，年均付费 1 万元。

以上相加，可以得出它的市场规模约为 3 亿元 / 年，且不同规模的分布相对平均（实际上往往不会这么平均，而可能是倒三角形或漏斗形）。由于该公司的市场占有率为 10%，所以行业的总规模（TAM）为 30 亿元左右。

通过对以上 3 种市场规模评估方式的拆解，可以看到，统计口径不同会带来巨大的数字量级的差异，且计算过程中变量较多，每个变量只能靠经验评估，难以有足够大的说服力。所以，对市场规模的评估应该多管齐下。若某个评估方式得出的结果与其他两种方式的差别很大，则需要进一步挖掘其中的潜在内涵。

解决每一个社会问题都具备一定价值，关键在于市场认可的价值是否与我们的从业预期相符。若我们抱着迅猛增长、颠覆行业的预期进入软件市场，则大概率会在某个时刻觉醒过来，跌入失望的低谷；若所有人都抱有极低的预期，认为行业不值得投入，那么行业终将半死不活，无法获得新的活力。这是市场规模评估和统计的重要性。

按照现有增长情况来看，未来 5 年，几乎每个主要软件领域均可以诞生头部上市公司。这一规模并未大到会吸引过度关注，又足以为脚踏实地的从业者提供指引。

6.2 可落地的产品定价方法

市面上有很多讲软件定价的文章，但大多数文章的作者由于明显缺乏行业实践，所以只能依从一系列方法论提供参考。这些方法论包含按用户数计费、按资源使用量计费、按功能计费、按使用时长计费等，也包含以成本、以竞争、以价值为导向的定价策略。虽然大多策略在当下软件市场中并不适用，但我还是将其汇总于表 6-2 和表 6-3，便于大家理解理论全貌。

表 6-2 常见定价策略

定价策略	说 明
成本导向定价	成本导向往往出现在基础企业服务中，售卖往往会遇到较强的竞争，且产品之间并无差异，价格趋近于维持组织运转的最低开销。如果有后续获取价值的手段（所谓"多级火箭"），甚至可以免费提供 举例（餐饮行业，下同）：超市中的米面粮油
竞争导向定价	对于已经有明确竞争对手的市场，如果产品之间无法明显区分开，那么往往应采用竞争导向定价，借低价或高价实现营销目的 举例：遍布街区的拉面店
价值导向定价	价值导向适用于市场竞争不够充分、难以横向比较的产品，通常为小众产品。实际解决的客户问题价值往往很高，解决问题的价值远高于成本，能获得更高的利润 举例：高端办公区中的健康餐

表 6-3 常见计费方式

计费方式	说 明
按用户数计费	用户数是最常见的计费单位，因为它往往与企业的软件价值、付费能力均成正比，是很好的费用衡量标准

（续）

计费方式	说　　明
按资源使用量计费	包含服务调用次数、存储空间、贷款使用等计量单元。专属服务的人天也属于资源的一种，咨询、定制费用也可属于此类
按功能计费	对不同付费版本提供不同的功能模块 部分软件中有插件市场或应用市场，可以额外购买功能
按使用时长计费	以月、年为单位的使用周期

在企业软件尚未发展完善的市场中，绝大部分方法论是无效的，只有实际经验的磨合才具备直接参考价值。

可以这么说：通过一款软件的定价就能明白它的目标客户是谁。而若定价缺乏规矩，那么厂商很可能不能清晰定义自己的目标客户。若定价未在官网上标出，那么厂商很可能不是严格意义上的 SaaS 厂商。

定价不以高低论英雄，而应以是否适合产品自身定位分好坏。好的定价，能够促使价值传递流程更快、更稳；坏的定价，只会增加两方互相之间的理解成本，徒增合作路径中的烦恼。

6.2.1　第一步：聊客户预期，定范围

合理的定价必然是建立对目标群体深刻理解的基础上的。所有的定价方法论，作用都只是辅助性地提供整理思路。对于定价范围和定价方式，厂商需要自己琢磨，不应被市面上眼花缭乱的定价方式影响。

最关键的是第一步：确定目标客户对产品的消费预期。先确定范围，再看定价模式，这样先道后术，才是正理。

对于预期的价格范围，我们可以观察两个略有差异的关键指标：企业的付费意愿，即企业愿意付多少钱，代表它对产品价值的认可度；企业的付费能力，即目标客群的软件需求特征，代表目标客户自身的经营状态，可能受到竞争对手的低价策略、客户的常识缺失等影响。

不是所有厂商都可以在发布产品前先进行完整、充分的市场调研。在此情况下，我们可以对目标客户群体进行线下访谈，针对以下几个问题进行问询。

（1）决策模式

目标客户的决策模式决定了厂商的市场营销策略，也决定了定价范围。若

客户拥有完整、复杂、以风险控制为核心的采购流程，那么对方大概率是政企，预算高，要求也多，由于产品定价可以根据客户特性而灵活调整，所以公开定价意义不大。对这一模式，推广时可以考虑与总包方、渠道商、展会等合作。若客户的采购可以由业务部门直接发起，经过较短的流程即可确认软件的采用，那么价格必然不能超出部门预算，厂商有必要公开提供具有竞争力的价格，以吸引目标客户。对于这种决策模式，应考虑通过电销、流量推广等方式做 SaaS 模式产品的市场营销。

（2）消费习惯

当我们不清楚软件价值时，可以通过类似模式的其他软件的收费情况，对企业的价格接受范围进行评估。若客户购买财务报销软件花费 2 万元 / 年，那么该客户购买人力资源软件时可能也有类似的价格预期，高于此价格的报价将难以成交。若客户之前从未青睐过 SaaS，那么它购买新产品时大概率仍会偏好传统模式。通过参照同一客户购买不同的产品的情况，我们得以绕开绝大部分复杂的变量，例如不同客户的行业、规模、偏好差异等，而可以较为轻松地得知对客户而言合理的定价范围，这一策略清晰、准确。

（3）价值认可

可直接问询客户愿意为新软件付多少钱。每位客户都想免费（但希望质量过硬），都希望价格更低（但希望稳定性仍有保证）。由于客户的视角是单点的，对软件未来的理解必然有限，所以它们对这个问题的反馈只能作为参考。有的人做定价访谈，只抓住这个最直白的问题反复问，这肯定无法得出正确结论。真实的价格预期只能是多方多面、旁敲侧击地推演出来的。但这一直白问题的客户反馈仍可以帮助厂商整理思路，普遍预期总不应与定价相差过大。

初次定价过程的难点不在于得到上述问题的答案，而在于准确定义谁才是目标客户。非目标客户的青睐不意味着胜利，其反感也不意味着失败，这些大多只是噪声，不仅价值很低，还可能会将产品带离正道。

如果我们能把握住早期共创的客户，只需花一周时间聊上 10 个这样的客户，一个较为清晰、贴合真实市场预期的定价范围就基本成形了。这是整个定价体系以及产品市场潜力评估的核心。

鸵鸟思维在任何情况下都是不可取的，决不能因担心客户对定价不满而逃避交流。如果通过摸索和访谈得出的定价范围和预期不一致，那么这个情况尽早暴露出来也是好事。

6.2.2　第二步：看核心价值，定模式

第一步圈好范围，第二步就可以画经纬、做文章了。（这里的第二步、第三步一般只有在 SaaS 模式下才有应用空间，传统模式可以逐个客户调整价格，所以模式并不非常重要。）

确定定价模式最重要的一点就是要围绕真实价值。定价是产品定位的核心工具，是向客户传递特定消费理念的载体。在客户能够接受的预期范围内，应该尽可能地以为客户提供的真实价值作为计费参考。

为了达成这一目的，我们需要仔细拆解为客户提供的价值类型，并确定衡量方式。价值不只通过产品使用过程体现，能让客户顺利成交的销售信任、售前服务也都是价值的表现，所以理应属于可计费范围。绝不是所有企业软件都应按照用户数买断。

举个例子，一些招聘工具按照企业 HR 人员数量计费，这一计费方式明显与软件提供的价值无直接关联，而是与客户的付费能力挂钩（HR 人数更多的企业付费能力更强）。企业采用 HR 软件是为了招聘和管理，实现这一目的的成效和企业有几位 HR 人员并无直接关系。甚至可以说，让企业用更少的人事员工招聘更好、更多的人才才是软件的目的。而若以 HR 部门的人员规模定价，反而可能会驱使软件推动企业"降效"，这样企业客户才会有更多招聘专员，才会增购软件，厂商才能扩大收入。当然，以人数为定价的方式好理解、好计算，既便于客户规划预算，又能够与企业的付费能力大致成正比，已经是当下非常合适的定价方案了，但不可忽视的是，这并没有降低价格和价值不匹配的可能性。

即便这是普遍现况，换个角度来看，这也是现况的普遍弱点。只要软件对某类客户群体的价格和价值的差异过大，就会有新的竞争对手抓住机会，使用更灵活的计费方式，占据那一部分的市场。定价如果没有依从价值，那么就为后来者留下了弯道超车的机会。只要有人能在同一领域做到价值与价格的高度一致，他就可能快速抢占市场。

需要强调的是，一时有一时之策。在当前阶段，对价值的衡量纷杂困难，纯粹以价值计费可能缺乏基础。一种定价模式若能保持价格与价值大体方向一

致，并且便于客户理解、接受，就已经是好的定价模式了。随着市场不断成熟和细化，厂商应随时观察客户对定价的反馈，及时做出必要的调整。

对于 SaaS 厂商来讲，定价更应该受到重视，也能直观体现出其商业模式。个别 SaaS 的商业模式像健身房年卡，付费也是两年或三年起步，就指望着客户付款但不用产品，从而节省服务成本，获取收益。这样一来，客户对厂商的信任很快就会耗尽，这肯定是本末倒置的行为（保险行业除外）。

产品服务为客户提供价值，所以客户对价值的感知粒度才是最核心的定价模式锚点。不以价值定价，就会出现定价太贵或太便宜的情况。太贵了，甲方不满；太便宜了，价值回馈不充分，产品的存续没有保障。

此外，如果产品缺乏定价对标或者产品本身就是新事物，那么就可能会出现存在多个同等重要的潜在客户画像的情况，厂商需要有多种不同的体系来提供服务。对此没有什么太好的解决办法。如果多个画像拆不清边界、各自的定价体系无法兼容的话，那么只能进行取舍，聚焦于最有价值的市场，暂时放弃其他。等主要市场成长良好，再去逐步拓展其他市场也不迟。

中国企业采购多是预算制，面对政企，不建议定价太灵活、太细粒度，否则在早期报价时将难以预估，对通常需要提前规划预算的现有制度不够友好。对此情况，建议保留两套定价模式：一套是纯 SaaS 的定价，尽可能贴合开通即用、按量付费的使用路径；另一套用于走招投标流程，以方便评估、便于达成共识为核心，可以简单使用用户总数为计费参考。当然，如果能很融洽地合二为一，客户和软件厂商都会更加省心省事。

总结来看，企业软件定价模式需要在这两个要素之间平衡：与价值传递相吻合的灵活性，与客户预期和采购习惯相吻合的惯性。前者的重要性要高过后者，但后者也必不可少。

6.2.3 第三步：做好准备，随时调整

SaaS 产品在免费公测结束，进行第一次商业化收费时，肯定会有大量"假客户"离开。不用担心，这些客户大多本就不在目标范围内。只要能留下几十家铁杆客户开始付费并使用产品，后面的商业化逻辑会越来越清晰，发展之轮会越转越快。

无论采用什么样的定价模式，产品上线后，都会遇到定价无法满足客户诉

求的情况。客户画像永远比我们总结的更复杂、粒度更细，付款方式和要求总会有各种特殊之处，不同行业的客户有各自的差异，国际客户又会想要特殊的付费方式。

一款发展顺利的产品，由于接触的客户群体不断扩大且不断升级，定价变更是再正常不过的事。秉持接受此类变化的心态，按照不紧不慢的节奏，在照顾到老客户情绪的同时不断调整定价即可。在产品早期，每年都有价格调整也不算异常。

很多团队担心涨价后客户会怨声载道，这实际可能是杞人忧天。对于具备真正价值的产品，客户（特别是早期客户）对价格调整普遍具备良好的接受度，往往反而是厂商由于过度恐惧莫须有的指责，不敢变化，白白浪费市场机会。

如果真的担心客户因价格调整而产生负面情绪，那也很简单，找几个客户回访问询，就能做到心中有数了。若抛开心理障碍的因素，问询的成本是很低的。假设当下的定价过低，市场其实能接受更高价格（这其实是非常常见的情况），通过问询就能得到直接的反馈，那么中间新获取的价差相当于无成本的营收和利润，这是无本万利的事。很多企业软件在此都有明显空间，但受限于价格调整的协调难度而望而却步。

国内市场中目前没有专为企业软件提供定价支撑的工具，关于定价、优惠券、免费试用、大客户折扣、到期提醒、成本红线、价格调整、新定价灰度发布、反馈收集等一系列价格管理能力，均需要厂商自行摸索，业内不仅缺乏共识和最佳实践，自己摸索的效率和效果也都很一般。每个企业软件厂商都会遇到这一系列问题。若有团队能创新地提供此类工具，提供整套订阅制费用和订单管理，甚至支持 ToB 产品价格的 A/B 测试，帮助软件厂商更快找到细分市场的最佳定价，应有不错的市场机会。

6.2.4　小结

定价是很特殊的市场要素。我们作为观察者，通过定价，不仅能建立对软件客户群体的基本了解，甚至还能对厂商的组织能力看出端倪。

好的定价应该足够灵活，应该能满足市场需要，这是尽人皆知的。但绝大部分组织无法对灵活性进行良好把控，对市场缺乏深刻、即时的认识。

定价是组织对市场把控力的整体体现，定价不能凭空猜测。从后到前通透的客户价值传递，让客户认可品牌与理念；从前到后无阻挡的市场反馈，让团队对市场的情绪了如指掌：这是软件厂商最终得到定价最优解的前提。

从这个角度来看，定价并不是一个独立的主观行为，而会被动受到一系列其他因素的影响。它是一个好团队、好模式的衍生品。好的业务、好的团队、好的产品，最终自然会有一个好的定价，与其业务发展相辅相成。反之亦成立，若一个软件定价明显脱节，也可以推定其厂商对市场丧失了把握和控制。

企业有很多传递信息的方式，定价是甲方最关注、包含内容最广泛、信息最清晰、最可量化的一种，也是调控市场预期的最关键一环，重要性不言而喻。

6.3 本章小结

规模决定上限，上限决定打法和心态；定价决定定位，确定定位才能有对应的商业化策略。两者在软件发展早期均非常关键。然而，软件发展早期的不确定性因素众多，市场规模评估和产品定价策略只是从业者所需思考问题中的沧海一粟。

事在人为。从本质上看，这些纷杂的表象问题并不是孤立的。如果我们能像打造产品一样去打造公司，那么这些挑战不过是让团队凝聚成型的磨刀石，我们虽非对其一击即破，但很快即可越过。

6.4 扩展阅读

面向科技从业者的图书非常多，例如《创业维艰：如何完成比难更难的事》《从 0 到 1：开启商业与未来的秘密》《黑天鹅：如何应对不可预知的未来》《灰犀牛：如何应对大概率危机》《长尾理论：为什么商业的未来是小众市场》《跨越鸿沟：颠覆性产品营销指南》《亚马逊逆向工作法：揭秘亚马逊可复制的工作方法和管理原则》《思考，快与慢》《刷新：重新发现商业与未来》《互联网四大》《增长黑客：如何低成本实现爆发式成长》《基业长青：企业永续经营的准则》《金字塔原理：思考、表达和解决问题的逻辑》等，随便就能列出几十本来。这些书中有很多虽然非常值得一读，但已广为人知，无须我再推荐。我只挑选部分相对少见的书，在此推荐给读者。

《发展心理学——人的毕生发展》 罗伯特·费尔德曼；《自卑与超越》 阿尔弗雷德·阿德勒

对于创业者而言，建立稳定的长远预期非常重要。ToB 软件创业的周期可能以 5 年起步，10 年才能结果。在长周期中，必然会有家庭、工作等各方面带来的高山深谷。对个人心理的把握、对精神的研磨，就成了创业者能够在创业道路上持之以恒的重要条件。此类书籍可以帮助我们建立起完整的人生观，使我们对人的本性、本能和人生不同阶段的需求均能有全面了解。世界并不针对谁，人生共通的艰难险阻本应带来人们的相知相连，而非自怨自艾。

《超越极限：最受德国中小企业推崇的管理课》 史蒂夫·迈哈特

这本书是我压箱底的宝藏，少有人知。作者虚构了一个管理者和管理咨询教练的故事，并将管理技能和实践经验完全融入故事中。故事中的每一个转折、每一次讨论都十分贴近我们的日常工作，让人感同身受。本书的易读性、趣味性、落地性都非常高。无论你从事什么行业，都强烈推荐你阅读。对于中小企业的经营管理而言，本书可能比整套 MBA 教育都更实用。

《创新与企业家精神》 彼得·德鲁克

本书对创新的来源和创新者的精神进行了系统化阐述。彼得·德鲁克的管理类著作既饱含经验和细节，又能高屋建瓴地构建体系。本书已出版近 40 年，出版时互联网尚未诞生，但书中内容读起来却无丝毫落后、过时之感，可见创新的体系和精神对应更底层的逻辑，与近 30 年间停留于表面的社会发展现象并无关系。

《活出生命的意义》 维克多·弗兰克尔

这是一本由犹太裔心理学家维克多·弗兰克尔写的小书，描述了二战期间他被关在奥斯维辛集中营的悲惨经历。然而在阅读中，我几乎感受不到作者语气中存在悲怆，而只能感受到一种朴实的乐观，这不由得让人感慨和反思。引用书中一句话："人不应该问他的生命之意义是什么，而必须承认是生命向他提出了问题。"我们到底用宝贵的生命来实现什么目标，这尤其值得所有创业者深思。

《黑客与画家》 保罗·格雷厄姆

保罗·格雷厄姆是 YC 孵化器创始人，本书源自他的博客。与其说本书有一套完整的观点，还不如说是他的价值观通过不同碎片进行了表达。真正的技术极客最酷的地方在于他们的观念，程序只是他们选择的画笔。阅读此书就好比是与硅谷精神进行轻松对话。硅谷并不是高楼大厦，而是加州的沙滩。

《有限与无限的游戏：一个哲学家眼中的竞技世界》 詹姆斯·卡斯

竞争是有限的游戏，创业是无限的游戏。本书将不同的社会活动按照"有限"与"无限"划分，并上升到哲学高度分析各自特点，让人们对"无限的游戏"产生向往。本书很薄，但观点着实新颖，让人耳目一新，拥有创造性思维的朋友们应有共鸣。

《控制论与科学方法论》 金观涛、华国凡

我是这样理解企业经营的：世界是一幅巨大且未知的地图，而我们通过企业业务这一工具，从某一特定角度在地图中探索。每进行一步新的实践和尝试，无论成功还是失败，都在这陌生地图中增加了已知区域。这一思维方式将企业经营中混乱、模糊的随机事件变为一棵可完整遍历的决策树。我观察到，很多低质量决策并非出于管理者的意愿，而单纯是缺乏科学方法的训练所导致的。而科学方法几乎是我们唯一有效的接近真理的工具。本书可以帮助从业者走近科学思维，从更可控的角度看待问题。

"创新者三部曲" 克莱顿·克里斯坦森

《创新者的窘境》《创新者的解答》《创新者的基因》3 本书回答了一个核心问题：为什么老牌大厂在众多资源优势下最后会被新兴小厂替代？对于创业者而言，创新几已成为我们思想的底色，而这 3 本书将创新的使命和价值体系化地表达了出来。本书适合具备传统行业背景的读者阅读，我们可以从中了解技术领域的变革节奏和技术从业者的精神来源。

《SaaS 创业路线图：to B 产品、营销、运营方法论及实战案例解读》 吴昊

这是中国企业软件行业内罕见的从业者实战分享，作者是纷享销客前执行总裁吴昊。2019 年我看到吴昊的微信公众号，曾把其所有早期文章打印出来供团队传阅学习。本书适合所有企业软件行业从业者阅读。书中内容涵盖面很广，读者可边演练边学习。

第 7 章

百川归海：商业化营销

人们生活在一个言语的、主观体验的世界中。因此，言语符号和意识符号是最强大、有效和普遍的媒介物，通过它们我们彼此互相影响。

——菲利浦·津巴多 / 迈克尔·利佩《态度改变与社会影响》

在传播过度的社会里，谈论你的广告的冲击力等于在过度夸大你提供的信息的潜在效力。这种以自我为中心的观点与市场上的现实情况是脱节的。在传播过度的社会中，获得成功的唯一希望，是要有选择性，集中火力于狭窄的目标，细分市场。一言以蔽之，就是"定位"。

——杰克·特劳特 / 阿尔·里斯《定位》

现代销售的感觉不像卖方和买方关系，而更像是医生和患者关系。
——马克·罗伯格《销售加速公式：如何实现从 0 到 1 亿美元的火箭式增长》

获客是所有企业永恒的难题，也是软件从业者们最关心的话题。营销相关图书不知凡几，针对企业软件行业的营销图书也已有珠玉在前。但营销包罗万象，远未到被充分解释、充分说明的地步，因此我愿补充新的视角，这一视角是产品视角、工程视角、管理视角，是"外观"视角，而非源自销售内部的"内观"视角。

在本章中，我将围绕软件商业化这一大主题，从营销、市场、运营 3 个维度提供参考。本章主要内容分为 5 节。

在前两节中，我将对营销工具进行分类说明，借此读者可以完整地回顾可供选择的工具类别，整理营销思路。前两节的内容如下。

- 营销全景图。这部分内容包含 3 大类 9 小类企业软件营销的方式方法，以及各类方式方法的特点和适用场景。
- 销售弹药库。这部分介绍了 4 个象限 24 类为营销提供信息和便利的材料，包括为销售人员赋能培训的材料工具。

随着软件品类的增多、专业化的加深，以及 SaaS 的持续发展，营销体系正在经历由"销"转"营"的重大变化。在后 3 节中，我将提供与此趋势相关的 3 点观察、分析和建议，分别如下。

- 市场时代的晨曦。在供需失衡的市场中，优质内容将成为连接客户的纽带，市场运营的重要性会显著提高。
- SaaS 客户成功体系。客户成功是 SaaS 获客、留存的关键，我在此分享一套客户成功服务体系，并以需求阶段为边界重新界定客户服务等级。
- SaaS 目标客户的特征。这一节分析了企业是否接受 SaaS 的 8 个影响因素，其中顶层管理支持、软件兼容性和竞争压力这 3 个要素最为关键。

营销是施加影响力的过程。从广义上来讲，说服客户采购服务算作营销，创业期说服伙伴加入算作营销，成长期说服关键资本加注，当然也可算作营销。对于营销工具的种类及其适用性的充分了解，以及对营销未来发展方向的分析和判断，将帮助所有从业者更清晰地认识市场的脉搏，进而采用最适合自己的方式尽可能降低成本，获取最高质量的资源。

7.1 营销全景图

随着软件市场活跃性逐渐提升，新兴渠道在探索中不断出现，营销方式逐渐变得更加多元。虽然渠道众多，但厂商并不需要将其全部融会贯通，而只需找到最适应自己的 3~5 个方法，就足以"一招鲜，吃遍天"了。在世代更迭、快速变化的发展阶段，我们应该对营销全景有所了解，对营销的演变方向有所预判，才能与市场保持同频，不被市场抛弃。

至于这"一篮子"中有哪些方式方法，每个厂商都不尽相同，须基于团队自己的基因、偏好、资源和市场分布情况、可触达客户范围等因素综合确定。

在此，我依经验将企业软件营销方式分为 3 大类 9 小类（见图 7-1），从面向市场流量的"面"到精准销售的"点"，从左到右排序。这里没有涉及增购、交叉销售等方式，仅讨论获取新客户的场景。

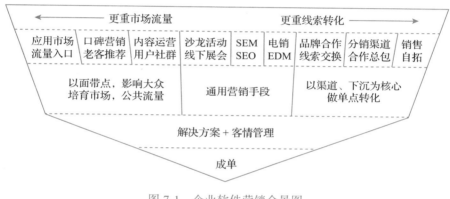

图 7-1　企业软件营销全景图

接下来对这 3 大类 9 小类逐一进行说明。尽管无法做出具体的推荐，读者们仍可借此机会来完整地整理营销思路。

7.1.1　第一大类：公共流量

1. 应用市场、流量入口

这一大类包括各互联网大厂的协同办公应用商店、各大云市场等，既包括可合作的各相关行业论坛，例如面向开发者、面向运营、面向市场人员的行业论坛，也包括各类专业点评网站、各行业榜单、排名等。

ToB 本身仍是小众话题，即便搭上了流量入口的红利，也无法指望很快获取大量流量。由于整个行业的流量不足，很多耳熟能详的平台站点每日的活跃访问量其实并不高（每天有几千个独立访客已属顶尖），而这其中，又只有一小部分访客对软件厂商有价值，按照转化漏斗计算下来，厂商最终的收益大概率有限。然而，若软件能占据展示窗口，毕然有利于厂商借助平台能量构建品牌信用，厂商可以长期获益于平台本身流量的增长，增速可能会逐渐加大。

若一个平台的流量既丰富又精准，那么想利用其资源的厂商就会很多，达成合作的难度就会非常高。因此，厂商作为信息不对称的弱势一方，只有不吃亏的可能，没有占便宜的机会。想要达成合作，在钱、人、事、产品上可能都需要做出较大调整。对于这一成本和收益，各厂商只能按情况各自谨慎评估。（对这一话题的充分描述见 4.3.3 节和 8.5 节。）

2. 口碑营销、老客推荐

国际上很多优秀的 SaaS 产品在早期并没有进行额外的营销投入，仅凭产品的良好用户口碑，辅以一些内容营销、产品自带的网络效应等进行获客宣传。在产品基础夯实、功能进一步完善后，也是利用口碑的力量加快市场运作的效率。

不过国内企业软件口碑营销的能量还不够大，这有两个原因。（对于这两点亦可参考第 4 章）

- 厂商自卖自夸的信息泛滥，由于用户无法分辨真假，所以口碑提供的社会化信任价值不显。
- 缺乏企业客户采购者之间互相沟通、传播信息的良好渠道，口碑传播存在边界。

不过，正因如此，这里存在机会。传统软件厂商往往会忽视口碑传播的重要性，在口碑维护上几乎没有投入。因此，只要做得比现况好一点，就能轻松超出客户的预期，营造良好的风评。口碑必然是成熟市场中的关键信任纽带，业内虽然在口碑建设上节奏缓慢，但这一方向是确定无疑的。部分有运营基因的软件厂商已经开始利用这一机会，让老客说话，让新客聆听，利用群体影响力拉新获客。

市面上少有针对 ToB 软件的口碑营销工具。各厂商需要自己摸索，打通收集、积累、展示、分享、拉新的口碑营销链路。但哪怕没有完全走通，只是将过去的真实案例反馈收集、展示出来，也能为口碑的建立带来莫大帮助。

3. 内容运营、用户社群

几乎所有 ToB 行业市场中都严重缺乏有价值的内容。

由于市场中供需错配的缺陷（见第 4 章），所有客户都不得不先成为行业专家，而后才有信心完成选型购买。但即便必须要走这一过程，部分厂商也没有提供帮助客户快速学习的内容和路径。在早期发展阶段，能以专业精神创作 ToB 内容的人才本来就少，传统软件又有一种封闭的风气，似乎担心分享知识会削弱自己的话语权，或促使客户自行学习进而自行开发，或丧失和友商的竞争优势。

但软件毕竟不是快消品，软件的长远竞争优势绝不可能是信息垄断。

在变现能力薄弱的市场环节，任何努力都能带来收益。内容运营直面客户、能持续提供客户所需内容的厂商，在培养市场、教育客户上将具备显著优势，获客成本也会大幅降低。

用户社群也是同理。当我们组建客户群，允许几百位客户在其中随意讨论时，很容易遭到保守主义者的质疑。后者的核心论据是这样的：只有将客户之间隔开，对产品的负面反馈才不至于传播开来，才方便"见人下菜碟"，出现问题才不至于不可控制。

这一保守思想与第 4 章所讲的劣币驱逐良币现象同根同源，体现出了部分厂商的不自信、不开放和市场定位的模糊性。团队的精神若是积极主动的，真正将客户成功视为核心目标，那么共享互助的社群自然就具备发展条件；若团队精神是消极被动的，那么对客户投诉的担心就会成为社群发展的阻碍。

用户运营状况是企业经营理念的直接体现。内容和社群运营都是典型的 ToC 营销工具，若在 ToB 领域中也能使用得当，则可以形成非常好的正向反馈，常有超出预期之效。

7.1.2　第二大类：通用手段

1. 沙龙活动、线下展会

沙龙是高端客户集会，为了达到最佳效果，规模往往控制在几十人。厂商通常以某一特定方案为核心，邀请对该方案感兴趣的潜在客户与已经成功合作的现客户共同参与。内容以行业主题分享为主，会后答疑解惑，不直接在会上产生交易。沙龙现场可以建立起很好的、闭合的信任环境，帮助潜客快速提升对品牌的信任和对自身需求的认识。然而，只有影响力较大的厂商，才能吸引数十位特征相近的客户在同一时间、同一地点集中出席，所以沙龙活动的适用性较弱。沙龙不宜多办，也不宜不办，建议有资源的厂商一年举办一两次即可。

2020 年前，展会仍然是相对有效的线索获取手段，但近几年展会质量良莠不齐，参展人员鱼龙混杂，展会对于线索获取已不再具有高性价比。不过，若以建立市场影响力、吸引行业眼球为目的，大型展会仍然是上佳方式。由于展会自带媒体属性，若不以获取线索为目的，而以吸引投资、展示姿态、获取政策支持等为目标，大型展会仍具备卓群的背书效果，值得投入。

2. SEM、SEO

即便关键字搜索的可用性有待提高，但搜索流量仍然是软件获取商机的主要途径之一。由于软件采购对客户群体有较细分的要求，而且软件需求有时间窗口，厂商很难在客户正好产生需求的时候主动触达，所以因产生需求而主动搜索过来的流量，其质量会比宽泛的宣发高。

在内容相对欠缺的早期，对于一些相对小众的关键字，直接花钱做 SEM（Search Engine Marketing，搜索引擎营销）即可，成本不高，立刻见效。对于更昂贵的关键字，则需要与 SEO（Search Engine Optimization，搜索引擎优化）相配合，配合市场的内容宣传进行输出。

SEO 不只是对官网信息的优化，如果与内容营销配套使用，在各大平台上有策略地进行经营，则可能产生奇效。对官网上的信息已经很少有人全盘相信，但很多第三方平台仍具备良好的信任度。除了搜索引擎外，知识分享平台、开发者社区均是部分软件厂商获取搜索流量的重要选项。

3. 电销、EDM

对于电销和 EDM（Email Direct Marketing，邮件直接营销），不同产品的成效不同。这些手段接触客户的时间非常短，人与人之间无法建立有效关系，厂商也没有机会详细介绍解决方案，所以售卖品类必须为高度标准化的、客户肯定知道并大概有需求的通用产品，可以配合以罕见的折扣优惠，吸引客户快速下单，囤货备用。适用的产品例如网站服务、SSL 证书、营销短信这类。大多数复杂的企业软件并不具备这一特点，如果通过这一媒介销售（也包括近两年出现的企业软件"消费节"），则可以预见效果会较为一般。

电销和 EDM 的效果好坏，取决于能获取到多大范围的数据，以及定义画像的精准度如何。若只能获取到较为宽泛的企业公开信息（有部分情报软件提供聚合公开企业信息的服务），并以此作为筛选条件，那么能够"撞"到目标画像的概率可能不足 1%，性价比太低。而哪怕是非常大的软件流量平台，经年累月的数据看似丰富，但往往仍然难以匹配精确的画像人群。不过，若将电销与销售团队的"陌生拜访"相配合，将电销或 EDM 用于筛选下一步的拜访对象，则仍有其作用。

与电销类似的还有一种"扫楼"的推广方式，也是圈定范围后尝试逐一触达客户。早期消费者平台通过扫楼方式，可以快速、批量地将商家搬到平台上来，成效不错。大概在 2016 年，我自己去扫过楼，拿着名片和宣传册逐个办公楼、办公室敲门，但最终没有达成任何有意义的结果。尝试过这一方式的软件厂商很少，后来者亦可规避。

7.1.3　第三大类：单点转化

1. 品牌合作、线索交换

拥有相近理念、面向相似客群的厂商之间达成品牌合作，举办联名的线上或线下活动，进行友好的信息互通、资源分享，往往对双方的线索收集、品牌构建都会有很大帮助。最关键的是，这无须付费，所以活动的决策过程可以更短、更快。

线索交换是值得一提的特殊渠道。软件面向的企业受众类型并不会太多，找到类似体量、非竞争关系的软件厂商达成合作（通常创始人之间可能本就熟识），通过活动融合两方的客户资源，并不会太困难。虽然由于采购时间窗口的差异，这一手段短期成单的可能性不大，但客户画像的真实性近乎 100%，是罕见的能够批量直接触达企业软件决策者的营销方式。

线索交换可能会牵涉到客户数据隐私问题。理论上，未经客户授权，厂商并无权力分享客户信息，尽管当下大家尚未关注这一潜在问题。

2. 分销渠道、合作总包

这一类涉及各大云厂商解决方案部门、各类软件服务商、各类咨询公司等。各不同行业往往有不互通的渠道商，存在各自的领域特色。

与电销类似，通过渠道售卖的最好是简单、标准化的软件产品。当企业软件厂商自己都很难讲明白产品价值，且产品售前复杂、定制化程度很高时，渠道方售卖的效果只会很差。渠道的作用是"放大"，既放大了优点，也放大了缺陷。利用好外部渠道的前提是将自身模式打磨圆润。在价值传递的方方面面，包括方案、话术、材料、产品、交付等环节，在自己团队打磨出可复制的方法后，才能向渠道进行有意义的宣讲，从而利用好渠道的价值（详见第 8 章）。

省心省事的渠道、合作方很难寻找。往往非常有意愿合作的，本身也处于困顿之中，很难提供帮助。但一旦找到合适、可靠的渠道并打通环节，付出努力去集成，那么厂商后面就可能获得源源不断的收益。能力强的渠道方，经过培训后，可以完成后续的所有交付工作，在提高自己收入的同时，允许软件厂商聚焦于产品能力的打磨。

3. 销售自拓

销售是价值传递的最重要一环。只有重度依赖人的销售过程，才具备足够的灵活性和感染力，能够像个楔子一样钉入大客户复杂多变的决策中。在所有国产企业软件的发展过程中，销售团队都起到了重要的作用。

尽管听说过一些传奇销售人员的故事，但这些年的经验告诉我，销售人员成功的背后是优秀的组织支撑体系，而非某位人员的销售实力。若成功的因素恰好发生了改变，一些过往成功的销售人员并没有调整策略的能力，在过去成功光环的压力下，很可能会落入承担失败、怨天尤人的境况。借助过去所在平台能有辉煌业绩的销售人员，离开平台可能难成一单。

回到创业的阶段，很多时候销售人员（无论新手还是老手）卖不出产品，是因为核心团队没想清楚怎么卖、卖给谁，并且产品定位不清、价值不显，无法为销售人员搭建一套可学习、可复用的支撑接口，销售工作自然难以深入。在这种情况下扩展销售阵线，不会带来更高收入，反而只能稀释每位销售人员的产出，造成团队不稳。

因此，对销售人员的要求不应在商机获取层面，而应强调跟进转化层面。能够将从其他渠道筛选的有效商机逐个跟进、签单、顺利交付的，就是合格的销售人员。不应指望每位销售人员都有开创局面、探索未知、总结实践的能力或意愿。基本的销售方法应由核心团队自行实践，总结清楚，然后再招一两位销售人员，试探是否可以复制。若可以复制，再继续扩充团队，按照节奏张弛有度地推进。

以上我们介绍了软件营销全景中的 9 类方式方法。企业最终采用的营销方式往往和创始团队自己的资源与认知直接相关。超出这一范畴的，即便尝试，也很容易浅尝辄止、无法深入，达不到目标产出。每种营销方式都有自己的适用范围，能够触达特定类型的客户。软件厂商不需要门门都会，只要在自己擅长的领域做到精通，就足以获取源源不断的客户。

当然，如果手上没有好牌，也不妨谨慎投入，试试新路。

7.2　销售弹药库

我们可以将现代企业视为信息的管理者和宣传者，其中，产品和服务是信息的有序排列，价格是市场需求与竞争信息的载体，销售则是知识内外交互传递的媒介。企业软件厂商的经营目的不在于产出硬件或软件，而在于专业知识的汇集、碰撞、沉淀、总结和分享，成为知识的传播枢纽。这可以带给我们一个崭新的、更接近企业本质的管理视角。在这一视角下，短期营收、产品表象均为辅助，企业变成了拥有自我意识的"知识生物"，一个跟随浪潮而变换形状的有机体，唯一重要的是保障特定知识信息的积累与应用。

销售是厂商内知识向外传递的关键一步，其内是厂商内的知识管理，其外是市场中的信息循环。销售就好比是贸易港口，知识在该环节的顺畅传递决定了内外价值能贯通一气。企业客户将通过销售人员的能力、谈吐和提供的材料来判断对厂商的初始印象。

销售弹药库，指的是软件厂商整个组织为销售活动提供的说明、支持和帮助材料。

过去 10 年，随着软件专业化和产研话语权逐渐升高，行业对销售的认识在发生微妙的变化。部分产研人员，只因销售过程难以标准化复制，就认为销售是低效而无价值的；只因销售活动难以透明化、难以管理，就认为它是落后、原始的。

人和组织的主观活动价值肯定不会被程序全部替代，我们依赖销售人员的灵活性以连接客户的情绪和偏好，而这销售的灵活性与不透明、无法复制等问题本就是一枚硬币的两面。因此，只要想获取更多客户，对流量的理解、对销售的管理与赋能就是所有从业者必须理解和面对的。无论你是什么背景，只要在企业软件行业内经营，对销售的抗拒或不理解就属于自断臂膀、自毁长城。

著名经济学家弗里德里希·哈耶克在《知识在社会中的运用》一文中将知识划分为两个类别：科学性知识和实践性知识。前者是给定的、权威的，而后者是变化的、因地制宜的。对于企业经营而言，这两类知识同等重要。我们应将知识的互通视为企业经营的头等大事，也应将其看作销售管理的底层核心目标。

在本节中，我将以 24 种销售赋能材料为骨干，串起来分享销售活动的一些要点。这 24 种材料按照复杂度的轻和重、面向受众的内和外分为 4 类材料：培训赋能（重+内）、营造氛围（轻+内）、体现专业（重+外）、活跃关系（轻+外）。每类材料有各自不同的目标用途，如图 7-2 所示。接下来我将花费一些篇幅对此逐个进行讲解。这既是对每类材料的特点和适用场景的说明，以便从业者挑选适合的素材自用；也是在借材料陈述销售管理过程中的常见疑难，希望有助于 ToB 行业的同行们建立成体系的销售赋能机制。

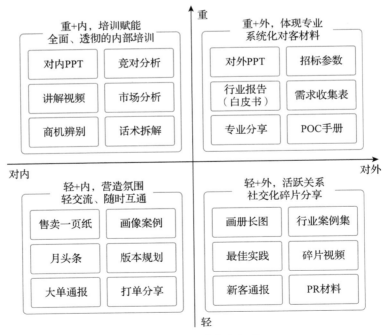

图 7-2 销售弹药库矩阵

7.2.1 对内：培训赋能

第一类材料是培训赋能的材料。目标对内，即对内提供给销售人员，不对外提供给客户；材料内容较为厚重，目标是通过全面、透彻的内部培训，与销售人员对齐市场情况、产品特征和售卖方式，让销售人员深入理解自己在卖的产品。

1. 对内 PPT

企业软件产品可以有对内、对外两个版本的 PPT。

对外 PPT 的目的是"展示肌肉"、明确定位，格式应该方便转发，内容需要精简，十几页就足够了。因为不牵扯过多能力细节，所以内容无须频繁更新。

而对内 PPT 应该内容翔实、视角多元、重点多变，可能长三五十页，应尽可能完整地覆盖不同客户、不同行业的关注点，随着版本迭代，内容更新较为频繁，一般不会外发。

在和客户讲解产品时，若是新手，讲解相对简单的对外 PPT 即可；若是熟练的售前，则应该有能力从对内 PPT 中挑选客户可能感兴趣的几页内容来讲。根据客户的反馈，每次讲的顺序、重点都可以不同，以此获得最灵活的、直接应对客户问题的沟通效果，充分体现专业性。

只有对产品方案非常熟练的员工才能如此随机应变，所以可以将能够灵活讲解对内 PPT 当作新销售或架构师对产品熟稔程度的毕业关键考核指标。

2. 讲解视频

学习来自模仿。新手想要尽快上手，没有任何方式能比听一遍老手的完整讲解更为充分、快捷。

在知识分享不畅通的软件团队中会出现"三不"：销售不知道怎么深入讲解；知道如何讲解的人不分享；组织中缺乏鼓励分享的机制或文化。

在创业早期，没有销售赋能的完整体系时，只有跟着核心团队东奔西走的销售人员才能在获客转化上有明显进步。而没有学习目标的销售人员容易停滞不前，几个月后就只好离开。在材料分享不及时的情况下，甚至会有积极的新销售带着录音笔，将老手向客户讲解产品的过程录下来，回去后逐句重复和学习，揣摩自己的话术。在这里，我们忽略管理侧明显的失职，也能感受到讲解分享对于新手的重要性。

核心团队应组织录制 PPT 的讲解视频，建议最好由产品或售前负责人亲自录制。这一份 PPT 的录制可能会花 2 个小时，但可以让所有需要理解产品、对外讲解的人员快速模仿学习，其长远价值将远超成本。

3. 市场分析

市场概况是很常规的分析材料，专门在此单独提出，是希望提醒大家回归这一材料原本目的，不糊弄，不美化。

如果销售不清楚市场情况，就会带来两个问题。

- 内部问题：对当下和未来的市场位置缺乏长远判断，可能导致销售人员缺乏信心，进一步导致个人和团队的规划存在局限性。不确定未来方向，就无法进行有主观能动性的独立决策。长此以往，组织的活力将逐渐降低。
- 外部问题：讲 PPT 很容易缺失上下文，让客户听起来有疏离感，难以将所讲内容与客户的实际需求进行关联。在与客户沟通时，如果能通过一些统计数字说清行业的趋势，讲明前因后果，最终交汇于我们要提供的产品价值上，立刻就能建立起行业专家的印象。若沟通对象是渠道方，也能让伙伴们快速认知市场情况，吸引伙伴着重投入。

建议单独维护一个描述市场概况的文档，方便内部学习参考、随时查看。在对内 PPT 中也可以附上几张市场概况图，以供需要的人整理思路。

4. 竞对分析

商战就是信息战，商学就是情报学。

对客户、对竞争对手、对政策、对趋势判断最准确的一方，就具备了得天独厚的信息优势。

一些软件厂商闷头苦做功能，像在练闭口禅，殊不知效率在信息流通中才能得到优化。若是能建立有效的信息渠道网，对行业的动态就能洞若观火，销售对外宣讲的切入点也会更加明确，能给对手带来更精准的打击。

当下，由于产品缺乏确切发展的路标，厂商在竞争落后的惶恐之下，很容易浪费时间抄袭友商，而并未理解其背后的原因和价值。因此，对竞争对手情况的掌控也就额外有了一层意义：可以以此理解友商行为背后的合理性，并规避纯粹抄袭带来的资源浪费和定位模糊。

换句话说，如果能够说清楚竞争对手的情况，那么对自己产品的优劣势和市场定位也就清晰了，之后，产品的定位与核心竞争力才能借由市场和销售工具去表达。若不清楚自己的竞争位置，那么经营可能本来就存在不小的隐患，尽早暴露出来仍是好事。

对竞争对手情况的说明文档只对内，不对外，应该是真实、即时的。客户经常会问我们和某友商有什么差异，对于绝大部分软件类型而言，真实答案是"差别不大"，但我们应提供经过思考的回答。这里的回答既不能肆意贬低友商，又要能体现出自己的价值和优势，并不简单。

情报收集工作需要长期坚持，若没有专人做，建议核心团队有人兼起来。建立起行业厂商之间的联系，于我们对市场趋势的判断大有帮助。

5. 商机辨别

在不同阶段、不同目标下，可靠的商机仍是具备共性特征的。

在相对早期的阶段，这些特征往往是模糊的、多样多变的，似乎每个方向都有机会。在拿捏线索是不是可信商机的时候，即便某位客户不太符合理想的画像要求，也总会有侥幸心理：虽然看着不靠谱，但万一最终能成交呢？

这无疑是陷阱，由不成熟的市场机制和模糊的需求共同设下的陷阱。如果厂商不加筛选地服务于所有类型的客户，只会让组织陷入低效的漩涡，让产品不再锋锐。

从业者应该成体系地建立商机评分标准、筛选机制，以及各类情况下的处理预案，并在团队内共享。商机辨别机制可以相对灵活，结合 BANT（Budget、Authority、Needs、Timeline，即预算、权威、需求、时间线，客户需求阶段判断的 4 个因素）、ChAMP（Challenges、Authority、Money、Prioritization，即挑战、权威、预算、优先级，客户需求阶段判断的一个常用模型）这类模型来判断，辨别机制如下。

- 具有哪些属性的客户可直接放弃？
- 客户的哪些反馈或言论代表其阶段没到位？
- 哪些行为代表客户没有采购意愿？

服务画像的边界只能通过一点来明确：对谁说"不"。销售（或售前、产品部门）应具备一定的权力，能够主动放弃明显没有性价比的商机。若担心失控，确定放弃前可以再加双外部的眼睛进行检查。在模糊的市场中，有舍才能有得，切断不良资源的干扰，产品才能聚焦。

同时，根据不同的线索规模，可以考虑提供专门的 SDR（Sales Development Representative，销售开发代表）职能，挡在销售前过滤、推进和分发机会。SDR可以将重大机会筛选给最有资格和经验的销售人员，而对于中小机会，甚至可以自行促进成单，以免同一批销售人员同时面对新 / 老、大 / 小或不同阶段潜客时，无法平衡自己的精力，造成毫无意义的浪费。

6. 话术拆解

电销和地推团队每天要接触大量客户，与每位客户的平均接触时间很短。这就像比武过招一样，几句话之间就要"见胜负"，看是否能引起对方的兴趣，所以对每个来回的套路拆解、打磨就有了必要。

话术的目的是保持沟通、不被挂断电话、不被赶出来。敲开正确的大门是后续介绍产品最为关键的一步。只要确保沟通仍在继续，就有机会获取更多信息，借此判断对方的真实需求，看其需求与产品是否相符。

在这样的销售过程中，应尽可能用开放性问题引导客户发表言论。除了提问，其他时间少说话、少推销，仔细倾听和观察。问正确的问题，引出潜在的需求。尽可能做到在知己知彼后，出言必中。

对于复杂的软件需求而言，在短时间内肯定无法成交，所以最后一步应该引导客户进入下一个销售阶段。电销团队可以约客户后续拜访，或直接约初步产品演示，这一过程的目的就算达成了。

为此，团队需要为销售人员提供一整套的话术路径图：当客户属于情况 A的时候，询问 B 问题，销售人员应该按照 C 方式回答和引导。这一路径图不只是一套平铺直叙的 FAQ，还应具备多层次的树形结构，用于遍历常见的客户反应链路。

太复杂的话术也没有必要，复杂性与培训效果成反比。话术能帮销售人员快速梳理清楚沟通的框架，但框架中的内容，销售人员只有在对市场和产品足够熟稔时才能灵活填充。

7.2.2　对内：营造氛围

第二类材料是营造氛围的材料，受众对内，材料内容较轻，可重复分享，目标是持续提供案例分享，校准销售方向，培养共同成长的开放氛围。

《六论自发性：自主、尊严，以及有意义的工作和游戏》一书提到："任何办公室、工地和车间的具体工作程序，都不可能用规章来给定，无论它有多么详尽；工作的完成，少不了工人们在规章之外实践有效的非正式理解和即兴措施。"

频繁或过重的培训、直播、团建会打乱大家的正常工作节奏。轻分享、轻内容不占太多时间，碎片化，可随时讨论、自由参与，是销售弹药矩阵的重要部分。在双方都没有压力的情况下，分享者和受众往往能提供更多新观点、新视角。若第一类材料更学术范，那么第二类则更重实践、重变化、重共享。第一类材料一份能用很久，第二类时变时新。

轻的内容能快速让团队感知变化，在迭代中传递进步，在动态中寻找突破。事实告诉我们，前一年制定好的画像和打法，在后一年中几乎肯定会改变，甚至推翻。轻材料有利于快速反馈和收集，像是散在大部队周围的侦察兵，探触距离更远，有利于判断和调整方向。

轻的内容有更高的打开率。重的赋能，如果不强制参与，其内容的打开率可能不到10%。而轻的沟通，几乎每个人都会看到。

轻的内容不成体系，所以可以自由发挥和讨论；不固定时间地点，所以可以随时随地汲取和分享。

轻内容的生产者不只是官方，更重要的生产者是各团队成员，是员工个体。只有营造出鼓励分享的良好氛围，团队的能量才能充分发挥出来。

1. 售卖一页纸

售卖一页纸的受众是销售渠道，目的是通过仅仅一页"小抄"，在极短时间内吸引渠道关注，并作为内容备忘，便于传递。一页纸的逻辑和所谓的"电梯演讲"（Elevator Pitch）是类似的，都是在游说对象时间紧迫、注意力分散的时候，尽可能通过提炼出的重点引起对方的兴趣。

一页纸中，应该清晰地展示产品售卖重点，包括目标画像、成交周期、平均成交额、客户案例、收费方式、佣金提成等。每一项两三点，每点两三句，重要点可以配图。一页纸中完全不对产品技术能力进行介绍（对能力的介绍太偏重细节，脱离重点，一页也根本讲不完），把场景和解决的问题简明扼要说清即可。

好的外部销售、合作方和渠道方，都是稀缺资源，其注意力通常需要争抢。一页纸的超短篇幅，便于渠道方在它们的方案材料中夹带我们的产品，便于观看者快速抓住所有浓缩重点，是为渠道设计的精干材料。

产品越多，产品矩阵越复杂，每个产品就越需要这一页纸。在大厂中，销售资源普遍为所有产品共享，一页纸也是争取销售机会的必备材料。它虽然内容轻薄，但属于敲门金砖，需要反复精心打磨。

2. 大单通报

当团队成长到一定规模时，不同地区、不同团队之间无法日常见面沟通，团队文化和向心力建设就成了管理效率的瓶颈。

大单通报是提振士气、拉通上下层关注、对项目复盘和褒奖的绝佳方式，对新人建立团队凝聚力尤其有帮助。通报几乎没有任何成本，只需要简述前后拿单过程，并真心地感谢参与者的付出即可。

由于通报是全员庆祝，所以还有一个隐藏好处：能让全团队动脑，可能把本不存在关系的几个点连接起来，产生意外收获。比如，销售人员 A 凭借产品能力拿下医疗行业标杆，运营人员 B 有隐藏的医疗行业资源，研发人员 C 认识的某位副院长可以帮忙引荐上会，行业的局面可能就打开了。但如果没有通报此事，B 和 C 本应能帮助团队连上的点就丢掉了。

只有这类轻分享才能引发更广泛的自主连接和讨论，连接的效率也就决定了拓展业务的速度。

3. 打单分享

销售以老带新，往往很难带出高徒，这是因为销售本就是个人进行灵活性发挥的过程。单个销售人员的成功与其个人机遇、资源和性格都是强相关的，其他人难以复制。

即便如此，兼收并蓄地学习各种销售路径之长，对销售人员个体的成长仍有极大帮助。分享打单中竞争态势、最终筹码、一锤定音的过程，对其他同事掌握火候、建立基准有很大助力。新手学习这打单过程中的剧情反转，可以快速进入角色。

在企业软件厂商中销售人员往往没有完整的职业成长路径，所以流动性较高。一个在经验上互相分享的团队，可以在技能成熟后开辟一块新的知识田野，允许好的销售人员保持开阔视野，在新的领域继续学习，延长离职的平均周期。

当然，以客户信息作为个人资产的销售人员，肯定没有分享的习惯。此类信息壁垒，是行业问题，不是个体问题。通过加强产品优势、标准化销售管理，可以在一定程度上化解分享的壁垒。厂商也需要孕育鼓励分享的土壤，让分享与成长、领导力、责任心等正面反馈直接关联起来，甚至直接与绩效挂钩。

我听闻过一个说法，善意地形容老员工为"吞金兽"，使劲晃一晃，才能把宝贵的知识和经验抖搂出来，继续晃，还能有。话糙理不糙。创造分享氛围的过程，可能要持续、反复地"晃一晃"。

4. 画像案例

画像案例聚焦于案例的价值和可复制性，受众偏向于担任售前职能的工作人员。

在所有客户服务的案例中，我们可以定期挑选最典型、最具有价值的案例，深入剖析产品和服务实际为客户带来的价值，并汇总为一份材料。案例分享的格式可遵从三段论：问题、方案、价值，每个案例用一页 PPT 阐述完。

三段论包含不了所有可以分享的场景，一页纸也讲不了太多，但这是个良好范式——所有人都能轻易地理解和掌握这一工具，格式的规范能够有效聚焦案例重点，降低所有人对内容的理解成本。在积累了数百个案例后，这一案例集就会成为厂商最宝贵的知识财富。

通过案例分享，大家可以一起去评估是否有标杆效应，同时能给售前团队提供更多关键的信息储备。最简单的销售方式就是和客户说："你一直想效仿的行业龙头就在用我的产品实现转型，你想不想学？"

案例分享材料一般对内，可以积累在对内 PPT 中，也可以单独形成一份文件。对外的案例材料，由于面向受众不同，建议额外单独提供（后续单独说明）。

5. 版本规划

行业中产品迭代新功能，普遍没有充分同步给前线同事。由于信息在内部循环不畅，辛苦实现的功能没有在营销侧体现出价值。更有甚者，可能关键功能上线了半年之久，但销售团队仍不知情，还在对外宣称无法支持。产品是企业的心脏，信息传递不畅可类比人体血液循环受阻，这样手、脚、脑都会出大问题，企业容易变成"植物人"。这是较为常见的行业问题。

要缓解这个问题，只需从客户的角度出发，对客户可能关注的价值更新的信息提供版本简报，既不需要长篇大论，也不需要对每个版本都直播讲解，只需用几句话把新版本激活了哪些新场景、新价值说清楚就足够了。讲得越复杂，销售人员就越难以消化。

切忌只从产品和功能的角度阐述版本内容。只有从客户的视角进行阐述，才能真正打动客户。

若是能更进一步，让产品每次迭代的需求取材于客户的输入和反馈，将迭代进度交由客户监督，上线后让通知能直达关注该功能的客户，不需要人手动操作，那么信息和价值的传递就圆满了。但很遗憾，由于迭代的不稳定性和随机性，再加上市场中缺乏这样的工具，几乎没有软件有魄力、有机会对此进行实践。

当然，有一小部分软件的销售并不依赖于功能的持续完善，那这种通报就可有可无了。

6. 月头条

月头条是一种定期分享机制，能够把前述内容聚合起来，挑出重点统一分享。

行业内随时都会发生各类事件。若以周为单位进行分享会导致受众疲劳，若以季度为单位就不再有时效性，所以折中地以月为单位进行总结和分享。

月头条的内容可以由多个团队主动投递，由担任特定市场职能的工作人员整理、汇总，其内容核心围绕市场、营销、产品展开，包含竞对动态、市场趋势、法规变化、行业新闻、产品更新等，当然也可以包含人事动态、重要活动。若团队规模进一步扩大，还可以分出不同类型的月头条来，比如专门的行业消息月头条、组织文化月头条等。

为了避免和其他消息交杂在一起，导致错漏，建议月头条用自己专门的发布渠道，不与其他内容混在一起发布，以保证足够高的点开率。

基于一月一总结的特性，月头条可以很好地弥合碎片信息（短周期）和干货

（长周期）之间的周期沟壑。若操作得当，月头条可以成为企业打开率非常高的信息互通工具，也是传递企业文化的利器。

7.2.3　对外：体现专业

无论什么样的销售培训，都是为了获取更高的营收转化率，最终都要落到销售人员对外部市场与客户的影响上。上述两类材料都是内部材料，接下来两类则是对外素材。

第三类材料是体现专业的材料，目标对外，且内容较重，需要团队投入较多精力，才能有价值产出。这些素材可以很清晰、透彻地传递企业及产品和服务的价值，以专业性征服客户。

有的 ToC 厂商会把客户分为理智型、情感型、习惯型、利益型等。ToB 厂商其实也可以借此方法进行分类，不过体现的不是个人特点，而是组织特点，代表着组织当前阶段的特定业务路线，以及内部技术（效率）、财务（成本）、安规（风险）、业务（实用）、老板（管理和感性）等方面的特定强弱态势。

虽然每类客户都关注不同的话题，但无论怎样分类，客户都会期待享受专业的服务。虽然最终成单原因是复杂的，但专业性这一要素是核心产品价值的对外体现，需用最重视的态度反复雕琢。

1. 对外 PPT

每个商业化企业软件都至少有一份对客宣贯用的常规 PPT。

由于材料的传播无法控制（甚至可以说不受控制的自发传播才是目的），所以内容需要进行谨慎的脱敏处理，以品牌展示而非功能说明为目的，往往仅用于初步接洽、初期沟通。

对外 PPT 应控制在 15～20 页，以理念、问题、方案等内容向客户提供专业的感观，以案例、获奖、资质等内容建立良好的品牌形象。该内容浅显地点明主旨即可，内容过多反而是减分项。

PPT 中不应包含商务价格、功能细节。如果不是 SaaS 服务，这些内容应该在售前的下一步进行沟通，过早沟通可能会导致客户产生疑虑，反而妨碍推进转化。

这份 PPT 要做到全部对客人员能在 15 分钟内讲完，并能在讲述过程中根据客户的关注点进行灵活的反馈和应答，是销售基础材料。

2. 行业报告（白皮书）

行业报告（白皮书）是针对特定方案进行全面阐述的图文材料。

因为大多数厂商不会提供行业报告，所以若厂商能在客户需要材料时出具内容质量上乘的专业报告，对于在客户心中建立良好的、差异化的专业认知和印象，会有很好的效果。

如果行业报告是为了获取流量，那么和任何内容营销一样，在话题的选择上需要提前调研，选取容易引发关注和转发、容易做出流量成绩的主题和形式；如果报告是为了阐述产品专业性（如合规安全报告、性能保障报告等），全面阐述清楚即可，帮助客户对自己的方案查漏补缺，应尽可能展现出厂商丰富的经验和规范的知识体系。

对于营销偏重于"拉"（集客营销）而非"推"（主动销售）的团队来讲，行业报告属于工具类材料，能够吸引客户或同行反复参考学习，所以也常作为集客营销（Inbound Marketing，即以吸引客户关注为主的营销方式）的关键内容，以此引导潜客留下线索。因为专业报告这一高质量内容十分稀缺，所以慕名而来的线索的质量普遍较高。

3. 专业分享

专业分享指的是以大事件、重要法规要求、大方案为核心出具的分享材料，形式通常以图文居多，个别关键内容可以做成册子或视频，供不同渠道的读者阅读和消费，有更明确诉求的可以组织线下沙龙。

随着中国企业客户信息化程度的提高，人才水平普遍抬升，客户已不再满足于被"投喂"，更希望主动"求索"，学习自己感兴趣的产品领域，并参与到与厂商互动的环节中来。专业分享即面向这一需求，对行业知识进行科普。

既然专业分享以内容为核心，那么内容的质量就是重点。只有专业人才才能出品高质量的内容，所以各团队负责人、核心成员均应主动参与并动员其他人员参与。

不同客户对内容的消化能力不同，部分从业实践会按照学习能力将客户分为"小白""新人""老手""专家"等，所以在提供内容时有必要将客户划分层次，并有针对性地创作。例如，如果客户群里以年轻开发者为主，那么图文形式的干货分享容易受到欢迎；若客户群里主要是中年管理者，那么体现专业精神的文化宣传视频可能是更好的媒介。

与白皮书一样，专业分享材料也较重。但和白皮书不同，专业分享更贴近时事，更关注热点，内容也更加多元。

专业分享是内容营销的核心载体，在获取流量的同时，能建立品牌影响力，有时还能作为内部培训材料使用，是行业内常用的营销材料。

4. 需求收集表

需求收集表是帮助客户整理需求的重要工具，能帮助实现筛选商机、加快转化、记录需求等多个目标。在实际应用时，具体以哪些目标为主，取决于受众和预期目的。

首先，需求收集表作为筛选商机的工具。市场部或 SDR 可以使用需求收集表进行商机的初步筛选和信息收集。需求收集表既对外，又对内，可交由客户填写，也可由内部人员填写。把需求收集表中的内容填写完整，商机才算有效、可靠，才能进入下一个阶段。

其次，需求收集表作为加快转化的工具。可以请客户填写需求收集表，有针对性地进行客户内部的需求收集和整理工作，以尽早认清需求的内容和边界，有助于更快达成交易。如果客户没有能力自行完成这一工作，我们也可以借此看出客户的能力和意愿（可能是"小白"或"新人"），以制定相应的销售策略。

最后，需求收集表作为记录需求的工具。产研团队更偏重于内部沟通，往往缺乏对客户需求、客户语言的直接接触。若记录得当，需求收集表可成为产研团队理解需求和市场方向至关重要的材料，拉近产研团队和客户的距离，让产品更贴合客户的需要。

草拟一份需求收集表可能只需要一小时，而收益却是多方面的，因此推荐在所有类型软件的销售流程中使用。

5. 招标参数

客户有时缺乏对专业场景的判断力，因而希望厂商提供能帮助其完成招标工作的资料。招标参数是其中最为关键的一个。招标参数理论上应由客户的 IT人员、外部咨询公司出具，但经常有客户直接向厂商求助的场景。

这对厂商而言是绝佳的合理控标机会。通过快速出具一份完整的招标参数建议，厂商能以极低的成本将客户需求向有利于己方的方向引导。

应该秉持一个理念：所有花了大心思去达成的结果，都应尽可能写进招标参数中，包含大功能、高难技术、重要合规资质、安全和性能表现、行业客户数量，甚至厂商规模、存续年份、研发团队占比、PMP/CISSP 持证人数等。厂商宣传不能锦衣夜行，虽不应夸大其词，但应让重要经营成果尽可能为我们带来额外的竞争优势。

由于 ToB 产品定位较为稳定，一份招标参数通常可以作为参考使用很久。

6. POC 手册

POC 手册是提供给客户使用的产品试用步骤说明书。

在行业中，这一手册并不常见。软件厂商在进行 POC（Proof of Concept，概念验证）时普遍是被动应对的：客户需要环境就提供，有问题就回答。这一被动性易让客户对产品的优势和价值认知存在偏差，也让厂商难以理解客户的真实状态和诉求。

大客户 POC 是验证产品与企业业务联通性的关键阶段。进入这个阶段时，往往商机已经孵化成熟，最多只有 3～5 家友商竞争。每家厂商都会耗费相当的人力支持，甲方也需要大量精力去逐一对应。

企业的信息化需求很明确，市场又在制造焦虑，企业很希望能尽快找到最适合自己的软件服务。但市面上方案和厂商五花八门，辨别真伪已很费时，采购者面对产品，往往连如何着手 POC 都不知道。这时，厂商若能提供 POC 手册，告诉客户应该如何完成对其产品的测试，可以体验哪些功能，无疑是雪中送炭的双赢好事。客户可以以此顺利完成检验的工作，而厂商也可借由这一薄册，让客户得以按流程体验产品优势，并在一定程度上规避产品缺陷。

如果厂商和客户关系很融洽，POC 手册可以与招标参数一并使用，这就相当于为当次采购的规则、评判标准甚至裁判都合理地预置了偏好，可想而知厂商最终的胜出十拿九稳。

7.2.4 对外：活跃关系

第四类材料是活跃关系的材料，目标对外，内容较轻。顾名思义，这类材料是为了频繁地与外部客户互动，以维持对话的活跃度，教育市场，对客户进行长期影响和转化。

品牌影响力的构建，培养和客户之间的信任，都无法一蹴而就。这种水磨工夫，只能把相对轻量级的内容在适当时刻高频次地投递到客户面前，反复在目标群体周围创造存在感，才能逐渐达到效果。

除了内容本身可用于传递积极的品牌信号外，销售也可以利用这些小话题去破冰，开启和潜在客户的对话。

1. 画册长图

画册的目的是在接触早期为客户提供价值指引，与客户心中的需求"印象"相呼应。这一目的决定了材料核心内容必须精简，展示效果要抓人眼球，并且材料形式上的创新要与客户的需求共振，让目标客户眼前一亮并感慨"这就是我要的"，其中的文字内容反而不一定重要。

画册的形式是多种多样的。比如对于协同文档软件，受众对文字接受度高，那么画册里的文字多些也没问题。不过，文字多不代表内容多。在这一类材料中，文字和图片都只是点缀，理念和定位应该非常聚焦地通过综合印象传递出去，它们才是主角。

这种材料制作最大的问题在于流程。它的制作成本并不高，但如果流程复杂，内容要反复修改，制作难度抬升，很多创意就发挥不出来。另外，反复修改带来的"全面"通常无益于传递理念和定位。因此我建议，将这种材料交由市场部门统一出具，其他部门和管理层只提供素材，不能对材料制作过程进行过多干涉。

我很推荐长图这种内容形式，它便于分享，且任何人都可以制作，轻松简单，没有打印和装订成本，随手就可以转给刚才一起喝咖啡的潜在客户、新同事。我们发出没压力，对方接收也没负担。

2. 最佳实践

最佳实践是场景的封装，是针对特定客户画像的共性诉求抽象出来的方案材料。最佳实践材料往往不仅包含对方案受众和问题的描述，还可能细化到操作步骤和截图说明，手把手教客户通过产品达成特定目标。

最佳实践可以用于很多目的，每种目的均有其侧重点，所以应提前明确追求的是转化还是留存，是复购还是推荐，是高 NPS（Net Promoter Score，净推荐值，衡量客户满意度的核心指标）还是好的社区氛围。先明确目标，才知道材料制作的风格和方向。

最佳实践的内容应围绕某一场景问题，用客户的语言对问题和解决方案进行描述。材料的标题既应包含定位，以便于客户找位就座；又需要说明价值，以引起客户的共鸣。例如游戏行业出海合规最佳实践、零售新兴品牌打造全渠道会员方案等。

最佳实践材料处于轻重之间。偏重，可以向白皮书靠拢，作为内容运营或客户 POC 过程中的重点材料；偏轻，可以在售前随时发给客户，随时写、随时更新，也可以作为需求调研的一种方式，观察客户对最佳实践的反馈。

3. 新客通报

新客通报短小精悍，通常采用海报的格式，表明与某位客户达成了合作。对每位新客户都可以进行通报，在微信朋友圈或公众号中宣传传播，成本极低，快捷省事，是市场团队宣传时用于"打底"的材料。

除了将"喜报"交由销售人员分享，尽可能鼓励潜客转化外，外部的资方、合作方、内部员工也都需要看到持续的机会和案例，才能够建立起对公司的充分信心。部分厂商为冲击上市，以低价抢客户，目的就是收集可以对外展示、宣传的客户商标，以此展示自己的影响力。如果赢取了客户的青睐，但却没有进行通报宣传，无疑浪费了很好的市场发声机会。

当然，我仍然需要指出，对客户商标的摆放和应用需要经由客户明确授权，否则无论是否有人追究，都是明确的越权行为。我也期望企业客户能尽量配合，为厂商的宣传和展示开方便之门。

4. 行业案例集

行业案例集是经过包装的对外客户案例分享集，很多软件官网上都有案例分享一栏，里面内容通常篇幅适中、笔触浅显。

案例最吸引客户眼球的是两点——客户真实的声音、数据化成果展示，但很多案例对这两部分内容都未涉及。

因为是有选择性的展示，所以公开案例的可信度一般，从客户角度来看，难以判断厂商是否自卖自夸。如果能在案例中列出把特定工作的效率提升了多少个百分点，节省了多少时间、多少成本，带来了多少新的机会和收益，让同类型客户立刻共鸣，效果就会更加显著。

在第 1 章中我们分析了行业标杆案例拥有巨大的影响力和示范作用，这在销售过程中已成为常识。我经历过一个地产行业客户，可谓油盐不进，令人费尽口舌。但当我找出另一家地产行业龙头的成功案例，拿出当时为该客户讲标设计的用户故事地图时，这位客户立刻就产生了强烈共鸣，明确表示："这就是我想要的。"此时，案例胜过千言，行业案例集也就尤为重要。

5. 碎片视频

碎片视频包括两类：以产品解说、方案说明为核心的干货讲解；以趣味性、冲击性为核心的科普短视频。

前者无法吸引自然流量，通常作为员工培训、新人学习、售前支持时的参考工具。后者希望寓教于乐，能在吸引眼球的同时把线索吸引过来。视频如果内容太过专业，就无法传播；如果不专业，那么行业相关性就会偏弱。若希望真正将短视频的方案用起来，并在行业内普遍应用的话，需要找到某种兼顾专业性和趣味性的方式，但这一内容形式尚未出现。

近几年，短视频类内容逐渐走进了 ToB 市场宣传的视野，部分厂商开始尝试短视频营销。以企业软件为核心的视频内容正在逐渐增多，且分享、点击数已都有一定积累。不过，现有内容一般是以个人 IP 为主，对团队、对产品能有多大帮助还有待时间验证。

6. PR 材料

PR（Public Relation，公共关系）材料以高调地宣传自己的品牌价值为目的，内容可以包含头部客户的合作、大型活动的举办、行业榜单的入围、特殊的指标达成、令人瞩目的创新方案等。

PR 材料不看重短期转化，而以制造和传播影响力为目的，内容可以不落地，后续跟进可以弱化，就将力量聚焦在信息本身的打造和传播上。

几乎每个软件厂商都在积极做这类事情，特别是对行业榜单的关注。虽然国内大部分榜单排名没有多少参考价值，但能入围毕竟代表着一定的知名度和影响力。在这些榜单中，Gartner 魔力象限是王冠上的珠宝，具备全球范围内极高的权威性，中国大型政企对 Gartner 的认可度也非常高（可能出乎大家的意料）。然而，魔力象限的入选条件苛刻，通常只有一个领域中排名全球前 20 的企业才有资格候选。我只看到了国内少量 IaaS 基础构建能够入选，几乎没有能入围的企业软件。

本节分享了培训赋能、营造氛围、体现专业、活跃关系 4 个象限共 24 类销售赋能材料，对每个象限的深入经营均能为软件厂商带来优势。

当然，我们也都知道，真正的营销远非内容形式所能定义的，而是一套包含市场分析、产品定位、竞争分析、品牌定位、受众画像、营销策略的完整体系，有着不同梯次、不同节奏、不同深度、不同方法。本节对营销材料的罗列介绍，代表了营销的一个方面，对从业者整理思路应有助益，但落到实际中去，在建设立体的营销体系时，大家仍需探索最适合自己的营销方式。

7.3 市场营销的晨曦

通过查看海外上市 SaaS 公司的财报，能看到很多海外 SaaS 的市场营销开支占比都较为可观。在"营销全景图"中，大部分营销方式都属于市场部门负责的范畴，市场部门似乎承担着显而易见的重要职责，应能得到软件厂商的格外关注。

然而现实却与预期相反。很多团队中市场部门不受重视，市场预算普遍可忽略不计。市场部门的理想目的是强化吸引力、扩大影响面、构建产品认知，而在实际中，即便市场部门能独立运行，通常也只是作为销售部门的辅助位，为其供给和筛选商机线索，与理想状况有较大差异。

这并非某位厂商的主观意愿，而是行业的普遍现象，其背后的原因有三方面。

7.3.1 市场部门不受重视的原因

1. 流量尚未饱和

在第 4 章中我们提到，企业软件市场处于供需失衡的状态。在商品尚未丰富、流量尚未满溢的市场中，同时存在着未被满足的需求和激烈的竞争。流量也处于一个类似的状态。

对于客户而言，招标时至少需要找到 3 家厂商参与竞标，初始调研的厂商列表可能要凑够 8～10 家。即便当下，在公共网络中，一个细分领域都不一定能找足 10 家看起来对口的厂商。在企业选项不多，但又必须凑够数量以进行对比的情况下，流量实际是低廉的。只要简单买些关键字，不用做太多额外市场工作，流量都会找来。当然，实际的厂商数量远远比这更大，但水平面下的厂商并不依赖公网流量，所以基本不参与流量争夺。

因此，市场中就存在了一个违背常识的现象：在过去 20 年中，更多元的市场手段、更大的市场投入，并不一定能相应地带来更多真实的软件商机——因为这些真实商机本来就会找上门来。在此背景下，市场部门的职能单调、简化，价值难有落脚点，其重要性就得不到显现。

2. 短期追求和长期价值的冲突

对于传统企业软件而言，客户的触达和交易两个步骤之间相隔甚远，中间的变数众多。以触达为目的的市场活动，其投入到底在多大程度上促进了交易，这无法在一个框架中得到有效评估。另外，市场培育是"农业"而非"工业"，急功近利的动作就是揠苗助长。大多数市场活动都以半年为周期，才能在目标群体中培养出影响力。于是，企业软件的长交易周期、市场活动的天然慢热，共同决定了市场活动必然是中长周期的规划。

但由于普遍不稳定、不确定的经营状态，以及来自资本和相关方的高增长压力，从业者很容易掉入急功近利的陷阱，以一个短期视角去衡量长期投入的结果。

很多厂商均采用季度汇报的工作管理机制。反过来想，这意味着管理层认为当下的投入应在最多 3 个月内就有产出，也意味着所有部门的工作均应舍远求近，放弃需较长时间才能见效的长期目标。

若想看到宣传效果，市场工作至少要跨越两三个这样的周期。对于市场部门来讲，季度的成果汇报存在显著困难；对一些并无市场意识的管理者来讲，市场宣传的开销是巨大的、当下正在发生的，而收益是未来的、难以真切见到的。对很多处于生存压力下的团队而言，长远回报等于没有回报，这样去投资未来是奢侈的。这些因素会使得市场部门的话语权相对较弱，难以获取管理层关注。

3. 价值难以衡量

市场活动的价值是全面体现的，是长周期的。

市场营销就好比在向湖泊中加水，水涨而船高。真正能把市场工作做好的厂商，可能具备多达数倍于友商的市场竞争优势，并能源源不断地获取各类资源倾斜带来的福利。

然而，市场创造的影响力难以被有效衡量。很多高价值的市场活动并不与收入挂钩，或者要以年为单位才能计算其完整价值。"水涨"到底是因为凑巧"阴天下雨"，还是缘于主动积极的市场宣发工作，无法考证。成单到底是因为线索精准，还是销售个人能力强悍，无法准确划定。

由于欠缺良好的信息分发引擎导致的线索质量驳杂、多平台流量导致的管理运营割裂、交易理论多元化导致的销售流程无法体系化，厂商无法构建一套相对完整、标准的转化漏斗，早期线索与最终交易无法衔接，跨行业不通用。越早期的线索，其价值就越难以衡量、越不确定，再加上跑马圈地的早期市场发展理念还在延续，管理者普遍认为，与其耗费精力耕耘早期商机，还不如投入需求中后期去获取确定性更高的收益。

市场活动特有的结果模糊性和难以衡量性，为市场决策带来了迷雾。若市场投入无法带来直观的可衡量成果，那么就只能依赖团队的直觉或系统的管理意识了，而对于后两者，行业同样欠缺。

不过，近年来事情正在发生变化。我们似乎已经可以观察到市场价值正在克服上述困难，变得无法忽略。更多厂商开始意识到市场工作的必要性，并真正因此获得收益。

7.3.2 营销价值抬升的趋势

1. 流量竞争更加激烈

企业软件行业正处于快速发展的早期，流量成本的进一步抬高会使得厂商对市场的投入、对市场的经营要求都进一步提升。

随着真实竞争的厂商数量增多，行业的关注度升高，关键字的价格会不断提高，很快就会到达临界点，其他市场手段开始具备性价比。进行复杂市场活动的成本比关键字成本更低，活动的价值会得到进一步突显，市场运营管理的复杂性将同比攀升，市场团队的重要性也会因此上扬。

与此同时，行业相关内容的数量在 2020 年后也在经历爆发性增长，各类公众号、平台运营号、视频号等几乎一夜之间如雨后春笋般出现，内容的质量也在不断抬升。在过去内容贫瘠的年代，内容对流量的竞争不激烈，这给了部分厂商早期通过内容运营以低成本获取优质流量的机会。而当内容变得丰富时，厂商对流量的争夺将会升级，内容的质量和精准的受众投递就变得更加重要。

在更高复杂度、供给更丰富的市场环境中，营销是切开市场的利刃，将具备更高的不可替代性。在一个商品饱和的货架上，如果不采用现代的营销理念，明确自己的产品定位和配套市场经营策略的话，那么客户也无法定位产品，产品最终会被清离货架。

在充分竞争的市场中，缺乏市场能力的厂商将会被淘汰，最终留下具备市场基因的产品团队。

2. SaaS 会缩短交易周期

由于即开即用的特性，SaaS 模式与传统模式相比，触达和交易的周期得以大幅缩短（见第 5 章）。

由于路径更短，早期市场流量价值的可衡量性将显著提高。市场和销售之间巨大的不确定性鸿沟，将通过基于管道（pipeline）或漏斗的转化机制被填平。市场活动带来的流量，能够以一个固定比例折算为最终的收入。甚至在很多情况下，不需要销售人员参与即可完成交易。在此情况下，市场活动的长期效益和厂商短期的收入追求合二为一，追求市场流量等于追求收入。

这使市场部门得以摆脱在传统销售模式下的配角地位，而拥有独立的收入引擎，具备单独的话语权。

所以，SaaS 天然就具备进行市场活动的更大动力，更多 SaaS 的出现（包括传统软件的转型），能够有效、切实地提高整个行业市场经营的活跃度。

这两个趋势也都是长期趋势，短期没有反转的可能。在行业进一步成熟、流量进一步饱和、交易进一步简化的大趋势下，市场能力将有机会大放异彩，成为软件厂商的核心竞争力之一。

为了迎合未来的发展趋势，我将提供两个建议。

7.3.3　迎合未来的管理建议

1. 市场与销售脱钩

市场负责触达，销售负责转化，在当下的市场环境中，我建议将耦合在一起的市场与销售职能脱钩。

如果以 AIDA（Awareness、Interest、Desire、Action，即认知、兴趣、意愿、行动，指推销过程的 4 个客户阶段）公式来看，AI（即建立认知，引起兴趣）应属于市场，DA（即刺激购买欲望，进行交易）应属于销售。当下，很多厂商对市场的定位是销售的辅助职能，纯粹给销售提供尽可能高质量的线索，但这背后有 3 个值得怀疑的观点。

- 只有当次成交，市场活动才有价值。对于一年后再成交的线索，无法将成果归功于市场活动，市场活动也就不具备价值。
- 只有客户的流量才有价值，其他流量都是噪声。
- "精准"是可以定义的，可以做到完美，"不精准"的流量需要舍弃。

如果说销售是在"点"上转化，那么市场无疑是在"面"上制造影响，而后者天然就是模糊的。在企业经营中，价值传递的链条越长，就越无法对经营行为进行管控或衡量，但这并不意味着长远价值就不重要。相反，正是由于长远价值十分重要，但又容易在短期被遗忘或忽略，所以它才更值得所有人格外关注，值得资源额外倾斜。

针对上述 3 个观点，我来提供反向论据。

首先，企业中的决策人是有品牌忠诚度的。软件品牌两年前出现在决策人面前，两年后才有适当的机会引入方案，这是很常见的情况。当市场活动使软件品牌给决策人留下良好印象后，若决策人转岗、换工作，这个良好印象依然存在，他会把软件带到新场景中去，甚至可能产生意料之外的应用场景。市场活动的价值体现绝不仅限于短期成交。

其次，市场活动有价值的受众不只有潜在客户。更大的市场声量，往往意味着投资、人才、政策等全方位的资源优势。优秀人才、良性资本的关注能为企业开辟另一条速度更快、脱离原始积累的成长曲线。具备更好市场地位的企业，其经营管理成本和获客成本普遍更低。这是非常重要的战略优势。

最后，"精准"是无法定义的，所以"精准流量"是个相对词，不是个绝对词。一次采购决策往往由不同职能、不同部门、不同级别，甚至不同公司、不相关的人，在不同时间与品牌产生的交互交织而成，这些交互在潜移默化之中帮助客户形成结论，真实的决策过程往往是混沌的。所以，我们无法评估对哪类人群的影响是"准确的"，市场活动当然也就无法"精准"，也不应该纯以"精准"作为追求。

因此，我的观点很明确：以园丁的心态培养市场，以工程的心态运作销售，二者需要进行分割。流量就是流量，成交再看成交。市场和销售应泾渭分明地承担不同的企业责任。二者应紧密合作，但指标应分开，这样它们才能把各自的工作都做好。

在具备确定性的市场中，销售和市场应更紧密地合作，以对清晰无误的目标人群造成更加一致的影响。而在存在不确定性的市场中，两者应该考虑各自驱动，才能发挥出两个不同职能的全部能量。传统软件的市场可算作前者，而SaaS 的市场明显算作后者。等到 SaaS 能够进一步拉近触达与交易之间的距离时，销售和市场两个部门的职能会进一步重叠，可再考虑跨部门统一规划目标。

2. 采用内容营销

内容营销的流行，代表着从"推式营销"到"集客吸引"的范式变化，代表着客户不再依赖销售的"投喂"，而希望通过内容学习将更多主导权掌握在自己手中。所以，能够生产优质内容并让更多人看到、找到的厂商将会具备长远的市场优势。

在所有流量渠道之中，唯有内容可以贯穿时间和空间。在好的搜索引擎、分发机制的加持下，基于内容的流量能做到自然成长，长久受益，且门槛很低，人人皆可起步。

由内容吸引来的流量往往比关键字广告更精准，而且便宜得多。在当前ToB 软件行业的好内容仍显匮乏的阶段，这是新玩家在市场层面弯道超车的好机会。

内容营销是最佳的市场教育方法，同时是竞争性、垄断性较弱的营销方式，是可以让所有人共同参与、共同经营，让全行业共同受益的优质市场投入标的。内容营销唯一的问题是生效较慢，需要长期经营，持续投入，最终才能享受到超额回报。

在紧张的时间表中，内容营销由于其长效性，资源分配很容易被临时事务挤占。而对于有长远规划、对局面有一定掌控力的厂商而言，内容营销肯定会是市场部门的标配。

内容营销也有一些方法论：按照内容可以分为趣味型、教育型、实用型；

按阶段可分为认知阶段、兴趣阶段、售前阶段；按照载体可分为图文、视频、短视频、播客音频；按平台可分为社交平台、官方博客、知识平台。网上的相关内容不少，感兴趣的读者可以自行搜索，在此一一说明。

不过，从我的经验来看，框架太多可能反而不友好。对于内容产出而言，内容即便再短、再少，也只会有益无害。我们大可不必顾忌条条框框，先动手做起来，将自己的品牌传出去，让行业的知识建起来，之后再看如何建成体系。

7.4 SaaS 客户成功体系

随着企业软件行业关注度的不断抬升，如何将流量利用起来以尽可能促进留存和转化，就成了软件厂商进行客户运营的重心。

客户成功是产品的延伸，是产品和客户之间价值产生的介质。SaaS 和传统软件的差异，可以通过客户服务支持体系的模式差异得到体现。

对于大客户而言，SaaS 为客户提供服务的体系和传统模式几无二致：销售、售前、SDR、MDR（Marketing Development Representative，市场开发代表）、交付、售后，走的流程也是招标、邀标一类的。这是由大客户的招标流程决定的。只有当面向价值低、数量多的中小客群时，才真正需要客户成功发挥更明显的作用。

在这一节中，我们将提供一套相对简单、基础的 SaaS 客户成功体系，如图 7-3 所示。在这套体系中，我们将客户工作分为 3 个阶段，在不同阶段有针对性地提供特定类型的服务，以期达到成本和价值的均衡。每个阶段的服务均以转化为目的，推进客户向下一阶段行进。

在本节的设计中，客户的阶段不再按照售前、交付、售后这类传统模式划分，而是以客户的需求推进状态作为分界线。这样一来，对客户的支持不再围绕生硬的服务职能，不会出现从售前部门转交给交付部门、再转交给售后部门的断裂体验。厂商得以围绕客户设计不同阶段用户与产品之间的交互，以客户的需求阶段推进作为基础，设计完整、连贯的用户故事。我们可以通过一组类比更形象地理解二者之间的差异：传统的围绕职能的设计好比去医院的科室问诊，挂号、候诊、缴费、拍片的科室不在一个地方，病人需要来回跑；新的围绕客户的设计好比专家会诊，医生、护士围绕病人服务，能给病人带来最大的便利。

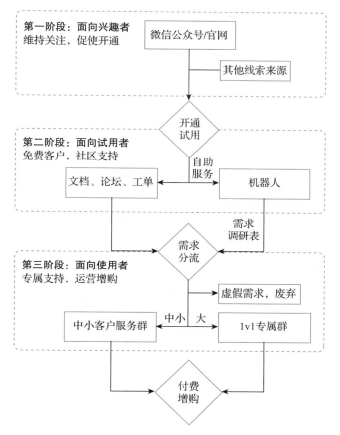

图 7-3　基础 SaaS 客户成功体系

　　由于行业中对客户成功的定义边界比较模糊，我们有必要先明确讨论范围。这一节语境中的"客户成功"包含 SaaS 团队传递产品价值给客户的所有过程，囊括售前咨询、交付支持、上手培训、工单支持、维保服务等贯穿全生命周期的交互。这个定义很宽泛，但我以此为题，也以此实践。

　　请大家注意，文中所介绍的这一模式存在它自己的限制，并不完全通用，更不是"万能药"，我仅希望提供一个框架来整理思路。对于不同行业、规模、特征的企业软件，厂商仍然需要自行摸索出最适合自己的服务方式。

7.4.1 第一阶段：面向兴趣者

市场部门每年都会有市场活动规划，绝大部分线上、线下活动的目标受众不会太精准。但如果执行得当，每次活动都能够吸引一些感兴趣的潜在客户。

在这一阶段，客户可能第一次听说这一类型的产品，刚刚得知存在这样的解决方案，此时的关键是建立良好的第一印象，在客户心智中种下"这款产品可能适合我"的观念，甚至无须对客户的具体需求进行回应。这一阶段的工作应包含下面 3 个子关注点。

- 认知定位：潜在客户会通过扫视寻找"关键字"，判定自己的需求与产品定位是否大体吻合。
- 了解品牌：潜在客户会看成功案例数量和质量、企业历史和资质，了解品牌是否可以稳定合作。
- 建立印象：潜在客户会通过网站或其他材料的品牌表现，判断自己是否真的需要这款产品。

在进行以上信息的接触后，客户可能希望进一步关注。此时一些厂商只为客户提供"留资"这一个转化动作，请客户填写咨询表格和联系方式。然而，留资是一个客户的重操作，给予了厂商反向联系的机会，客户只有在有真实需求或明确信任时才会留资。也就是说，产品潜在的宣传者、关注者、学习者、未来客户等人群，只因当下暂时没有付费意愿，都被拦在了与厂商进一步互动的门外。这意味着可能有超过 90% 的兴趣者厂商没有再主动触达。

市场活动价值的生命周期很长，一些活动在举办后数年内都会持续发光发热。若只将其用于短期付费转化，追求活动当下的留资数，则完全无法充分发挥市场活动的潜能。所以我们需要转换思路，应将市场活动视为品牌与潜在客户之间产生共鸣的机会，而非简单视为短期获取线索的方式。

基于社交网络理论，微博、微信公众号这类联系方式是单向轻社交，与微信、脉脉这种双向关系的重社交相比，天然就更鼓励交互。只要产生一次共鸣，产生了关注，那么单向信息流通渠道就能建立起来，后续即可反复对潜在客户群体进行触达。

在当下的市场环境中，面向软件的兴趣者们，厂商只要有不错的微信公众号运营，能够兜住各类营销活动吸引来的人群即可。这既给了未来客户一个保持关注、跟上节奏的机会，也给了厂商通过优秀内容促进转化、扩大影响的工具。

在这一阶段，北极星指标就只有一个——试用产品的客户数（特别是对于提供免费版或 30 天试用的软件）。所有市场活动都应以客户与产品真正开始接触收尾。

进入池子的客户，在经年累月内容营销的影响下，若产生使用需求，大多不会再考虑其他厂商。只要池子够大，自然就能养出鱼来。

7.4.2　第二阶段：面向试用者

第二阶段是承前启后的核心，是 SaaS 相比传统软件最为特殊的阶段，也是类似 PLG 模式的最关键部分。

更低的试用门槛是 SaaS 技术架构带来的业务优势。SaaS 不应在试用阶段制造过高门槛，最复杂也不过是收集需求、填写表格、人工审批，客户在沟通后即可试用。

越纯粹的 SaaS，其试用成本越接近零，就越能促使更多客户从第一阶段进入第二阶段，但大量未经筛查的客户涌入产品试用，势必就容易造成售前支持的途径阻塞。

传统 ToB 销售对客的跟进成本很高，所以跑通传统模式的前提是商机质量必须过硬，需求必须清晰明确，这样一来，使用重服务、重销售的模式跟进才有利可图。而 SaaS 降低试用门槛后，会带来数量庞大、参差不齐的客户线索。销售线索在公海中堆积，很容易导致消化不畅。

以传统角度来看，当客户已经开通试用时，相当于正在进行价值验证的 POC 阶段，必定已经走完了立项、明确了预算，处于正在选型的关键阶段，这应是明确的机会。而以 SaaS 的角度来看，客户很可能像在逛商场，只是完全出于兴趣，既然这家店的门开着，就顺便进来逛逛。没有店铺会因怀疑客户不消费而拒绝客人进门，因为即便当下无法成交，也不代表着未来没需求，更不代表这些客户不会将产品推荐给具备付费能力的真实客户。每一次客人进门，都是品牌进行宣传、为用户留下良好印象的机会。

为了降低庞大数量的试用者的服务成本，应该避免过多、过早地提供人力支持，尽可能使用公共、共享的设施，利用良好的产品设计和完善的文档引导这部分客户通过自服务完成产品能力的验证。

常见的自服务工具有两类。

第一类：论坛。常用于沉淀常见问题 FAQ，提供产品活跃度展示，提供非紧急、非重要问询的支持，是一剂能够提高客户满意度的良药。国外 SaaS 对此类论坛的社区运营比较重视，而这类论坛在中国仍相对少见。

当然，开放论坛面临着出现负面风评的风险，而对于 SaaS 而言，并没有更好的替代方案。一家企业是否有意愿开放论坛，可以作为判断它是否真的看重客户满意度的标准。如果企业只有大客户，每位客户都有专属服务，自然就无须论坛这类社区支持，但这样的产品大概率不具备 SaaS 的特征。

第二类：服务机器人。90% 以上客户咨询的问题可通过查阅文档、试用产品完成（前提是文档和产品质量过硬），但在国内甲方强势的背景下，很多潜在客户习惯于 1v1 问询的迅捷、省事、无误。在此习惯下，为降低人力成本，可让机器人挡在前面进行商机筛选和分发。市面上常见的官网问答机器人、IM 机器人都属此类。

服务机器人的服务无论如何累积、优化，都达不到人力支持的灵活性，但在第二阶段，我们必须控制不可复制、难以优化的人力投入。服务机器人是一个很好的折中思路。

这一阶段的整体目标是让 80% 的试用者无须通过人工服务即可达成他们的目的（这一百分比当然取决于产品类型）。无论是逛逛就走、满足好奇心，还是满足需求、进入后续的付费步骤，试用者都应能自己通过探索来快速完成。

由于线索难辨真伪，厂商一般不会在第二阶段大规模投入销售、售前和运营人员。若客户希望获取人工支持，则必须先证明需求真实有效。我建议请客户填写一个简易的需求收集表，即前述 24 类营销材料中的一种，2 分钟即可填写完成。根据收集内容的翔实程度，我们基本可以确定客户所处的需求状态，再看是否应提供更深入的服务。

当客户自证需求真实，经过人工检验，则进入第三阶段。若客户付费，也可默认是有效需求，自动进入第三阶段。

在第二阶段，我们需要对一类客户格外注意。这类客户希望在试用产品前先开会介绍产品、交流需求、梳理流程，或者需要销售、售前人员亲自前去拜访。这可能意味着来者并非 SaaS 的目标客户。对于大企业而言，由于复杂的业务属性和各类非功能性要求，不可能靠产品和文档就能自驱使用，还是需要售前人员强力介入，这本身没问题，无论 SaaS 还是传统软件，都躲不开服务大客户的模式。但若客户完全没有自服务能力，没有文档学习的兴趣或习惯，那么后续的所有工作就都需要厂商承担。这类客户可能对产品提出花样百出的散乱需求（以及对产品边界缺乏尊重），不仅意味着项目的利润微薄，更意味着很可能根本无法通过 SaaS 模式进行交付。出于发展所需，我们可能无法绕开这类客户，但我们需要更谨慎地对其进行评估。

这种对客户的筛选方式略显武断，但有其道理，背后是不同客群对产品的预期和行为的差异。想要走通以产品（而非服务）为核心的 SaaS 模式，对目标客户画像一定要有清晰的边界，绝不是对于所有客户都需要全力服务。每一次承接非标准需求都是对产品核心的一次偏离。在追求短期收入的过程中，厂商在不知不觉之间就会丧失以产品为核心的经营能力。

我很想呼吁从业者"不为五斗米折腰"，不要为来自个别客户的短期收益而偏离标准化的主线，但想到行业经营太多不易，绝不是光凭完美理念就可生存，我只能进行善意的提醒，请各位在充分认识路线成本后，寻找各自生存和发展的平衡点，在此无法一概而论。

7.4.3　第三阶段：面向使用者

进入第三阶段的客户群体，90% 以上应是存在当期需求的真实客户，也就是传统意义上的商机或已付费客户。

传统软件会在客户付款前后加一条分界岭，将付费和免费客户区分开来。在售后阶段，厂商依赖于用维保费用去覆盖售后服务、补丁升级、版本更新等工作。但这一费用较少，无法吸引厂商持续关注，因此，传统厂商的售后和售前的服务质量很容易就会有较大差别。

在本节的设计中，阶段不按照客户付费情况区分，而完全按照需求发展的阶段划分。所有存在真实需求的客户，无论付费与否，都会进入第三阶段，且停留在这一最终的阶段，无论客户是处于售前、交付还是长期售后的阶段，都可以得到同等的、高质量的服务支持。

从 SaaS 的角度看，本就不分售前、售后，只要客户在使用，就会不断有支持的需要。无论免费版、试用版还是付费版、企业版，只要在承诺的范围内，就应能持续获得满意的服务。由于不再区分售前和售后，客户将因此一直获得媲美于售前的服务质量。

SaaS 应避免"看人下菜碟"的陷阱。因为 SaaS 的收入增长核心来自增购和推荐，某一客户短期贡献的收入低不代表未来不会大幅增加，所以不能也不应该因此调整服务等级。SaaS 应计算客户的 LTV（Life Time Value，全生命周期客户价值），但应只将这一指标应用于评估成本和潜力，而不应该用于客户服务级别的划分。

对于数量占大多数的中小客户，可以考虑在同一个群里集中提供人工服务。人工服务可以使用三方的客服系统或工单系统，做到服务有迹可循、可统计、可分析、可优化。而对于专属的大客户，无论出于内容保密性，还是出于业务复杂度的专业支持需要，仍要提供 1v1 的专属服务，这一点全球皆然。

在这个阶段的所有服务都以帮助客户更好地发挥产品的全部潜力为目标。续费率、活跃度、增购率等，都可算作衡量这一目标的过程参数。当然，所有指标都只是对成果的辅助衡量，客户成功最直接的体现应是一个活跃、积极的客户社群以及高满意度。从这一角度来看，判断服务是否优秀甚至无须计算，只需深入社区感受氛围即可。

基于这样一套客户成功体系，我们可以将手向前伸，从更大的兴趣池中培养自己的潜在客户群体；同时将人力服务向后收缩，用良好的工具为客户赋能，助其自行完成目标，并只为需求真实有效的客户提供匹配其预期的服务。

在这一模型中，阶段的划分依据是需求状态，而非商务状态。和传统的管道/漏斗转化阶段划分对比，这套划分机制简单有效，围绕客户需求构建流程，在给客户焕然一新体验的同时，能尽可能控制人力支持的成本。不过，这一模式也有其限制（例如对 SaaS 模式的依赖），在实践过程中肯定会遇到有部分客户对新流程不适应。本节只提供了一种方法，大家仍需灵活调整，把客户成功体系建立在对自己客群的深入了解之上。

7.4.4 小结

资源稀缺（scarcity）是商学中最基本的概念之一。任何事情都是在理想的丰盈和现实的稀缺中平衡。所有从业者都希望为每一位客户提供最优质的服务、最难忘的体验，但我们要先算几笔账。

先从客户角度算账。客户愿意为对应的服务付出多少，预期如何？产品和服务到底能为客户带来多少价值，价值感知是否充分？

再从自身角度算账。从长远角度来看，为公司带来的收益能否覆盖支出？这里也要考虑到标杆效应、产品打磨、PR 关系、挤占竞对等客户项目带来的一系列隐性价值。

最后从行业角度算账。我们的这份付出到底给行业带来了积极还是消极的变化？行业是否会因此受损？会不会反而把路越走越窄了？

在精妙的平衡中成单，用特定的服务方式让具备共性的某类客户感到物超所值，这就是 SaaS 客户成功的艺术。

7.5　SaaS 目标客户的特征

对于 SaaS 厂商而言，日常接收到的需求庞杂，并非所有需求方均为 SaaS 的目标客户。我们需要有一套标准来衡量客户对 SaaS 的接受度，判断客户是否具备采用 SaaS 的基础，以免分不清谁是目标客户，付出与回报不成比例。

为了适配市场中明显存在的不同客群的需求，部分企业软件会同时提供 SaaS 和传统部署两种方式。SaaS 的客户与传统软件客户之间虽然个性迥异，但仍有一部分客群重叠。为了满足厂商对更长久的专业化发展的期盼，厂商可以主动对重叠部分的客户进行引导，以劝说更多客户采用 SaaS 模式。其中，有部分客户是可以被劝说的，有的客户甚至一点即通。我们需要一套能帮助我们理解与衡量客户对 SaaS 接受度的框架，以尽可能把握到客户的模式偏好，避免白费功夫。

为了达成以上目标，我们需要拆解出 SaaS 接受度背后更客观、更底层的影响因素，基于这些因素判断不同客户接受 SaaS 的可能性，并以此为参考，有针对性地进行推销。

在 5.2 节中，我们从软件市场的视角完整分析了甲乙两方对待 SaaS 的推力和阻力。而在这一节中，我们将站在微观的企业视角，介绍一种评估企业 SaaS 接受度的框架。这两节的内容有部分重叠，但侧重各异：前者侧重于分析市场中的发展动量，主题更大；后者侧重于评估企业内的影响因素，因而更有实践意义。

本节的核心内容来自一篇 2015 年基于中国 SaaS 市场的调研论文：Understanding SaaS adoption from the perspective of organizational users: A tripod readiness model（《理解企业用户视角的 SaaS 采用条件：三元要素模型》）。该论文对企业 SaaS 接受度的 8 个影响因素进行了定量分析。尽管论文作于 2015 年，行业在那之后已有了不少变化，但宗旨并未改变。我们将这一框架用于理解今天客户对 SaaS 的接受度，仍很合适。

表 7-1 将 8 个对 SaaS 接受度产生影响的因素归结为 3 类，分别为：代表需求侧的组织准备度、代表供给产品侧的技术准备度、代表市场三方的环境准备度。（注意表格中均为"假设"，后面我们会提供这些假设经验证后的有效性。）

表 7-1　SaaS 接受度

大　类	小　类	假　　设
组织准备度	IT 基础设施	更完备的 IT 基础设施可能意味着企业可以拥有更好的硬件、软件、网络支持，以及更好的服务、人工支撑体系，因而会更愿意接受 SaaS 模式
	顶层管理支持	对企业来说，选择采用 SaaS 还是传统模式是一个关键战略决策，若具有顶层管理支持，选择 SaaS 的可能性应大幅升高 对于中小企业可能尤其如此，因为顶层管理人员一人可能就掌控了采购决策的权力
技术准备度	相对优势	在功能性要求、非功能性要求与价格这些常规因素上，如果 SaaS 相比于传统模式具备优势，则这一优势理应驱动企业偏向采用 SaaS
	易用性	在易用性上，如果 SaaS 具备优势，则理应驱动企业偏向 SaaS
	兼容性	如果 SaaS 的破坏性过高，带来的系统兼容风险和兼容成本也会过高，则理应妨碍企业对 SaaS 的采用 如果新产品、新技术对旧系统具备良好的兼容性，则企业理应更愿意采用新产品、新技术
	可体验性	对于新兴事物而言，如果 SaaS 可以发挥即开即用的优势，能够快速、随时地让潜在客户试用产品，则这一可体验性理应让企业更好地认识并接受 SaaS
环境准备度	竞争压力	如果竞争对手们都开始拥抱云服务、采用 SaaS，这理应促使企业更多地考虑 SaaS 环境因素的特殊性在于不可逆性和网络效应。当更多社会节点在使用 SaaS 时，这造成的社会影响显然会更大，且不可逆转
	伙伴压力	如果合作伙伴和上下游正在使用 SaaS，则理应促使企业更多地考虑 SaaS

在该论文中，作者们通过不同的科学方法对这些因素进行了定量分析，并分析了这 8 个小类与 3 个大类的关联性，以及每个大类最终与 SaaS 接受度之间的关联性，如图 7-4 所示。

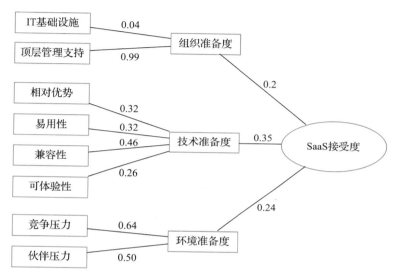

图 7-4　SaaS 接受度与影响因素的关系

在图 7-4 中，每条线上的数字代表着相关性：数字越接近 1，相关性则越高；数据越接近 0，就相关性越低。于是我们能得到如下观察。

首先，在 3 个大类中，技术准备度对 SaaS 接受度的关联性最高（0.35），也即意味着更成熟的技术方案很可能会提高企业对 SaaS 的接受度。相对优势、易用性、兼容性、可体验性这 4 类产品因素与企业对 SaaS 的接受度均具备一定的关联性，不可忽视。更为关键的是，这些因素均为厂商可以单方面不断打磨、不断提高、不断积累的，总有一天会具备远超传统模式的优势。这为厂商指明了未来努力的方向，也为 SaaS 行业的发展提供了精神依托。

其次，企业对 SaaS 的态度几乎与其现有 IT 基础设施没有关系（0.04），而与管理层的意愿有着决定性的关系（0.99）。这是一个关键的市场声明：高层管理者对 SaaS 的倾向和支持是企业采用 SaaS 近乎必要（但不一定充分）的条件。对管理层的市场教育将会是 SaaS 市场拓展的决定性因素。

有时，我们会误认为采用 IaaS 上云的政企客户也会倾向于使用 SaaS，因为两者同属于"云"的范畴。IaaS 的目标是优化企业的技术架构成本，但 SaaS 聚焦于企业业务增效，二者对于企业而言并不是一回事。经过过去 5 年的市场宣传，政企对 IaaS 的接受度已相对饱和，但对 SaaS 的接受度仍然较低。

最后，每个大类中均有一个因素与 SaaS 接受度的关联性明显更高，也就是说有 3 个因素的权重明显高于其他，分别为：顶层管理支持、兼容性和竞争压力。与此相对应，厂商若希望企业购买 SaaS 服务而非传统软件，对顶层管理者的游说、对迁移成本和兼容性的可信论证、利用同行业标杆案例的压力施加，可能是最为有效的方式方法。

通过这一框架，我们可以粗略地为某家企业的 SaaS 接受度估算分数。若分数太低，则可认为它短期不具备采用 SaaS 的可能性，可以着重推选传统模式的产品。若分数较高，则应着重向其介绍 SaaS 模式的领先性。对于某个客户行业，我们也可据此建立一个理解的框架，并在 SaaS 和传统模式这两个选项中选择更适合该行业的拓展策略。若我们希望引领行业朝向 SaaS 进一步发展，也可发挥市场的能量，有据可依地对最关键的影响要素进行引导。

无论我们是希望主动地制定行业销售策略，还是被动地检查商机的可行性，均可从本节提供的因素着手，将 SaaS 与传统软件的客户区分开来，分别提供配套服务。

7.6　本章小结

营销是一门充满了无限细节的实践学科，每一点客户的差别、市场的波动都可能对营销模型产生影响。营销过程中信息密度极高，又充斥着感性的灵活，不同市场所关注的需求、所采用的方法存在极其丰富的多元性，本来就无法采用统一框架去判断，只能依靠我们迈开双腿，逐渐增长行业阅历，以完善对不同风俗、偏好的理解和认识。

但即便如此多元多变，对于企业经营而言，我们仍应该追求更低的边际成本与更高的转化效率，并尽可能在营销过程中进行最佳实践的归纳和总结。只有将边际成本降下来，企业软件市场才能具备更高的活性。

"风轮转地轮，地轮转火轮。"对软件经营的每个环节都不能独立看待，对营销亦是如此。若产品质量堪忧、竞争力有限、功能匮乏，在营销上花费的所有投入只会付之东流。想要提高营销的效率，本章中提到的方法只能算作"术"的范畴，而更优秀的产品、更广阔的市场、更积极的企业文化、更开阔的管理视野，才算有"道"的高度。所有厂商都知道后面这些因素非常重要，但却很难做出切实有效的改变。

本章提供一些营销方法和趋势分析，但仅涉及这一庞大体系的些微方面。没有人能够对完整的市场面貌进行概括，我们要么选择聚焦于宏观而失掉细节，要么选择聚焦于部分实践而接受体系的不完整。这一章并未求全（我也不认为求全对读者们真的有益），而希望能为大家带来一些营销策略上的体系化思考。

7.7　扩展阅读

《传播学概论》　威尔伯·施拉姆、威廉·波特

传播是一个谜一样的过程，我们通过共通的言语符号，在不同人的脑海中构建印象、勾勒形状。所有人际影响全部来自特定信息的编码和传播。本书是一部系统而基础的传播学教材，是所有行业营销工作的基石。通过阅读本书，我们不仅可以掌握传播学中的功能、符号、途径、媒介等基础概念，还能领会社会控制、隐性影响、产品品牌、宗教传播得以扩散的原因。

《销售转型：让战略直达销售》　弗兰克·V.塞斯佩德斯

这是一本很优秀的销售管理图书。每一类销售的组织方法都有其优势和局限，在大的企业战略调整下，销售方向转型几乎是不可避免的。本书以此为题，结合一系列案例，从头至尾地分析了这一转型过程应该具备的流程和资源，并对很多常见但让人迷惑的现象进行了总结和解释。建议所有创业者、销售管理者精读此书。

《销售加速公式：如何实现从 0 到 1 亿美元的火箭式增长》　马克·罗伯格

马克·罗伯格是著名 CRM SaaS 公司 HubSpot 的首席收入官，他毕业于麻省理工学院，选择了销售管理软件作为创业方向。在这一过程中，HubSpot 将一贯玄虚缥缈的销售管理过程利用工程思维重新构建，使销售可衡量、可依赖、可复制地进行扩张。本书分享了 HubSpot 的实践，从销售招聘、线索筛选、销售流程等多方面进行了工程化梳理和总结。对于有技术背景的创业者而言，销售管理必定是老大难问题，本书为此类人群提供了参考答案。

Sell More Faster Amos Schwartzfarb

与《销售加速公式：如何实现从 0 到 1 亿美元的火箭式增长》类似，这也是一本充满了实操经验的销售图书。本书中，作者以创业初始时期找寻目标客户画像为出发点，一直讲到销售可复制、规模化的增长。给我留下最深印象的是要在销售扩张过程中保持耐心和稳重，若上一步没做好，下一步就必然会走偏。遗憾的是本书只有英文原版，尚未有中文翻译版本，不过好在文字较为口语化，风格平易近人，英语较好的朋友阅读起来应不会有太大困难。

《客服圣经》 保罗·蒂姆

SaaS 是体验经济。在 SaaS 的客户成功职能中，服务与营销几乎已不再存在边界，合二为一。一直以来不受重视的售后客服，也有机会因此进阶为客户成功经理，进入企业经营的核心范畴。客户服务本来就具有完整的知识体系，对于 SaaS 的客户经营而言，具备很高的参考价值。

《龙卷风暴》 杰弗里·摩尔

近 5 年以来，杰弗里·摩尔的《跨越鸿沟》火遍整个科技圈，却少有人知道他的续作《龙卷风暴》。《龙卷风暴》进一步把跨越鸿沟之后划分了几个阶段：保龄球道（Bowling Alley）、风暴（Tornado）、主街（Main Street）。再次看到这些类似的概念，确实没有多年前初见"鸿沟"时的惊艳，但并未降低其实用性。一些管理学论文和咨询公司能够以此为基础，总结不同阶段的组织实践、人力管理实践、市场探索实践等配套工作，统一提供分析方案给企业客户。作为一个思考框架，本书有很高的阅读价值。

《文化战略：以创新的意识形态构建独特的文化品牌》 道格拉斯·霍尔特、道格拉斯·卡

功能性更迭只具备连续性创新的意义，只有文化更迭、新旧潮流交替、大众心理周期变化，才能形成足够强的社会撕裂，为新文化的代表者提供破坏性创新的机会。中国市场近 30 年一直处于消费文化快速叠加的变革之中，市场的波动和变化为文化战略提供了绝佳的实验土壤。企业软件行业也是如此，从新客群、新需求，到新模式、新团队、新做法，新文化已经完成了自己的闭环，例如非常突出的极客文化。

第 8 章

向上攀登：长久发展之道

我们如何才能让公司自我约束？如果改变公司结构，我们是否能期盼一个更健全、更可靠的市场呢？有没有可能对公司进行设计呢？

——罗伯特·格鲁丁《设计与真理》

具有精神境界文化的组织意识到，既有思想又有灵魂的人，会寻求工作中的意义和目标，希望与他人建立联系，并成为整个社会的一员。

——斯蒂芬·罗宾斯／蒂莫西·贾奇《组织行为学》

这一章是本篇的核心内容。

软件厂商在市场中立稳脚跟后，需要立刻开始思考自己的长远定位和独特价值，以期尽早明确自己的竞争壁垒。在新技术、新工具层出不穷的今天，后发者解决问题的效率几乎永远更高，缺乏壁垒则意味着厂商的生存价值随时可能被新晋厂商代替。

在软件经营的千般百种细节之中，我找出了 4 类较为通用、可长期积累的经营壁垒，参见表 8-1。

表 8-1　4 类企业软件壁垒

壁　垒	描　述
产品矩阵	意味着更低的平均获客成本 向同一客户交叉售卖多个产品，可以大幅摊平高昂的交易成本
交付效率	意味着更低的交付成本 通过交付效率的逐节优化，可以有效提高人力资源使用率，提高人效
行业知识	意味着更高的行业进入门槛 很多细分行业需要多年实操经验，才能实现领域内解决方案的关键环节，进而提供贴合行业需要的服务
营销渠道	意味着更广泛的客群、更优质的收入 通过特定关系和圈层渠道，可以更轻松地接触到更多优质商机，且渠道经常具备排他性

其他软件竞争力包括网络效应、算法模型、服务模式等，均属于辅助位置，或缺乏通用性，不作为本章重点。另外，软件功能的门槛不高，即便具备先发优势，也无法作为长效竞争力对待，只能算作经营底色。

接下来，我们将围绕企业软件"长久发展"这一主题，从产品、技术、交付、渠道和国际等维度分享企业软件进一步巩固发展的可行方向。

8.1　多产品线的发展

中国市场中单一产品线的收益受到"市场规模"天花板（参考第 6 章）和"市占率"天花板的双重限制。当达到 5000 万元年收入规模时，单产品的收入增长可能会大幅放缓。为了持续增长，厂商普遍会选择横向扩充新的产品线作为第二、第三增长曲线，组成产品矩阵，联合售卖。

然而，多产品线带来了更为复杂的管理问题。这一选择不能说是理想选择，只能算作厂商在收入压力下的无奈之举。

8.1.1　多产品线的转折点

向多产品线的转折是全球所有软件厂商面临的公共选项，哪怕是谷歌公司、苹果公司，在达到一定规模后，也必须依赖于多产品线才能继续保持增长。

国内外软件厂商的差别在于这一转折点所在位置的高低。由于市场结构存在通用性，我们能够预判单产品市场开始饱和的契机，并提前一定时间来准备多产品线的架构转向。

多产品线能为我们带来的主要价值有三。

- 收入增长。对增长的追求无论来自内外压力，还是来自自我成长、自我实现的诉求，收入增长毋庸置疑都是采取多产品策略的核心初衷。
- 稀释获客成本。企业软件与客户建立关系的成本很高，只有高客单价客户才能覆盖高销售成本。多产品线可以在同一个销售关系上产生更多收益，有可能借此实现增长的规模效应。
- 对抗风险。单一产品、单一行业毕竟存在着各种预期之外的波动，一个新型对手、一个行业条款、一次意外的安全事故，都可能导致企业多年的经营功亏一篑。多产品线带来的多元化经营可以有效对抗单项风险。

当然，具体某个产品的发展策略肯定要结合团队的基因、创始人对企业的定位、所处市场的特征等维度综合决断得出。在此我们不谈个例，只对趋势进行分析。

ProfitWell[○]提供了一篇基于 1200 家 SaaS 公司的调研分析，其结论是：与多产品相比，单产品达到 1 亿美元 ARR（Annual Recurring Revenue，年订阅收入）的难度更高、周期更长，但在 1000 万美元 ARR 之前，单产品反而具备增长的效率优势。

在图 8-1 中，ProfitWell 对比了 1～100 美元、101～500 美元、501～1000 美元、1000 美元以上 4 个 ARPU（Average Revenue Per User，客户平均收入）档位中单产品和多产品线企业达到 1000 万美元 ARR 的速率分布。可以明确看到，在所有 ARPU 档位内，单产品线均具备更高的增长速率。

基于同样的对比方式，在达到 1 亿美元 ARR 规模时，结论却截然相反。如图 8-2 所示，在达到 1 亿美元 ARR 前，多产品线企业的平均增长速率在所有维度均反超，处于领先位置。

这一现象很好理解：在早期，更专注地投入于一个特定产品，可以获得聚焦带来的市场突破；在中后期，单一产品的收入已经到了一定规模，市场更接近饱和状态，维持同样速率的增长就变得越发困难，多产品的路线就具备了更大优势。

○　美国一家为 SaaS 提供订阅服务管理工具的厂商，拥有大量一手 SaaS 数据，官网地址为 https://www.profitwell.com/recur/all/singular-vs-multi-product-growth-benchmarks。

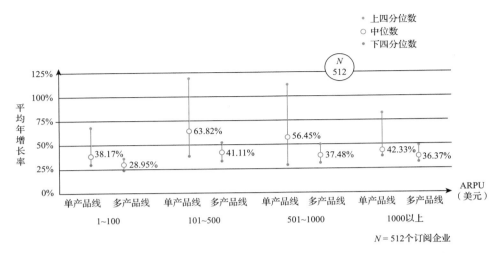

图 8-1　单产品线和多产品线企业在 100 万～1000 万美元 ARR 的平均年增长
　　　　率（按 ARPU 划分）

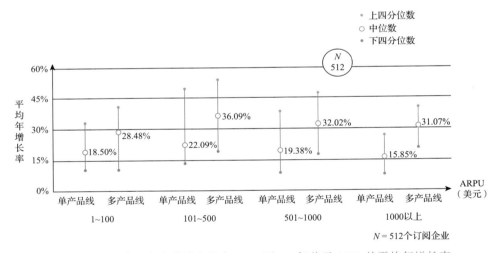

图 8-2　单产品线和多产品线企业在 1000 万～1 亿美元 ARR 的平均年增长率
　　　　（按 ARPU 划分）

　　在国内企业软件市场中也存在非常相近的现象，只是在绝对规模上差异
较大。

　　由于国内外企业软件市场的规模差异（参考第 2 章），我们可以将上述结论
粗略对应转化为 500 万元（人民币，下同）ARR 和 5000 万元 ARR 两个界限。

也就是说，国内企业软件厂商在规模达到 500 万元 ARR 之前，单产品线具备优势；在 500 万～5000 万元 ARR 之间，多产品线占据优势。

这一数字与我的经验基本相符。我观察到，中国的企业软件厂商在大约年收入 5000 万元时（注意，这里的收入包含专家服务等非 ARR 收入）会遇到收入进一步增长的门槛。这一门槛可以通过更深的大行业关系（纵向朝更大客单价迈进）、更丰富的产品线（横向朝多商品迈进）等方式绕过或提高。在这两个路线中，由于前者更加缥缈，后者更易落实，所以很多厂商为了保持增长，会优先选择扩充新的产品线。这也就意味着，扩充产品线的行为可能存在一定的盲目性，并非完全是由目标市场传递出的需要所驱动的，而可能掺杂了厂商为了寻找增长而不得不进行的尝试。

即便对于单产品而言，5000 万元这一收入规模也实在难以称为终点，500 万元（约 75 万美元）就更谈不上规模，只能算作刚刚完成市场验证。在产品尚未发挥出其全部力量之时，厂商就不得不拓展新的产品线，将精力分散到多个产品上，这会导致产品只做"半截"，质量有虎头蛇尾之嫌，很难说是符合厂商理想预期的。

在此之外，除了绝对规模，中国市场中还存在市占率天花板这一问题，而这可能将 5000 万元这一数字进一步减小。

8.1.2　市占率天花板

市占率指软件厂商能够达到的总体市场份额比重，其背后是市场的连续性和交易成本的高低。

连续性高、交易成本低，意味着更接近统一大市场，客户可以自由选择最适宜的产品，优秀的头部产品市占率就可能更高。连续性低、需求多样、交易成本高，意味着市场较为割裂，产品市占率上限就会较低。

中美软件产品市占率比大约为 1∶3，即某一领域的头部软件厂商在美国能做到 30% 市占率，同一行业在中国就只做到 10% 左右。（对于这一数字，市面上也没有可以直接对比的数据口径，我只能给出一个经验评估数据当作参考，但两者差异是明显存在的。）

在企业软件行业，为了赢得客户的信赖，售前流程、市场品牌传递的投入必不可少；而为了真正解决客户问题，产品多版本、PaaS（Platform as a Service，平台即服务，基于云的平台提供方式）和交付都不可或缺。这些会让快速、通用的获客模式慢下来，变为愚公移山式、一砖一瓦的投入和收获。企业软件也因此从高风险创业的轨道上变得更加踏实。规模经济无法在割裂的市场、较重的交付中发展。缺少规模效应，在小范围内无法产生利润的产品，扩大范围只能亏得更惨。软件经营成本的大头在于人力，包括售前交付成本、产研经营成本等，这些均无法通过更大市场、更多客户而摊平，反而可能因为受众多样性带来的复杂度，造成内部人员和流程难以统一，导致管理成本急剧上升。这是市占率天花板的形成逻辑，如图 8-3 所示。

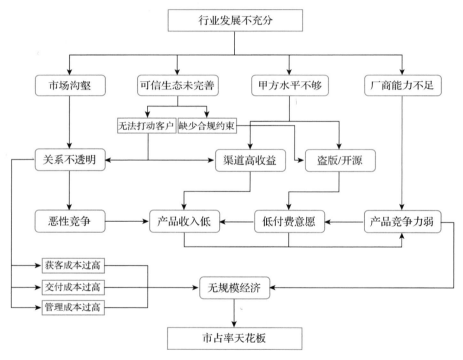

图 8-3　市占率天花板的形成逻辑

图 8-3 中绝大部分概念已在前文有所涉及（主要在第 3 章、第 4 章），在此不过多描述，从业者应都对这一逻辑感同身受。我在这里以市占率天花板为由，将这些因素串起来，帮助大家理解思路。由此，应可以合理推测：中国企业软件的平均市占率应较美国更低。

在我熟悉的软件领域，国内 200 人的软件厂商，每年大概能实现 3000～5000 万元营收，且大部分收入是一次性的项目交付，每年收入能保持增长 30%（3 年翻一倍）已属乘势而为。与美国同一领域的头部企业对标，美国 200 人的团队甚至能做到 1 亿美元的年收入，大部分收入是可持续的 ARR，且仍能保持每年 60% 以上的增长预期。这样对比下来，两边收入相差十几倍，增长速度差一两倍，收入质量差别难以估量，市占率又可能存在两三倍的差距。整体算下来，即便考虑到成本差异，在这一行业中，若说当前中国的软件市场潜力和美国相比为 1∶10，总体投资回报率亦是 1∶10，应不算太过夸张。当然，低起点大概率意味着高潜力。本书的目标也是帮助大家理解这一差异背后的缘由，从而能有方向、有目标地努力。

在这样的背景下，为了冲破天花板的封锁，取得增长，多产品线成为软件厂商共同选择的"金杯"。多产品线策略的重要性，应在很早的阶段就得到从业者的重视。

8.1.3　多产品线架构

由于单产品赛程较短，在第一款产品刚刚验证增长潜力后，厂商就可以开始着手进行多产品线的准备。早期团队文化和技术架构尚未定型，此时开始考虑多产品线规划，能够使企业对多产品线的适应性达到最佳。如果多产品组织是持续发展的必经路线的话，对这一形态的适应性，能够为厂商长远发展带来显著的灵活性和效率优势。当然，如果预计首款产品的潜力很高，可以走得很远，那么无须过早引入多产品的复杂性。

在快速发展、快速变化的市场中，创意的价值不断抬高，企业最大的成本是机会浪费，FOMO（Fear of Missing Out，害怕错过）的心态普遍存在。在这一背景下，采用广撒网、快试错的方式尽可能多地发掘新的增长点，是最佳策略。

而在发展稳定、周期长的市场中，机会不会太过集中，不存在一步踏错就会被新人顶替以致万劫不复的情况，最大成本是方向错误、周期错误，企业会因此一步一个脚印地向着更长存活周期和更高经营效率的方向发展。在这一环境中，对待新机会应该更加谨慎，在守稳基本盘的同时，对为数不多的新产品给予更多的资源和更大的耐心。

企业软件行业明显具备后者的市场特征。在多产品发展策略中，也应该有稳重、耐心等精神要素。

我们将从企业的组织模式和产品的技术架构两个方面，分析多产品线带来的复杂性，并提供应对建议。在多元的环境中，我的建议不一定能够有效落地，但这一思维方式应值得参考。

1. 组织模式

组织模式决定了组织的业务焦点、资源分配方式和团队协同交流的模式。恰当的组织模式是新产品推进的环境基础。

在推行新产品试验时，大概率既有的拳头产品已经验证了 PMF，并处于市场发展的加速期。处于诞生期的新产品，需要一个灵活、独立、热情的探索小队，秉持草根创业精神，完成对新品 PMF 的摸索；而与此同时，既有产品需要将已经验证好的模式放大，着重提升标准化、流程化带来的效率。这两个方向从组织文化上就是矛盾的，若挤在一个团队内，势必冲突不断。

在各种市场压力下，如果缺乏明确的组织支持，新产品由于收入低、回报不清晰、风险高等早期发展阶段的特征，其重要性、优先级将永远排在后面，得不到有效发展。

如果不为多产品线准备新的组织模式，那么多产品策略几乎注定会失败，过去的组织模式为旧产品带来的助力，就将是推进新产品的阻力。多产品策略本就存在风险，若不能通过组织调整获取到名正言顺的发展土壤，多产品间"左右互搏"的消耗将使我们错失良机。多产品线组织模式变化的阶段如图 8-4 所示。

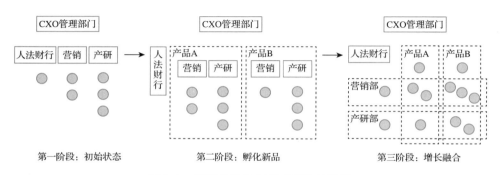

图 8-4 多产品线组织模式变化的阶段

在进行多产品线规划前（只有一款产品时），处于创业状态的团队一贯秉持着最低管理成本的经营方式。核心团队的管理损耗很低，业务效率较高，各部门普遍由核心团队直接带领，向同一款产品、同一块市场冲刺，即图 8-4 中第一阶段。

在进行新产品孵化前，需要先对新产品定性：依附售卖还是独立售卖。不是所有产品都有较高的复杂度和独立性，围绕拳头产品的小型产品，如果经营得当，也能发挥出重要的作用。这些小型产品可能并不需要具备太高的独立性，相对应的孵化过程会简单很多。

假设我们要孵化的新品是一款独立的复杂产品。为了处理新产品在不确定市场中的复杂性和未知性，最好的方式是单独组队、大胆放权，由对新方向感兴趣的人组成小队，尽可能发挥出小团队决策的信息优势、行动的速度优势、变向的灵活优势，即图 8-4 中第二阶段。

在市场一片混沌不明的阶段，我们需要的是侦查小队，而非步兵方阵。在此时，按照产品线进行团队划分，允许新产品线在其团队内部完成产、研、销的小闭环，挑选可信人才带队，能够最快地完成对市场的基本验证。对于扩充新产品线而言，时间往往就是生命，没人有无穷的耐心等待新产品缓慢孵化，效率太低几可等同于缴械投降。

按产品划分组织可以在信息密度较高、方向多元且不断变化的市场环境中获得最大的灵活性，且允许所有相关资源和人才围绕统一的产品目标努力，允许人才更充分地发挥才能。按功能划分组织可以保障职能资源的最大化利用，尽可能充分地发挥出专业化分工的效率优势，体现规模经济效应，为企业提供很好的集中管理能力。

任何有效的探索创新，都需要借用"按产品划分组织"的模式；任何有效的发展扩张，都或多或少采用"按功能划分组织"的模式。在对新方向完成了探索后，进入规模化复制的阶段时，更充分地与大团队进行职能整合，能够快速抬高各方面的能力水平，并将大团队资源引入新产品中，即图 8-4 中第三阶段。

在这一阶段，产品线和职能线往往互相交叠，形成 M 型组织（参考第 5 章）或混合型组织，以结合不同模式，在复杂多元的环境中同时体现出小团队灵活性和充沛资源的优势，取得最好的成果。

上述这 3 个阶段的演变，虽不能说是多产品线扩展的必经之路，但至少是较为通用的路线。管理者可以参照上述逻辑，寻找适合自己的扩展曲线，自由调整。

一个多产品线的组织，不应停留于"按功能""按产品"划分的阶段，还应知道随着新产品类型的增加和市场环境要求的变化，组织模式会永远处于不断演进的过程中，并无终点。因此，团队最好能够具备迎接变化、随时调整的心态，而不拘泥于某一个固定范式。这种灵活的精神在发展早期才能顺利培养出来，到了后期再调整就会比较困难。这进一步强调了多产品线策略宜早不宜迟的特点。

为了适应不断升级、不断演化的发展策略，厂商需要在每一个相对稳定的阶段，在创新和效率之间、灵活性和复杂性之间、风险和收益之间取得最佳平衡。为了提供新产品萌生、多产品发展的土壤，组织模式必定是持续调整的一大重点。

2. 技术架构

一套完整的软件技术架构是复杂的，往往要经过 3~5 年的沉淀和锤炼才能稳固。

在向多产品线迈进的路途中，如果推出新产品需要将完整架构重造一遍，这高昂的成本任何团队都无法承担。在新产品搭建的过程中，其推进将不断受到与其他产品方向冲突带来的掣肘，若无法很好地利用现有资源，几乎注定会失败。一定程度上，新产品研发路径的长短、是否能尽可能利用过去的积累以降低新品的研发成本，决定了新产品能够多快面市、多快试错、多快见效。

在这一过程中，多产品带来的技术管理问题也将越发显著。不同产品若缺乏统一规范，在不得不耗费大量资源进行重复性建设的同时，也会为产品管理和技术管理带来巨大隐患。在一些场景中，新产品的技术栈和主要编程语言甚至与其他产品均不相同，这意味着人力资源将无法跨产品流动，极大增加人力管理成本。

一定程度的技术共享是多产品架构所必需的。企业软件成本中占比最大的是两部分：研发和营销。若能够在一定程度上复用过去的技术积累，或能与其他产品线均摊共用组件的开发成本，将有效加快新产品的研发推进效率，且大大增强未来公司内跨产品的管理能力，但这意味着必须率先进行多产品线共享模块的技术规划。想清楚再做。

如果以多产品线作为产品战略之一，规划每年推出一款甚至多款新产品，那么软件架构就必须从过去为单产品服务的模式转变成为多产品服务的"软件工厂"模式。

这一思想与"业务中台""微服务架构"等近年来流行架构趋势均属同枝同脉，与过去所说的"软件流水线"也异曲同工，是在多变而零散的市场中厂商追求规模化和稳定性的尝试，是以产品侧体系性灵活对抗需求侧体系性零散多变的思路，是以数量对抗未知的暴力哲学。

我们可以从 3 个共享层面构建多产品能力架构。

- 第一层面：通用规范，即跨产品标准规范。
- 第二层面：服务运营工具，即为了支撑多产品架构的辅助管理工具、运营工具。
- 第三层面：通用服务模块，即微服务组件，指跨产品通用的底层抽象功能组件，所有产品均可复用。

多产品线的共享能力 / 技术架构如图 8-5 所示，不过图中虽然对每个层面包含的内容进行了列举，但并不完整，还有很多可能性未列出。

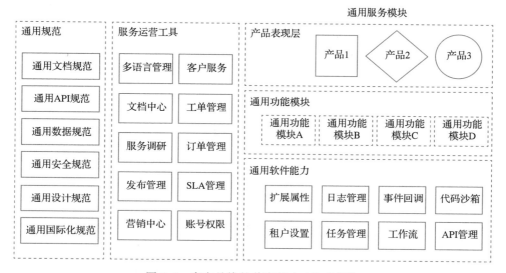

图 8-5　多产品线的共享能力 / 技术架构

在图 8-5 中，最左侧是所有产品均应遵守的"通用规范"，从产品的设计与体验统一、服务统一、数据安全统一等维度出发。多产品团队往往有各自的负责人，在早期探索时市场信号密度较大，负责人处理自己产品的事务已有不及，频繁进行跨产品团队的共享和拉齐既无意义，也没精力。如若没有事前在跨产品通用的基础规范上达成共识，最终做出来的产品将五花八门，缺乏未来统筹规划、资源通用的土壤。这些规范决定了客户感受到的产品"味道"，决定了客户是否会认为这是同一厂商出品的产品。未来在打造口碑或品牌时，客户对同一厂商的跨产品规范一致性会有清晰的预期。

图 8-5 中间部分为 10 个跨产品的"服务运营工具"，代表着跨产品共享的通用产品管理能力，从产、研、销、运营等多方面提供对各产品的管理和服务支持，且应尽量提供单独管理入口，不作为任何产品的一部分。相比于传统软件，由于 SaaS 的客户运营工作更为纷杂，多 SaaS 产品架构对解耦、独立的服务运营工具要求只会更高。表 8-2 简单说明了这 10 个跨产品工具所指代的内容。

表 8-2　多产品技术架构的服务运营工具

跨产品模块	说　明
多语言管理	采用单独的多语言管理平台，对所有产品界面展示的语言进行统一管理，允许运营通过管理界面操作完成新增、编辑文案语言条目，可随时发布
文档中心	统一对所有产品文档的内容、版本进行管理，允许用户对文档提供反馈意见，支持跨产品检索 对所有帮助文档的流量进行统一监控和分析 支持制作用户上手教程
服务调研	统一一套系统来收集客户对产品的满意度和其他反馈建议，支持 NPS 评分 支持自定义问卷内容系统，支持嵌入产品使用流程中的问卷弹出
发布管理	对多产品的发布流程进行管理和监控，确保发布流程符合规范 支持针对指定租户进行灰度发布，支持针对前端、后端、售卖的发布管理 支持使用成熟的 DMS 工具进行数据库操作管理，确保数据格式兼容性，规避数据库误操作带来的问题
营销中心	支持配置运营活动和活动折扣 支持针对大客户设定特殊购买折扣 支持代金券、优惠券，支持为不同客户生成合同、开具发票等 可能需要支持代理商、分销商对各自经营情况进行查看
客户服务	供运营人员查看不同客户的实例使用情况，在不涉及隐私数据的情况下，允许运营和客服人员快速了解客户特征，并提供相应的支持
工单管理	统一一套工单系统来处理多产品问题，支持智能机器人自动回复

（续）

跨产品模块	说　明
订单管理	允许客户创建订单，完成支付 支持用户自助查看订单，对订单进行管理，支持客户主动申请退款、违约自动赔付等
SLA 管理	支持多产品接入 SLA（Service Level Agreement，服务等级协议）心跳检测 客户自主查看不同产品的服务运行情况，检查服务是否有异常
账号权限	跨产品统一使用一个账户权限管理组件，对各产品登录安全、登录方式、账户生命周期管理、角色授权进行底层技术支持 实现跨产品单点登录

这 10 个工具组成了软件工厂的支撑模块，在这些配套工具的支持下，新产品只需聚焦于功能实现，即可具备完整的商业化能力。这些工具因为与业务逻辑相对独立，所以才具备了多产品共用的可能性。不过，眼下市场中这些类型的产品并没有成熟、好用的工具可选，这些工具大多只能由厂商自行实现。在 SaaS 生态进一步完善后，这里的每一个工具都有孵化出专门供应商的潜力，都代表了一小片新的商业机会。

图 8-5 的右侧分为了上、中、下 3 个部分，代表着各产品之间可以共享的层次。最上层是"产品表现层"，代表着多产品线本身。中间的"通用功能模块"是指相关产品、近似业务可以抽象出的共享模块。例如同一个厂商可能提供 CRM 和 SCRM 两款产品，其中客户生命周期管理的功能在两款产品中复用，可以抽象出一个单独的通用模块。由于不同业务可以通用的组件并不相同，所以图中以虚线为边，意为边界可变。最下方是"通用软件能力"。所有企业软件都普遍具备一些基础能力，这些能力是产品的一部分，所以不应该划归到服务运营工具中。即便不存在需要独立运行、单独部署的场景，这些能力的通用性仍然可通过模块化架构、微服务架构等理念得以确立，并在多产品之间复用。这些模块应有专属研发人员或团队负责，承接不同产品对该模块的需求，并维护其版本的迭代。

以"扩展属性"这一通用能力为例。每个产品内都可能有一系列逻辑主体，这些逻辑主体包含的字段需要能够由客户自定义，客户需要指定字段的展示类型（单选、多选、单行输入、多行输入、勾选框等）、数据类型（数字、日期、字符串等）和字段限制（是否必填、唯一性、可编辑、可检索）等。一套完整的扩展属性能力相对复杂，但逻辑通用，即无论是为协同项目创建字段，还是为汽车创建字段，逻辑差异并不大。在这种情况下，使其服务化、跨产品通用也就具备了前提。

灵活性脱胎于稳定性。只有将模块独立分出，明确了模块边界后，该模块才能有不断优化和提高的基础，进而具备可预期、可管理的稳定性。在此基础上，灵活性才能得以发挥、演化。

灵活性越高的能力，实现成本也就越高。组件化是灵活性和实现成本的权衡折中——既不会成本过高，又已足够灵活。我们可以想象，在把足够多的功能抽离于业务并组件化后，反而可以让客户在其中更灵活地自定义业务流程，这与无代码平台模式有相似之处。

短期来看，模块化的成本更高，但其长远的成本却远远更低。若只有一两个产品，进行这样的技术架构划分可能并不实际。但若有 5～10 个甚至更多个产品在未来两三年内规划上线，多产品线的架构支撑就很有必要了。

对于第二层面——服务运营工具和第三层面——通用服务模块而言，并非所有模块都需要从一开始就完整构建，这些体系的搭建与完善均需要打磨，需要时间。但若已有多产品线这一前瞻预期，在产品设计之初就需要为这些系统的独立性做好准备，留有预案，以避免将来从单产品转向多产品时不得不进行太大规模的重构，无谓地消耗资源。

技术架构的灵活性非常重要。由于技术成本是厂商总支出的重要组成部分，即便只计算提高技术效能带来的成本节约，这一策略也已有充足价值。而更重要的是，技术灵活性还能为厂商带来更好的业务灵活性。当友商面对市场突变只能被动挨打，而我们可以主动适应，甚至驱动新的变化产生时，这一战略优势的重要性将无以复加。

8.1.4　3 个宝贵的教训

"纸上得来终觉浅，绝知此事要躬行。"任何理论在实践的过程中，总会有各种出入。在本节的最后，我愿意分享一些进行多产品线策略的教训。

1. 新产品最好为现有客户所需

在扩充产品线的时候，可能会有大量新类型的客户，这听起来似乎很美妙。

但实际上，不同客户群体的偏好和服务方式天差地别，尝试在一个公司、一套体系中服务多个不连续的客户画像，这会不成比例地带来更大的管理经营复杂性。

在扩充产品线时，新产品应尽可能贴合现有客户的需求，最好是现有客户不断地、反复地表达出有明确需求和强烈付费意愿的产品。这一选择的重要性在消费领域已经被反复证实。在客户群体不变的情况下，新产品将可以复用绝大部分销售资源，在既有客群中快速验证。因此，新产品就同时具备了销售资源丰沛和探索灵活性两大优势。

然而，并不是所有软件产品都可以顺利地横向拓展新产品线。有一些产品的个性很强，与其他相关产品的距离都较远，例如隐私安全、身份管理、法务软件等，在扩展产品线时会遇到鸿沟，很难确定下一步落子的位置。有一些产品的框架很大，有非常丰富的临近拓展领域，例如 CRM、HRM、协同办公、ERP 等，客户会推着厂商完成下一步新产品的开发，所以就更容易完成产品矩阵的排布，也更容易在收入层面更上一层楼。这一"是否有相邻产品领域"的特性（我简称其为"产品离散度"）会直接决定多产品线策略的执行效率，而这一特性在选择第一款拳头产品时就已经注定，几乎不能更改，属于方位天性。所有从业者都应对此格外注意。

2. 降低预期

旧产品再怎么成功，我们也绝不能邀天之功，认为下一款一定能更顺利。一款产品的成功是人才、方向、资源、时机等多个层面的巧合，同一款产品、同一套做法，可能换个领域、换个城市、换个时间都会失败，但就因为大部分要素在一个特殊情况下齐备了，就正巧能够成功。

在第一款产品上获取了一定成果的厂商，往往会很自然地认为在新产品上可以模拟出类似的发展路线，毕竟此时其资源比以前更加充分，底气理应更足，而完全没有考虑天时地利的重要性。这一错误心态会使其对新产品抱有错误的预期，埋下"定时炸弹"。

除了极少数情况（少到我们很难说是不是纯粹运气）外，所有对新产品的过高预期都是错误的。绝大部分新产品的尝试注定不会如预期般火爆。下一款产品遇到的问题永远与上一款不同。大多数新产品在发布后，市场的反应将会不冷不热，有不多的粉丝，有不少的批评。在过高预期下，新产品只有"一炮而红"或"放弃淘汰"两个选项，无法经由长期测试、验证、迭代循环的流程而不断增强竞争力。在依赖创意的 ToC 消费者服务领域，这可能是可行的，但在价值本就需要日积月累的企业软件行业，这将扼杀掉新产品成长的机会。

对于新产品，应一再降低过高的心理预期，制定相对保守、切实可行的目标，以免揠苗助长。

由此还可以衍生出非常重要的一点：不能舍本求末。在新产品发展起来之前（甚至之后），需要明确地认识到既有拳头产品的重要性，并持续不断地在既有核心产品上投入。原有产品的稳步增长将是企业前进的压舱石、保险箱、现金牛。若既有产品过去的增长较为亮眼，大概率也会一直是明星产品。切忌押重注在不确定的新品上，可以等待新品度过了最不稳定的"婴儿期"后，再逐步加码。我们的目的不是转型，而是扩充产线、补充业务，不需要破釜沉舟式的赌博，否则风险太大。

3. 创业精神

扩展新产品线其实与在新领域内创业无异。在早期，大团队不应给予新品过多资源，但应该充分放权，允许小团队自主、灵活决策，进行特种小队作战。新品小队负责人应该是一位具有激情的、有影响力的创业者，而且能上能下，能做出快速迭代产品、快速换方向的灵活预期。新品的发展肯定会遇到企业内方方面面的挟制，这一角色应能有效地在内部不断进行宣传，施加影响，化解掉执行过程中的阻碍。

如果不为新产品指定一个全职小队，对新品全权负责，而是让原有团队在既有基础上背上新的产品目标，那么团队将不得不超额加班，或在每天挤出的5% 时间内凑合处理新产品的工作。这一状态对产品、对业务、对团队都没有任何长远好处，只能说是短期内的一个过渡状态，用以凑合应对。有个别软件类型，其形态较为简单，可能可以作为某个成熟产品的附庸，那这一逻辑没问题。但大部分软件具有自己的特殊性和复杂性。让一个团队负责两套事情，两套事都做不好。

一次只做一件事，一个团队只有一个目标，这是做好任何事情的基础。

8.2　产品边界与标准化

由于需求普遍并不复杂，随着企业软件能力的不断成熟，很快就会达到一个临界点：80% 客户所需要的公共功能均已满足。在这时，如何处理剩余 20% 的多变需求，决定了软件是以产品为核心还是以服务为核心。虽然在某一个客户的需求中，标准以外的需求只占了 20%，但由于每位客户的这 20% 不尽相同，全部叠加起来，这部分功能的数量反而更为庞大。这就涉及产品边界问题，即明确产品"不做什么"的问题。

现在传统厂商的普遍做法是这样的：面对那 20% 层出不穷的额外需求，售前或产品人员会判断这些需求是否在产品的应有范围内，判断条件包含过去是否接触过类似需求，成熟的对标产品是否具备该功能，未来是否可能有客户复用该功能等。如果判断这些需求应成为产品的功能，此时最快捷、成本最低的方式就是将功能为客户实现后并入主线，后续作为标准产品功能提供给未来客户。

这一处理方式有两个致命缺陷。

其一，应对方式单调。对于客户提出的能力需求，似乎只有做进产品、作为定制、拒绝实施这 3 种应对方案，只从功能"是否实现"的维度考虑，而并非在"如何实现"的层面应对，方法过于僵化。需求根据紧急性、灵活度、集中性和标准性等，可以划分成更多不同需求类型。针对每种类型，都可以有相应的最佳方案。

其二，门槛过低。若只依靠个体经验和对标产品来判断是否应将新需求变成产品功能，这一门槛过低且标准模糊，容易将大量模糊需求做成产品功能，最后让产品不再锋利，变成奇形怪状的"弗兰肯斯坦"。另外，由某位客户的需求驱动的功能实现，会受到项目验收时间点的催促，产品团队并无时间进行完整的产品功能设计。在项目中为客户定制的产品功能往往质量堪忧，并入主线时，会把"杂质"也带进来。长此以往，这对产品本身的质量会造成一波又一波的冲击。

每一个功能都有它的价值，但也有它的代价，我们经常重视前者而忽视后者。过多功能的堆积，会对产品本身的理念和易用性、可维护性、稳定性造成日益严重的影响。不通用的功能像是轻微的毒素，会随时间积累，最终会使产品积重难返，团队直到寸步难行时才不得不冒着风险、耗费巨大成本进行产品重构。如果在重构时产品边界仍不清晰，重构后只会重复这一毒素累积的过程，并未跳出这一循环。

上述方式和纯粹做交付服务相比是更优的，毕竟产品在不断优化。但距离理想仍很遥远，因为这是偷懒的做法，虽然获得了做产品的假象，但产品并未具备其应该具备的可复制性、灵活性和可扩展性，添加的功能未经论证，可能只对不到 1% 的客户有价值。这是将"未来可能出现的需求"当作决策懒惰的幌子。厂商在给了自己在"做产品"的虚假预期，使自己获取心理慰藉的同时，其实还是在做交付，只是把交付做进了产品。

清晰的产品边界是交付标准化的基础，而交付标准化是规模化发展的前提。

由于普遍缺失对产品边界的清晰定义，传统厂商在过去 10 年中遭遇了明显的发展阻碍，而做 SaaS 产品对定位、定性和清醒认识边界的要求只会更高。若不对此进行清晰、明确的观察和思考，从业者将只会随波逐流，沦为客户的附庸，而永远无法引领潮流的发展。

接下来，我将提供对一组需求应对的方式。采取对需求更灵活、更积极的应对态度，我们坚守产品边界的过程也会更轻松一些。

8.2.1 多层次功能实现方案

对于需求，具体应该采用什么方式进行满足？这一问题的答案应在客户对需求的认知、需求的多元化程度、厂商执行与实施成本三方之间平衡，且平衡点可能有多个。厂商产品团队对此应该具备明确的话语权，为客户准备相对应的解决方案。临时拼凑的方案必定不具备足够的通用性、稳定性，偷懒省事的后果最终会体现为赢弱的产品竞争力。

我将常见的产品能力实现方案分为 3 个大类，即产品配置、定制配置（即需要复杂操作的高级配置）和开放能力，并按照灵活性从低到高排序，枚举在表 8-3 中。

以一个现实需求为例。每款企业软件都会遇到大客户希望品牌化展示管理后台登录页面的需求，针对此需求，按照灵活性升序、易用性降序的顺序（和表 8-3 的顺序一致），可以有如下多种处理方案。

表 8-3　产品能力实现方案枚举

大类	小类	说　明
产品配置	功能	产品提供的功能配置项，管理员可通过配置满足需求，这是需求满足的最基本方式
定制配置	沙箱	沙箱（sandbox）是由客户上传自定义代码，厂商统一托管运行的高级配置能力，通常用于在预置关键执行点前后添加/修改自定义逻辑，灵活性较强
	工作流	客户可通过工作流自定义多个事件的执行顺序、执行逻辑等，在完善阶段可实现在画布上自由对多个流程进行拖曳、组合
	插件化	通过良好的开放性设计，客户或外部服务商可以开发插件，灵活地拓展客户对产品的个性化业务需求；可实现客户上传插件、服务商上传插件和第三方 ISV 上传公开插件
开放能力	SDK	SDK（Software Development Kit）是开发工具包，由厂商提供，封装了常用能力，便于开发人员使用
	API	API 指厂商开放的业务接口，供客户侧或服务商的开发工程师调用拓展

- 预制功能。在产品中添加品牌个性化菜单，支持最基本的企业名、企业标识自定义展示，支持开启/关闭找回密码、二次认证等登录安全能力。在预置功能范围外的个性化能力均不支持。
- iFrame 嵌入。支持将部分产品页面通过 iFrame 嵌入客户自己的页面中。客户在自己的页面内完成品牌化展示即可。
- 托管自定义前端代码（沙箱）。提供产品内 IDE（Integrated Development Environment，集成开发环境，即开发工具），在做好安全保障的同时，允许管理员/开发者直接编辑流程的执行逻辑和页面样式。若自行实现沙箱成本过高，可以考虑直接套用成熟的现成沙箱服务。
- 插件。通过插件支持更大范围的自定义，或实现更多种类的登录方式（例如企业 SSO、微信登录等）。
- 工作流。通过工作流的自定义，实现对登录、注册流程关键事件先后顺序的排布（例如先二次认证，再修改密码）。
- 开放 SDK。开放开发工具，允许客户自己开发的页面对接软件登录能力。
- 开放 API。开放登录 API（Application Programming Interface，即我们通

常说的接口，是软件系统开放能力的主要方式），提供对接文档，允许客户按照指定说明对接软件登录能力。

由此可见，即便是登录扩展这一基础需求，厂商也可以通过多种方案来满足。每种实现方案都有其利弊和适用场景。在表 8-4 中，我将这 3 个大类的实现方案的使用者角色、易用性、灵活性、厂商实现难度进行了额外总结，以便对比。其中，我将"定制开发"的解决方法的优劣单独列出。

表 8-4 产品能力实现方案分析

方案类型	具体方案	使用者角色	易用性	灵活性	厂商实现难度
产品配置	功能	管理员	优	差	中
定制配置	沙箱、插件化、工作流	管理员、服务商、开发者	中	中	难
开放能力	API、SDK	服务商、开发者	差	优	易
定制开发	定制开发（当次）	产品研发	优	优	中

通过表 8-4，我们可以得出几个观察。

观察一：3 类方案各有优劣，需因地制宜地采用。可以看到，每类方案在易用性、灵活性、实现难度（即成本）3 个维度可能具备不同优势（参考图 8-6）。产品配置的易用性最好、灵活性最差，适用于广泛、通用的基础能力需求；开放能力的实现成本较低、灵活性最好，可作为功能完善前的兜底方案，虽然客户使用较为麻烦，但毕竟对客户所需提供了解决办法；定制配置具备适中的易用性和灵活性，对很多中间场景的多元适应性最好，可以大幅降低小功能定制的必要性，但由于其开发成本与技术要求较高，厂商可能不愿意过早进行投资。

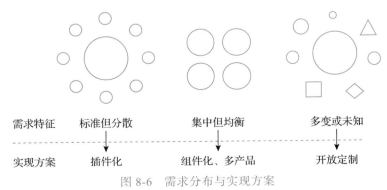

图 8-6 需求分布与实现方案

观察二：由于这 3 类实现方案存在上述优劣，所以在实现的过程中往往也存在先后顺序。产品配置作为核心基础，肯定会最优先提供，覆盖最核心的产品使用场景。在此基础上，由于 SDK 和 API 的开放能力灵活性最高且开发成本最低，接下来产品会开放一系列 API，以对尽可能多的场景提供兜底方案。待产品后续进一步成熟、完善后，会考虑在两者之间填充可灵活配置的高级能力。这一顺序参考图 8-7。

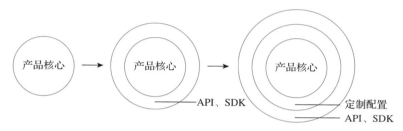

图 8-7　能力实现方案的普遍发展顺序

观察三：定制交付的吸引力。在表 8-4 中可以看到，由于定制开发是专为特定客户提供的，对该客户而言，定制带来的灵活性、易用性都是上佳的。客户并不会过多关注功能实现的过程；而对于厂商而言，定制交付是最迅捷的实现方式，更短的交付周期意味着更快的回款，看起来似乎是非常理想的最佳方案。只有当我们将额外的两个要素——功能质量和长期成本计算在内时，才能发现其清晰的弊端。然而，交付团队的核心目标是验收，并不会（也不应要求）关注产品质量和长远成本，所以往往会直接采用短期看似合理的定制开发方式进行交付。若要保护产品的长期聚焦，交付过程中对功能实现标准则需要更加谨慎。

观察四：对接成本外置的趋势。从内置功能到 API 开放，易用性逐级降低的同时，对接交付工作也在逐级外推。产品内置功能毫无疑问只能由厂商产研团队设计和开发，而插件、沙箱等高级配置能力就可将对接成本转嫁到服务商、合作伙伴等外部厂商，API、SDK 则通过进一步开放，允许客户的开发团队参与对接与定制交付（参见图 8-8）。

这一特点是对交付和产品边界问题的直接应答。在第 3 章中，我们通过跃迁的概念阐述了交付的不可避免性。通过更灵活的方案设计，我们有可能让交付类工作脱离软件开发厂商，由专属服务商处理。在国内市场中，没有企业软件厂商不饱受产品与交付耦合带来的痛苦，二者的解耦会是企业软件获取快速规模化增长的关键步骤。

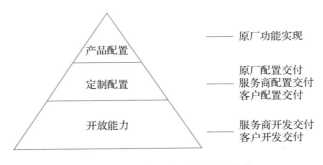

图 8-8　能力实现方案的交付外推

　　市场的需求非常庞杂多元，在实践中，从业者可能会对规模化的可行性产生怀疑。但平心而论，过去大多数从业者也并未竭尽全力地坚守阵地，厂商对标准化的坚持往往在客户的需求面前一触即溃。过去行业的水平与人才储备也难以支持足够灵活（灵活意味着复杂）的设计实现。此时得出中国软件市场无法产品化的结论，实属言之尚早。

　　总结来看，一些厂商遇到需求时，会直接为客户实现定制交付，客户对此也普遍认可。如果这样解决，厂商虽可能短期快速完工，甚至获得更高的短期收入，但这一模式完全无法支持规模化发展。厂商需要知道自己的选项有哪些，为客户不同类型的需求准备相对应的最佳方案，引导客户按照更标准的方案达成目的。只有这样，行业才能向规模化、专业化的方向逐步发展，所有人最终都将因此受益。

8.2.2　"小而美"还是"大而全"

　　几乎没有人会说自己想做一个"大而全"的产品，"小而美"似乎已成为诸多团队的精神追求。但其实无论"小"还是"大"，都有各自适合发挥的土壤和空间，都是软件团队可以选择的策略。从市场的角度看，小而美也可等于"功能薄弱"，大而全也可意味着"底蕴深厚"。这两者只有是否合适，而并无优劣之分。

我们会看到，市场中部分厂商能够沿着大而全的路线迈着大步向前走；而在小而美的路线上，有的厂商踟蹰不前，有的厂商也能小步快跑。在如此多元的实践和探索过程中，似乎无论采用哪种方式，都有可能获取一定的成功机会。那么我们到底应该如何选择呢？哪种方式最适合我们的细分市场呢？

在这一节中，我们对这一问题提供分析框架。我将介绍一个客户集成策略演化的模型，通过对历史需求变迁的观察与总结，我们将分析市场何时偏好小而美、何时偏好大而全，以帮助从业者明确最佳策略，参见图 8-9[一]。

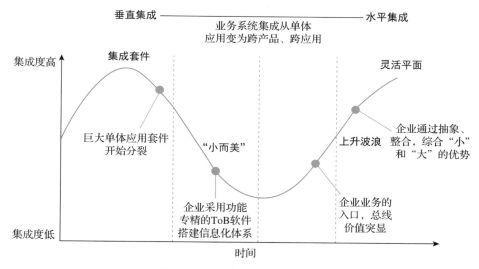

图 8-9　客户集成策略演化曲线

在需求的发展历史中，大而全和小而美都是阶段性的特征。这一表象背后是企业不断加深的信息化提效，是灵活性与易用性之间的冲突，是 IT 效能和管理难度之间的摇摆。

基于图 8-9，我们可以将客户的集成策略粗略划分为 4 个阶段。

第一阶段：集成套件阶段，即大而全。在软件供应不足、应用场景相对受限的早期，由于厂商不多，且只为大型政企提供必要的信息化服务，厂商提供巨大的单体应用套件是合乎市场需要的。企业的整套（相对基础的）信息体系可

⊖　参考信息来自 S&P Global，参考文章 " The first era of SaaS ends: 'Best of breed' was prelude to 'systems of delivery' "，作者为 Chris Marsh。

能都由一个厂商提供。然而，单体应用极不灵活，又极其昂贵，只适合于为长期稳定不变的业务提供标准流程，无法支撑更进一步的信息化发展。在 21 世纪初期，美国市场中 SaaS 从零开始的爆发性增长为企业客户提供了更便宜、更好用、更灵活的信息体系架构选项，单体应用因此开始解体，进入第二阶段。

第二阶段：小而美。在企业去中心化决策和信息化深入的大趋势下（见第 5 章），只对一个场景提供专业能力的软件获得了更广泛的客户青睐。随着软件行业进一步发展，企业已可以从琳琅满目的软件市场中个性化地组合软件来使用。这一零散的软件体系，像是形状各不相同的块块积木，允许不同行业、不同规模的企业客户按需搭建自己的信息化城堡，企业因此得到了信息体系的灵活性，在第一阶段大套件无法覆盖的小场景、小流程也都因此享受到了信息化的便利。每个厂商就做自己最擅长、最专业的软件业务，即达成小而美，并因为专业性，得以向更广泛的企业市场提供服务；企业客户也不再受困于巨大金额的软件合同，能够在每个领域内都选择专业度最佳的厂商，从而达到整体效能的最大优化。然而，人的精力是有限的，组织可管理的宽度也是有限的。当信息体系零散到一定程度，每个人、每家企业使用的软件过多时，软件滥用、数据安全、影子 IT 等问题带来的管理成本就变得过于高昂，企业集成、对接、维持这一体系的困难会越来越多。这就好比搭建城堡时使用了太多精密零件，自然就容易出现问题，有倒塌的隐患。

第三阶段：上升波浪。在这一阶段，由于软件数量过多且难以管理，跨软件的连接器会变得越来越重要，更多工具会被提供出来，从不同方向帮助企业进行软件统管，以弥合软件过多带来的管理和使用割裂。例如基于开放 API 实现跨产品联动的自动化工具，企业用户登录所有软件应用的统一门户，专为企业访问而开发的专属安全浏览器，跨产品的数据分析工具等。这是一个过渡阶段。我们以搭建木屋为例，如果将专业化单产品看作"立柱"，将跨产品连接当作"横梁"，企业客户在此阶段可能会面临一个窘况：不是所有的立柱上都有横梁，横梁也不一定在需要的位置。因此企业会不确定应该如何搭建自己的房屋。

第四阶段：灵活平面。这一阶段是第三阶段的延续。在跨产品工具变得丰富后，企业明确了自己应该如何构建个性化的信息体系，通过适当地搭配立柱与横梁，完整地将自己的房屋搭建起来，同时具备了专业化应用带来的最佳效率、较低的跨产品管理成本两个优势。在企业的应用数量稳定甚至降低之后，企业看似重新回归了大而全的模式，但这大而全是基于跨产品整合而实现的，而非单一厂商的单体应用。

通过上述分析，我们可以得出结论：企业会在功能最优和管理便捷二者之间取得最适合自己的平衡。在探索最佳平衡点的过程中，随着需求关注点的摇摆，软件行业的解决方案也会体现出各种不同的面貌。企业搭建信息体系的职责，在第一阶段由厂商承担，到第二阶段由企业（或咨询公司）承担。随着横向拉通成本升高，横向拉通这一业务本身得以产品化，到第三、第四阶段，产品灵活性与企业的个性化需要取得了综合平衡，相当于厂商与企业共同承担了横向拉通的职责。

而在国内市场中，从国外借鉴的经验明显与市场现阶段的需求不匹配，提供了一些当下并不急需的产品能力。由于本书反复提到的"加速发展"的现况，市场并未按照图 8-9 中规划的路线进行，而是多有跳跃和重叠。一方面，大而全的软件在传统大政企客群中仍然占据着非常高的市场份额，并未看到这种局面崩解的预兆；另一方面，很多零散的小而美软件也在为腰部、尾部和渠道商提供标准能力，而与此同时，部分跨产品的"横梁"软件开始寻求发展，即便尚未有足够清晰的愿景。

通过方案策略的变化推演，我们介绍了各种不同方案的优劣势和逻辑上的先后顺序。现在适合大而全的场景，并不意味着未来一直如此；现在偏好小而美的客户，也可能会走向横向整合的路线。我们应该基于对自己所在领域的分析，观察市场具备哪一个阶段的特征，并以此确定自己产品的方案定位。

8.3　技术竞争力的优势

很少有企业软件会将技术能力当作其核心竞争力。在市场的摩擦之中，我们很少因为技术能力而丧失收入机会，大部分需求只集中在很粗粒度的功能维度，这容易使从业者产生错觉：似乎技术能力优劣与厂商经营状态并无关系，优秀的技术无法带来更大的竞争优势。

然而，商业经营是综合学科，各经营要素之间联系紧密。若希望获取超出均值的增长，木桶上就不能有短板。技术优势十分重要，不可替代。

8.3.1　技术优势的重要性

1. 生产端差异可以被层层放大

在任何价值传递链条中，靠前的节点发生的正向或反向的变化，在后续节点中都可以放大，越靠后幅度就越明显。在供应链中这一现象被形象地称为"长鞭效应"（Bullwhip Effect），指市场需求变化带来的供应链波动，从需求侧到供给侧。我们所描述的是研发效能变化带来的竞争力变化，从供给传递到市场。二者波动方向相反，但现象仍可类比，如图 8-10 所示。

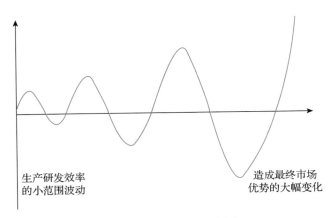

图 8-10　长鞭效应示意图

也就是说，由于技术能力在软件价值的生产最"前"端，技术能力的小幅提高，在市场中可能体现出不成比例的竞争优势。

差的代码随着时间的推移会更难以维护，人员变动、代码堆积、管理低效都是这一进程的助推器，这会持续不断地降低迭代速度，消磨团队的精神和精力；而相反，生产端的研发技术优势，可以被产品包装、营销推广、市场鼓吹、资本追捧等层层放大。说一个优秀的软件工程师能顶 50 个普通程序员，竟可能不算太过夸张。

对技术竞争力的长远价值应从宏观角度来看待，从短期或某单一客户的角度来看，肯定会得到不够完整、公允的结论。

2. 节约技术成本的重要性

在前文中提到，研发成本是软件公司总成本的关键部分，平均占比约为

25%[⊖]，良好的技术能力可以用更低的成本实现更多的目标。经由良好的技术规范，团队可以最大限度规避重复开发、产品重构等资源浪费，节约的成本即可投入人才储备、市场宣发等具备战略重要性的工作中。另外，对更高效率的极致追求，可以打造成为优秀的团队文化，吸引能力高超的技术人才加入，以获取全面的技术优势。

不过技术能力能带来的成本节约很难量化，不同企业的情况各不相同，这是它难以获得持久重视的重要原因。另外，中国软件企业普遍仍在单纯地追求总收入，思维仍停留在"快"和"大"上，而少有经营的理念，所以成本控制也不在短期目标中。但这并不削减技术成本的长远重要性。

在企业软件竞争的刀光剑影中，输赢之差可能只在毫厘。对最大成本的优化，理应引起软件厂商足够的重视。随着更多厂商脚踏实地进行经营，它们对成本的重视只会更高。

3. SaaS 模式的技术要求远远更高

在第 5 章中，我们对 SaaS 与传统软件之间的差异进行了分析，对用户体验、技术灵活性、代码质量，以及研发管理、研发人才等方面也进行了对比。传统软件对上述内容的要求较低，所以技术先进性不一定能得到体现，但 SaaS 模式对技术能力要求远远更高。

单从技术能力要求来看，SaaS 的非功能性研发投入的占比远比传统软件模式更高，可以算作与 ToC 消费互联网一脉相承，均属于高技术密度的模式，反而与传统软件没有什么相似之处。随着 SaaS 云服务的进一步发展，技术优势将得以通过更多元的经营需求体现。技术能力在软件竞争力中的重要性必定会进一步加强。

我相信技术在软件中的价值占比会越来越高，从业者应持拥抱变化的心态，站在未来的一边。那么，应该如何发挥出技术优势的呢？

8.3.2 如何发挥技术优势

这里所说的技术优势，不仅指专利类的硬技术，还包括技术设计、技术积

⊖ 参考信息来自 SaaS Capital。从我的个人经验来看，该比例应该更高，甚至在某些案例中接近 50%。

累、技术应用、技术管理、技术理念等一系列软性优势。

技术优势是一项隐性优势。若不经过专门的良好包装，在短期市场竞争中，技术优势难以体现出价值。包装的内容需要与客户的需求相契合，并不能凭空捏造。往往我们想包装、能包装的高附加值理念，客户对其不屑一顾，而客户所关注的需求难度很低，完全无法体现出技术优势来。

举例而言，一些厂商会把性能表现当作竞争差异点。性能是一个硬技术指标，也具备方便对比的特性：能做到 5000 TPS（Transaction Per Second，每秒事务数，用于衡量软件系统性能，该值越高则性能越好）的产品就是比只能做到 500 TPS 的更厉害。但有两个问题会导致这一指标丧失参考价值。

- 需求少。经过多年的市场竞争，部分厂商若只做到了 500TPS，大概率是因为 500TPS 就足够满足大部分市场需求，而并非厂商能力真的无法达到 5000TPS。做到 5000TPS，厂商要付出很大的成本，但在市场中可能反而曲高和寡、受众寥寥。
- 验证成本太高。对真实性能表现的验证难度很高，没有简易的方式辨别真伪，致使厂商可以无后果地胡乱承诺。即便客户愿意承担高昂的验证开销，进行多厂商的性能实测，也无法阻拦部分友商临时删掉些业务逻辑，以及做些临时性的性能补丁，在测试中达到高于常规 10 倍、100 倍的表面数字，这就丧失了衡量的意义。

这两个问题会让性能硬指标变"软"，大多数类型的企业软件丧失了有效的对比和参考。

技术优势依赖于客户对更高技术应用价值的需求，需求才是重点。技术是需要迭代的，新技术都是蹩脚的。没有哪个技术生来就是颠覆性的，而持续迭代需要市场需求正面反馈的滋养。

国内不是做不出独特的技术优势，而是缺乏应用高级技术的平坦、活跃的市场。在第 4 章中，我们描述了企业软件市场供需错配的现象。对于需求简单的软件而言，厂商难以凭空制造出技术上的竞争优势。

SaaS 的主要客户是政企。很多分析者认为，中国企业管理水平仍是参差不齐的，以此为背景，为国内企业解决业务问题的 ToB 厂商，也必定难以打造出水平卓越、引领潮流的产品。需求的粗糙会直接导致产品的落后。

表面上确实如此，但我想明确指出，这是预设了固定视角的看法，即与欧美模式的优势相比。这一视角强调了领先、落后的绝对概念，但不够尊重本就多元、不同的经营土壤（即相对概念）。市场环境无论是统一还是分散，需求无论是容易还是复杂，目标客户无论是专家还是新手，都属于市场特性，这一系列概念本是中性的，不分上下优劣。在这些市场特性中，通过自由竞争，自然就可以演化出对该环境更为适配的产品"优势"。市场中永远是"适"者生存，而非"强"者生存。美国的优秀模式不一定适用于中国，中国软件的优势也不应该被放在欧美的框架中去做比较。

举例来讲，国内的市场环境无疑是复杂的，而正是为了对抗复杂性，中国SaaS 反而可能会演化出独特的技术灵活性，可能适用于更广泛的场景。为了尽可能标准化交付，国内厂商早在 10 年前就有做 PaaS 的意识，即便受到其他方面掣肘而发展缓慢，但这一理念确有全球先进之处。放到全球视野中，这类先进点在具备与中国类似条件的海外市场中，理应能有良好的表现。

我将技术优势带来的价值类型列举在表 8-5 中。

表 8-5　技术优势带来的价值类型

类　　型	说　　明
更快产品迭代	由市场价值驱动的软件厂商要求迭代周期更紧凑，以让产品更快速地响应市场变化，这一模式对技术能力的要求也就更高
配置满足更多场景	通过插拔式设计、PaaS、开放平台等方式支持更灵活的扩展，让更多场景通过配置即可实现，满足更丰富的客户需求
更易用、对开发者更友好	提供更简单、清晰的使用过程。通过经充满思考的技术设计和更高的产品要求，把简单留给用户，把困难留给自己，让更多人能利用软件提效
更可靠、稳定的服务	提供更高的 SLA，甚至透明化、自动化的服务保障，让客户放心采用，不必担心
更高的负载处理能力	这属于稳定服务的一个分支，能够为更大规模的用户使用提供技术支撑，能够更充分地利用好各类资源，具备关键的高并发经验和预案以保障特殊时期的服务可用性，以支撑更大规模的场景应用
更低的成本	用更低的成本支撑更多客户使用，尽可能在确保服务稳定可靠的情况下实现"超卖"，尽可能通过资源共享降低产品门槛，以解锁可行的低价策略，扩大市场范围
可扩展性	可扩展性来自优秀的技术架构设计。当面对新的市场变化、需求变化时，可扩展性能带来更快的响应速度，更快地为客户提供新的能力或解决方案

（续）

类　　型	说　　明
更好的数据加工能力	依赖一定的机器学习能力，对已采集数据进行分析和建模，帮助客户对趋势、分布、行为进行深入认知，增强其对信息的感知与把控力
更安全	通过安全导向设计，尽可能确保方方面面采用了最佳安全实践，产品应具备国内外一系列安全合规资质。当风险出现时，第一时间检测和打补丁，让客户高枕无忧

若我们仔细观察企业软件行业，就会发现绝大部分厂商的竞争仍然停留在功能层面，表 8-5 所列的诸多优势几乎都没有体现在它们的定位中。正如上文所提及的，这可能是需求薄弱导致的，客户可能无法辨别技术优势的特征，也无法真正理解技术优势带来的价值。

即便是千里马，也需要伯乐来发现，同样，即便产品的技术能力再强，也需要找到懂得欣赏技术表现力的客户群体，这样产品的技术特长才能被赏识、鼓励，产品才能得到成长的机会，否则无异于对牛弹琴。这是一个难解之结。

在眼下的市场情况下，若面对水平较低的客户需求，我建议软件团队对表 8-5 中列举的优势逐个加强，不要贪多，每年挑选其中一个进行规划即可。每年制定一个目标，在日常处理繁冗业务之余，通过一年的努力占领一个特定的市场心智定位，今年可以是"安全"，明年是"开发者友好"，告诉客户更优秀的产品长什么模样。在这个次要目标上，我们抛开营收，坚持以对质量的追求为核心，不过度投入，不奢望市场的火爆，永远比前一年多一个定位，不骄不躁地逐步积累优势，总有一天，明显超出同行的产品能够获得更广泛的客户青睐。

软件的技术优势不好发挥，我为此提供的方案是：只比客户先走一步，吸引客户跟随我们，同时稳定地积蓄力量，一步一个脚印地优化，等待时代的机会出现。

8.4　交付效率优化

在国内很多企业软件厂商中，交付团队可能拥有最多的人数，但却不在管理层的日常关注范围内。由于收入永远不够，核心团队的精力多在"开疆拓土"上，除非出现了项目事故，否则管理层极少过问项目交付情况。但扭头不看不代表事情没有发生，交付中普遍存在非常多可优化的工作。由于重视程度普遍不够，所以我先要强调交付这一工作的重要性。

8.4.1　交付的重要性

交付是最繁重、成本最高的软件经营环节，交付的成本是不可被规模化摊平的，是企业软件行业难以规模化发展的"罪魁祸首"。

交付是价值实现的阶段，是客户付费后体现真实收益的重要通路。

交付和售前、售后、产品、技术都有关。任何一个环节与预期产生差异，即便当时可以蒙混过关，最终都会在交付上付出额外努力为问题兜底买单。

交付人员直接面对客户，也最容易与客户产生摩擦。售前阶段的蜜月期已过，交付阶段是美好理想向骨感现实坠落的过程。

交付人员是企业营收的关键实现者，是企业拿回合同收入的执行者。

当市场的天花板锁死，并难以通过创新增加营收时，企业的上限之"能"也就锁定了。这时候，竞争比拼的就是谁的"底线"更低，也即做同样一件事，谁的效率更高，成本更低。上限和"底线"之间（也即收益与成本之间）的，就是企业的生存空间。

优化交付效能，就是在逐寸逐分降低"底线"的过程。

交付是从经营的犄角旮旯儿里计较出来的效率，是对每个百分点锱铢必较得来的优势，很考验企业的综合管理能力。同样人员、同样规模、同样时间，在资源逐级放大的背景下，可以交付 100 个项目的厂商会比只能交付 90 个项目的厂商要强一倍，资源可能也会多一倍。

然而，交付即便如此重要，却仍然得不到足够重视。交付问题是一个可以逐渐优化、逐渐消解的问题（虽然有其限度），但很多厂商仍放任自流。

我想这主要是心理预期导致的。

交付所需要的精细化运营并不符合创业追求增长神话的伟大精神。前者需要细心经营、逐步检验；后者追求粗犷但快速的增长，依靠增长和体量掩盖一切经营的细节，有一种英雄救世的痛快感。后一思维是过去十余年野蛮增长的惯性，在未来 10 年中已明确不再适用，但人们并未清醒地改变认知，仍对旧模式抱有憧憬和幻想。对于 SaaS 模式而言，很多从业者的期许是"破局"。所以，若 SaaS 厂商只在标榜精细化经营，每年目标是几个百分点的效能增长，这和很多想"做大事"的团队的心理相违背，成员心理上难以平衡。

在对规模的无限追求中，只有客户数量和营收是最重要的指标。当创业者希望找到破局的大锤时，交付体系的优化管理既不能直接带来客户，又缺乏心理吸引力，通常只被视作获取客户、获取收入的"代价"，而非帮助客户实现价值的过程。

想要在交付质量上打 60 分及格过关并不算太困难，所以很少有软件厂商将交付作为核心竞争力。尽管如此，我仍建议交付环节由合伙人专门负责。交付工作是处于一线的，需要想办法让销售人员听到最后排的声音，让管理者听到最下方的声音，让产品人员听到现场的声音，整个团队才能动员起来。交付是体系化的大困难，指望某一部门超水平发挥去解决无疑是白日幻梦。错综复杂的体系化问题，只能由体系化的应对方式去解决。

我相信，在未来 10 年中，会有更多从业者放弃"平地起高楼"的幻想，而抱有"精打细算"的长远心态。这样，交付问题一定能够得到更好的解决。

8.4.2 工作内容与优化建议

在表 8-6 中，我按照项目的发展顺序，将项目划分为准备、开发、收尾 3 个阶段，并列举了交付过程中的主要工作内容。项目推进过程中的管理协调、会议和咨询等所有工作均围绕这些内容安排。

表 8-6 企业软件交付的工作内容

阶段	内 容	说 明
准备	项目启动	以与客户一起举行的项目启动会为核心，准备材料，协调资源，确定目标 对于大型软件项目而言，在售前阶段可能有部分方案尚未完全确定，客户可能会期待与项目组进一步沟通，然后才能确定方案，所以项目启动也会包含少量售前方案的工作
	部署开通	以提供客户可以测试、验证、联调的环境为目标，包括如下两方面： ● 传统软件：厂商需要提供所需资源清单，客户参照该清单进行资源申请和开通，并配置好对应安全和网络策略，将访问信息反馈给厂商，供厂商部署软件 ● SaaS：客户通常开通即用，若客户使用专有云版本，则可能需要额外部署运营，这一成本则取决于产品基础架构的灵活性 大型软件可能需要 2～3 套环境，以区分测试、生产环境，或供不同对接方使用

（续）

阶段	内 容	说 明
开发	打通连接	各种数据打通、业务流程打通，这是企业客户实现管理增效的关键步骤 不同软件通常自说自话，各自采用自定义标准，缺乏统一规范，数据不流通。若客户的其他软件难以修改、难以协调，有可能需要厂商承担对接的职能，这就牵扯到按对方格式调整对接的工作 对于定制交付而言，每家企业均有需要打通系统连接的工作，且对接点不会太多，所以可考虑将其作为单独收费项
	改造功能	现有功能经常会有不合客户习惯或需求的部分，需要进行定制修改。在 8.2 节中，我们详细枚举了项目需求的多种实现方案，应参照该部分内容对需求逐个判断并制订处理方案 改造功能可粗略划分为如下两类： ● 产品改进需求：对现有产品进行扩展，以支持客户所需的灵活性 ● 完全个性化需求：改变流程或模型，以满足客户特殊的需要 这两类需求之间并没有清晰的界限，反复出现个性化需求是产品需要改进的征兆
	对接支持	可能会有相邻系统需要与软件对接，厂商应提前准备好对接的开发文档和接口文档，并向对接方提供培训和答疑支持 如果对接软件由其他第三方软件厂商开发和维护，那么对接工作会依赖于第三方的协调和排期。虽然对接工作量通常不大，但是协调上可能旷日持久，等待时间较长，存在变数
收尾	测试上线	在测试环境中完成所有联调和测试工作，与客户一起完成软件正式上线 如果是核心软件上线，在上线前后可能会对企业的业务运转造成短暂影响，厂商需要在这期间提供保障，客户也可能要求驻场
	验收结项	确定验收内容，请客户签署验收单，开具发票回款

在表 8-7 中，我对表 8-6 中每一项交付工作内容提供了优化建议。

表 8-7　企业软件交付工作的优化建议

阶段	内 容	优化建议
准备	项目启动	项目启动顺利与否，取决于是否能拿出让客户满意的项目方案。若项目经理能够具备同等规模、同等行业客户的交付经验，那么对项目中可能出现的问题都能够有良好的预判。这需要厂商具备完整的项目经验沉淀、分享的机制
	部署开通	这一环节成本不高，备好制式说明文档即可
开发	打通连接	将系统打通这一工作体系化，产品设计应为打通连接工作提供足够的灵活性。常见的系统打通连接工作可预置为模板，以降低成本

（续）

阶段	内 容	优化建议
开发	改造功能	这一工作依赖于项目管理效率、协同沟通效率和研发管理效率。建议团队尽可能在完全明确需求后一次开发成型，避免反复返工
	对接支持	无法单方面优化
收尾	测试上线	无法单方面优化
	验收结项	无法单方面优化

通过表8-7，我们可以看到项目交付的优化方式存在明显的跨团队特征。想要做好项目交付，让客户对产品服务带来的价值满意，绝不是厂商某一部门能独立实现的，而是整个公司各职能之间协同的结果，需要管理层明确交付工作的战略重要性，也需要各核心部门之间持续沟通与配合。

除此之外，对于交付而言最为关键的两个影响因素却游离在项目交付之外。对这两个因素的优化能全方位地提升交付效率，对表8-7中"无法单方面优化"的几方面工作也能带来帮助。

（1）项目管理经验的沉淀和分享

项目经理离职，会把历史项目的成功、失败经验永久带走，相当于把厂商最有价值、可积累的竞争优势也一并带走了（即前文提到的"行业知识"），这是最核心竞争力的流失。交付团队需要建立完整的知识记录、整理、分享体系，需要不断地整理规范、鼓励沉淀，积累更多完整的案例与客户经验，才能将先发的竞争优势保持住。这样，团队在进行新的项目交付时，才能有足够多的经验积累，在项目启动时预警、提前排雷。

（2）售前画像匹配度与过度承诺

"售前过度承诺"和"售后交付困难"是所有软件都会遇到的冲突，只能依靠团队不断地宣讲与磨合，甚至偶尔"杀鸡儆猴"，才能形成售前与交付进行良好互通、协作的团队氛围，尽可能抹平二者之间的差异。

"画像匹配度"是潜移默化的影响因素。无法复制的、需求不标准的商机，不仅在售前阶段转化困难，在交付、售后阶段也会给团队带来持续困扰。以短期收入为导向的团队，很可能会因为提供过于分散的服务类型而掉入低人效的陷阱。若厂商可以聚焦于更匹配的目标画像，虽然在短期会失去一定的客户机会（可能包括一些大客户机会），但只要市场天花板够高、赛道够长，潜心打磨产品（而非服务），最终会带来远远更高的收入和利润率。

8.4.3　交付团队组织方式

由于为大甲方交付对人员精力的消耗极大，而交付团队又缺乏明确的成长路径，难以吸引人才，所以交付团队成员的初始水平普遍一般，而且很多人只将企业软件公司当作个人发展的跳板，同时公司也将成员当作即用即弃的"电池"。在这一模式中，两者一拍即合，各取所需，一两年后好聚好散。但这一模式并不能长久，全凭海量基础技术人员勉强支撑。

因此，交付团队的组织方式就变得非常重要。良好的组织方式不仅能形成贴合市场的运作方式，交付效率较高，还能为交付团队成员提供更有吸引力、更具专业性的成长路径，以延长相关职位的从业周期。

我将交付团队的组织方式总结于表 8-8 中。

表 8-8　交付团队的组织方式

组织方式	优　势	劣　势
按照区域	与销售团队一样，按照区域划分交付团队可以获得最佳的信息流通度，在项目的售前阶段即可有一定的前后场交流协作，尽量不给交付留下隐患 当需要项目人员驻场时，区域内交付具备最低的出差成本	区域的客户不一定能够支撑一个独立交付团队的饱和运转 与软件厂商总部之间的交流和沟通较弱，统一规范的成本更高，管理成本更高
按照客户行业	按该方式，交付项目经理可以逐渐成长为行业交付专家，后续交付则有了经验加成，可以更加高效 深化、专业的行业知识对人才更有吸引力	每个行业的繁荣程度不同，谁也不愿意负责衰落的行业，此时若缺乏内部轮岗，则会存在组织内部矛盾
按照产品线	每个产品都有独到的能力。按产品线划分可让交付人员专精于一个产品，获得对该产品交付效率的提升	跨产品协调困难。若客户购买了多个产品，则意味着需要对接多个交付团队，客户的成本更高
按照项目规模	更大规模的软件项目、更知名的客户对交付和服务的要求也就更高。让最好的人才服务于最大的客户，让新人从中小客户着手，能优化资源配置 形成了交付团队的晋升阶梯	新人可能得不到充分训练，老人可能产生懈怠情绪

在实际应用中，我们肯定不会只选择一种，而是会综合不同的组织方式，

扬长避短。举例来说，对于一个跨行业通用软件而言，客户群体遍布所有行业和地区。若有一个地区（如西南地区）的项目数量较为集中，但又无法支撑区域专属的交付团队，可指定一位西南地区的项目管理者，他不做实际交付，但需要与总部进行交流和沟通，确保区域服务质量。假设传媒、影视类的客户较为集中，客单价普遍更高，则可以着重培养具备行业知识背景和经验的交付人员，发展成专属的行业转化人员，并在此基础上搭配轮岗制度，让每位交付人员均有机会接触和学习行业知识。

对于很多企业软件来讲，核心客群的平均客单价往往在十几万到几十万元之间。这个收入规模无法养活专属的交付团队，所以交付人员通常要同时兼顾多个项目。因此，交付组织很难有一个明确的边界，而处于一种更为机动灵活、也更为模糊的按需分配的状态。

但只有职能原子化、工作标准化，规模扩张才有基础。一个以交付项目、客户满意为指标的独立交付团队，应具备独立的目标和绩效评估方式。项目经理和交付人员的职能区分开，交付人员和产品研发人员的目标区分开，行业交付专家和区域交付经理也区分开，边界清晰、职能才能确立、深化，效率才能提高。

要真正解决交付问题，需要最好的人才和相当体量的投资，而行业情绪对此颇为抵触，普遍认为交付是不关乎收入的"下游"工作。但点滴之功，亦可穿石。能够顺利解决这一矛盾的厂商，将具备明显超出同行的表现，并拥有清晰可见的行业竞争力。

能够交付项目的人才好找，能够搭建交付体系、优化运营方法的人才难寻。若销售可复制，交付也可复制，那么厂商就可以顺利成长为有数百人规模的细分领域头部企业，站稳脚跟后即可冲击更广阔、利润更高的市场。

8.5 渠道和服务商发展

无论售卖的是什么商品，都存在直销和分销两种模式。

直销用高昂的销售运营成本换取产品的最佳展示、销售的最佳转化、品牌价值的加成，同时拉近客户与厂商之间的距离，让信息快速流通，让产品快速优化。分销能够将销售成本尽可能转嫁出去，作为生态联合推进的动力，快速、低成本地获得最大范围的市场覆盖。

这两种模式并非互斥的，而是相辅相成的。企业软件厂商因此通常采用混合模式，以期平衡信息的传递质量和广度。

根据 SaaS Capital 2018 年发布的基于 950 个私营 SaaS 企业的调研报告，50% 的 SaaS 企业拥有渠道收入（另外 50% 只提供直营），渠道收入占比从 10% 到 25% 不等。[⊖]更多 SaaS 企业正在观察与尝试渠道销售的可能性。虽然国内没有相关的统计数字，但我们可以合理估计这一分布存在一定的相似性。

面对市场本身的复杂性，厂商与渠道达成合作和分工是顺理成章的。追求增长的软件厂商必然都会考虑通过渠道拓宽客群的可行性。

采用渠道的优势有力而清晰，无论对于 SaaS 还是传统软件，其优势都可大概分为以下 4 点。

（1）获取更多客户和收入

由于市场复杂性和市场壁垒，厂商采用统一的直销手段往往对大客户而言不痛不痒，无法有效撬动决策杠杆，难以说服大客户锁定交易。除了个别新兴行业外，绝大部分企业客户均有已经缔结合作关系的信息化软件服务商。通过这些中间渠道，厂商无须自行搭建昂贵的销售通路，即可将产品卖给目标市场中的客户。

部分客户确实更依赖线下渠道，而对线上直销的模式缺乏兴趣。这一现象的原因可能包含对渠道商的信任、对重新进行冗长商务谈判与合同流程的抗拒、对服务无法顺利访问或搭建（特别是跨国场景）的担忧、隐私安全考量、订单管理困难、服务质量担忧等。

个别省份的软件业务相对排外，省外厂商需要经由省内渠道的介绍才有机会被接受；部分行业的复杂性较高，若缺乏渠道商长期的方案经验积累，产品很难找到切实有效的切入点。因此，在甲乙两方达成协议的过程中，渠道在中间可以带来切实有效的价值。客户与渠道关系紧密，所以厂商和渠道的合作理应会带来更多的客户机会。

自建销售和长期管理的成本是外部渠道价值的上限，而这一成本在国内明显很高，这为渠道业态的繁荣提供了基础。

⊖　参考信息来自 SaaS Capital，参考文章 "*Should Your SaaS Company Have a Channel Sales Strategy*"，作者为 Rob Belcher。

（2）降低边际成本

由跃迁带来的交付成本不可避免，但可以转移。

渠道在理论上可以承载交付过程中绝大部分重人力的工作，这将允许厂商大幅降低 COGS（Cost of Goods Sold，销售单位产品的平均成本），并能更聚焦于产品研发和产品质量，维持商业形态的可持续性和简洁高效。借此，业态将进入正向循环，通过更高的产品质量和能力，获得更高的产品竞争力，带来更多客户和更高的渠道收益，产品和渠道得以加深合作，进而允许厂商更聚焦地投入到产品质量中。

（3）多元经营，稳定增长

如果我们将自营直销也当作一个"渠道"，那么可以这样总结：对单一渠道的依赖存在风险。渠道收益将跟随行业周期、管理层变动、组织架构变动而波动。由此来看，对单一渠道的依赖会带来收入的不稳定性（很多厂商的收入平时很低，而在季末冲刺验收时一飞冲天），这一不稳定性可以简单地由多元化渠道所平衡。稳定的收入增长会为企业带来更轻盈的步伐、更自信的态度，以及更高的市场估值、更轻松的融资。

（4）剥离风险

在距离客户更近的位置，会不可避免地存在违规操作的灰色风险。通过渠道和服务商，厂商可以将这部分风险从软件产品业务中剥离出去，在财务上更加透明、可信，不让这些灰点成为最终上市的阻碍。

能够充分发挥出渠道能量的软件厂商，将有机会获得远超同行的增长可能，在中国广袤而多元的市场中，获得足够的市场广度和深度。

8.5.1　渠道的类型

按照渠道的历史来源和职责，企业软件渠道可分为 5 个主要类型，如表 8-9 所示。

表 8-9　企业软件渠道的类型

类　　型	说　　明
服务集成商	SI（Software Integrator，软件集成商），中国的大型信息化解决方案提供方，与几乎所有行业、所有类型的大客户均存在联系，其中包括一系列大家耳熟能详的上市技术公司

(续)

类　型	说　明
垂类软件厂商	在某一领域中建立了专业权威性和广泛客群的厂商。厂商本身也可以是其他厂商软件的渠道，只要掌握了一定的流量或者行业专业知识，就具备了成为中间渠道的价值
代理商	没有自有软件产品，只负责区域或行业转售的商家。在部分传统的复杂领域中，代理商是建立客户连接的必要桥梁
咨询公司	实际工作内容与服务集成商类似，咨询内容通常与企业的业务核心相关。几大外国咨询公司掌握着大量的与外企、出海企业、大型上市民企、政府等客户合作的机会
流量平台	通过内容经营或高频功能而具备庞大用户流量，并可有针对性地将流量导给厂商的平台，包含互联网大厂、软件分发平台、点评网站、CIO 社群或微信公众号等

在更完善的市场业态中，不同类型的渠道的职责边界会更清晰，技能也会更加专业化。而在当下，行业中很多软件渠道对业务来者不拒，往往会横跨多个业务类型，比如又能咨询，又可交付，又有自研产品，又能提供市场线索，见机行事，渠道分类也就相对模糊。因此，本节中渠道、服务商等概念大多统一指向市场中间环节，不再进行区分。

8.5.2　渠道与厂商的分工

每一类渠道所能承担的工作类型不尽相同。我们可以通过表 8-10 中的 5 类工作来拆解渠道与厂商能为客户提供的服务。

表 8-10　软件厂商和渠道的 5 类对客工作

销售线索	渠道负责将客户的需求进行简单梳理，分发给厂商。在此过程中，渠道只帮助提供市场部门验证的可信线索（Marketing Qualified Leads，MQL），这些 MQL 通常通过既有客户咨询推荐、交叉销售、线索交换等方式得来。渠道将线索转交后可能不负责后续流程
维护关系	渠道负责维护客户关系，支撑与客户之间的交易流程，与客户签署采购协议
售前售后	包括方案制定、上手培训、部署安装、后续维保等一系列售前咨询和售后非产品开发性质的交付工作
定制交付	在产品现有基础上，通过开发和对接实现与客户流程的兼容、与客户系统的接入，以及对客户个性化的体现
产品研发	包含产品主体的开发和迭代，包括升级和安全漏洞补丁更新等 这部分工作 100% 由软件厂商负责，不会交给渠道，但部分渠道会尝试自研产品，希望晋升到完全自主可控的软件销售模式，因此也列举在这里

251

在表 8-10 中，从上到下，渠道的工作职能有逐层深入的趋势。

举例而言，OEM 是非常深度的集成与整合模式，能够充分利用厂商的产品价值和渠道的客群价值。在这一模式中，渠道需要负责除"产品研发"外的几乎所有工作（即表 8-10 中前 4 项）。与之相对，交付外包模式则相对较浅，目的在于将难以标准化的售后和交付工作外包给专业服务商，所以服务商只需关注"售前售后"和"定制交付"两项工作即可。不过，在这一情况下，由于服务商并没有对销售机会进行扩展或挖掘，在狭义上也难以称为"渠道"，而只应称为服务商了。

渠道与厂商之间的合作并不会形成强依赖、强锁定的关系。无论是对渠道还是对厂商而言，对方都不是唯一选择。厂商自营业务占比普遍最大，只是希望渠道帮助产品拓展非核心的客户群体，进入难以渗透的市场分区。而渠道掌握着客户关系，卖哪家产品差别都不大，换家厂商合作就更不是问题。因此，渠道经营虽然互惠互利，但很难达成强利益绑定关系。对渠道的经营也就更加依赖人际关系类的社会力量。

8.5.3 渠道经营的前提与成本

并不是所有软件产品都适用于渠道经营。

渠道本质是代理人制度，自然，只有代理收益高于代理成本时，这一制度才能成为现实。收益越高，成本越低，受众越匹配，渠道就越能发挥出它的应有作用。

当下的软件渠道商仍普遍经营高客单价业务，对于太低客单价的产品，渠道缺乏匹配的服务模式（SaaS 当下很难找到具备合适能力的渠道）。所以，渠道经营的第一个前提就是较高的客单价。只有高收入产品、高收入客群，厂商才能在其中找到收益分成的落脚点。除非能够大量销售，否则几百、几千元的软件产品难以让任何渠道产生兴趣（甚至大部分厂商自己也不会感兴趣），这样的渠道耕耘肯定是费力不讨好的。

成本是一个重大变量。产品的研发成本越低，意味着分润空间越大；产品的服务成本越低，意味着代理委托关系越顺畅。因此，厂商可以通过 3 个"标准化"来降低渠道合作成本。

- **产品标准化**。只有依靠一个成熟、稳定的核心产品，渠道的拓展能力才能得以发挥。试想，若是产品接口变来变去，渠道将因方案缺乏稳定性而无所适从，无法服务客户。

- **交付标准化**。只有渠道与客户之间的交付栏目相对标准，渠道才能经由培训来接管交付内容。若客户的交付点五花八门，原厂交付的难度都会很大，渠道交付的难度只会更高。

- **销售标准化**。只有当原厂探索出了清晰、可复制的销售方法后，才适合拓展销售能力、拓展渠道。若原厂既没搞清楚目标客户的画像，也不知道用什么方式才能有效触达客户，那么肯定无法对渠道销售进行有效赋能，与渠道之间难有火花。在此基础上还可以再进一步，将渠道构建也标准化，让更多渠道可以半自服务地接入，以快速扩大产品的渠道商名录，免去更多的沟通和谈判。

没有人能事前确定厂商和渠道之间的资源整合会带来什么样的化学反应，所以两方的合作一开始往往是共创关系。如果厂商在上述标准化方面没有准备好，那么客户的"痒点"需求将因合作成本过高且价值不足而难以实现，只有客户具有明确的极大"痛点"需求，才能反过来推动合作深化了。这会使得相当一部分类型的软件丧失渠道合作的基础条件。

总体来看，渠道明显更适合于相对成熟、标准的产品，目标客单价在数万、十数万元为最佳（通用型软件产品比垂直型产品更容易找到渠道合作）。在销售打法明确后，软件厂商通过与各大服务集成商、各垂直行业服务商合作，可有效扩大客户市场。

那么，满足了上述前提后，想要实现渠道的扩张，厂商还需要付出哪些额外努力、哪些额外成本呢？

我们可简单将拓展渠道的成本分为两类：固定成本和变动成本。

固定成本是指为了适应渠道销售而必须提前付出的改造成本。这一成本通常并不低，且由于成本要在开始销售前即投入完成，无法确认回报，所以固定成本是达成合作的一大门槛。厂商（甚至包括渠道）对这部分成本的估计往往过低，实际改造成本可能包含很多繁杂事务。常见固定成本项目如下。

- **合作方案准备**。提前准备好为渠道提供的合作方式规范，包括服务边界、收款周期、激励方式等。这通常需要反复谈判才能落地。

- 新的合规要求与行业常用功能。不同行业可能对软件有额外的功能性或非功能性要求，在进入新市场前需要对此进行准备，例如金融行业对等保四级的要求、国际市场对邮箱通知的偏好等。
- 与平台方的对接，包括部署环境准备、订单系统对接、运营体系对接等。这一部分是集成评估的核心，对接成本依赖于产品本身的技术架构灵活性和平台方要求，耗时从几天到几个月不等。
- OEM 改造。厂商在与渠道进行 OEM 合作时需进行产品改造，包括多租户改造、售卖链路改造、控制台品牌化、运营后台改造等。

上述每一项固定成本都可能变得非常高昂，为合作前期带来阻碍。

变动成本包括对渠道的经营和培训、搭建渠道的服务支撑体系、与渠道一起争取客户所付出的精力等，是在面向客户销售的阶段需要逐步投入的成本。在很多情况下，渠道对如何销售一款外部产品一无所知。这部分成本虽然也很高昂，但好在距离客户更近，厂商可以"边走边看"，更加自由地动态调整，所以该成本通常不会阻碍合作的推进。

对上述成本进行充分计算后，我们就可以评估通过渠道售卖是否真的有效了。不是所有软件都适用于渠道，也不是所有渠道都值得投入，对成本和收益需要尽早评估清楚，这样厂商对合作的方向才能有合理预期。

8.5.4　3个实践建议

通过和行业内朋友们的沟通，我发现每类产品、每个团队对外部渠道的兴趣、定位和投入均不相同，难以抽象出一套固定的范式或通用的增长结构。在此，我只能避重就轻地分析一些渠道搭建与沟通中厂商应该具备的态度和精神，供从业者参考。

1. 业务驱动，避免盲目

渠道发展既是厂商发挥主观能动性、主动拓展客户的过程，又是厂商被动接收需求而自动变化的过程。最好的情况是同一类型客户反复从同一个渠道自然流入，厂商即可顺理成章地以此为根据，与渠道进行沟通、合作，此时渠道也能立刻认识到机会切实存在，进而竭力配合。

合作关系基于对等和互利。如果脱离了业务驱动，很难通过事前的推论和猜测来判断资源结合的火花，找寻合作也很容易变成"慕强"的盲目行为：只看体量而轻视质量。业务驱动尽管不是良好合作的必然开端，但能让厂商少走很多弯路。上一节提及了渠道合作的成本，而如果没有客户需求侧的明确推力，合作的难度无疑会再上一个台阶。

2. 明确组织关系，规避变动风险

跨企业合作是一项高难度的协调工作，若合作暂未产生足够大的收益，那么合作关系就存在很强的对决策者的依赖性。在前期付出了巨大成本进行对接后，若渠道的一些内部变动就轻易地导致合作无法继续，那么这一风险实在太过"昂贵"。因此，在敲定合作关系时，务必拿到稳定的渠道管理层的明确认可，才能确保执行层的随机变化不会对长期合作关系产生太大的影响。

软件厂商无法长期免费地获取渠道的青睐，双方的合作没有任何锁定，厂商对合作关系的依赖性往往比渠道还要高，因此，厂商的渠道经营工作长期是一个勤跑的工作，依赖渠道经理打通各级人际关系，并维持关系热度。敲定渠道合作关系可能要耗费几个月的时间，从管理层到执行层逐层打通，最终才能顺利达成合作。

3. 多渠道发展，避免单一路径依赖

没有任何一个渠道是经久不衰的，没有任何合作关系是永恒的。在任何情况下都不要让自己置于单一依赖的境地，否则将丧失所有的谈判筹码，实现长久收益只能依靠渠道方的道德和态度。在商业社会中，身不由己的事情太多，我们需要对意外有所准备。

当合作关系不对等时，尤其要注意避免产生依赖性。如果渠道方是具备各种资源优势的大厂，则厂商很容易过于草率地听从大厂的意见，任其摆布。大厂可能会通过"画饼"驱使软件厂商先行投入，以未来合作为由，利用厂商的能量达到自己的目的，但并不真正承诺最终的合作效果。在实践中，软件厂商应该放弃幻想，以实际落地的成本和效果为核心，维持良好的合作关系，而非"汇报"或"伺候"关系。不要抱不适合的"大腿"，若是缺了两方价值互补、互相青睐的前提，抱了也是白费功夫。

8.6 走向国际

所有从业者都以国际名誉为荣。有理想的从业者，肯定以做出具备国际领先地位的产品和打造国际一流企业为目标。

由于国内企业软件的发展阶段仍尚早，海外对中国模式的企业软件尚未有公共认可。软件本质上是企业经营最佳实践的标准化输出，而中国的最佳实践有其特定的发挥土壤，并不具备全球行业的通用性。因此，国内软件和国际客户之间存在错位，国际市场较为狭窄。

在过去 10 年中，只有两类软件可在一定程度上实现出海。

第一类：采用跟随策略的软件。软件跟随国内的企业客户走向海外。由于中国的经济能量多在亚欧非大陆延伸拓展，企业的国外业务需要有对应的信息化配套，所以软件厂商可以跟随自己的客户输出到同一区域。企业客户出海后，客户在海外本土的生态链企业、合作方将有机会跟随采用这一国产企业软件，使厂商能在有限范围内进一步扩大软件影响力。

第二类：工具类软件。企业是社会发展的组织单位，所以不同国家的企业业务逻辑迥乎不同。但无论业务如何千变万化，其底层的基础技术架构是通用的，工具类软件在更偏底层切入，聚焦于抽象的功能点，距离业务较远，因此具备足够的全球通用性。过去 10 年中，有部分开源工具和开发者工具走上这一道路，同时在海内外售卖。

这两类软件一个停留在出海企业的范畴，另一个只做简单或技术层的工具，均不算切入了国际企业软件的主流需求。不过，在过去两三年中，除了上述两类外，又出现了一股新的趋势。这一趋势的逻辑更清晰，动力更足，潜力也可能更大。

由于软件行业在国内的激烈竞争，国内外软件之间的部分技术差异在快速缩小，过去深不见底的差距鸿沟逐渐变得似乎一跃可过。于是，一些中国软件厂商开始尝试直接拓展海外业务。这些软件产品脱离了纯粹工具的范畴，开始具备更丰富的功能和场景，尝试直接切入国际主流软件市场，在更契合"企业软件"这一定义的同时，能够收获更高的市场收益。

如果说工具类软件的价值在于更低的研发成本和资源成本，只是在帮助企业进行成本节约，那么业务类软件的价值则在于切入企业经营效率的层面，帮助企业的业务部门增效。由于业务类软件切入了企业的生产关系，解决的是更加核心的企业问题，复杂性自然更高，潜在价值也更大。

我的产品从 2020 年开始探索出海业务，但我的实践经验较为特殊，由于依托于平台资源，大部分基础建设均无须从头构建，所遇到的困难和机会对独立软件厂商不一定有直接的参考价值，所以本节内容以分析和认识为主。

8.6.1　出海的动力

软件的价值根植于人力成本。人力成本由产业链、行业经济、发展阶段、社会形态综合叠加，共同决定。

第 1 章提到，中国的基础工程技术能力存在冗余（通过观察近几年计算机相关学科毕业生数量可知，这一过剩情况大概率还会持续加强），生产的人力成本较低。若产品在国内生产而在海外销售，就能具备内外两方最佳的商业优势，即低成本产出的高质量产品与庞大、完善的消费市场和超前消费的文化。货物商品如此，软件商品亦如此。当然，海外市场是细分而多元的，绝不是所有国家和地区的市场都足够发达。企业软件的最大市场必定具备成熟、完善的企业管理制度，所以目标市场也应以发达经济体或表现突出的发展中经济体为主。

从宏观上讲，过剩产能向外输出是自然倾向；从微观上讲，个体、公司由于自然趋利性也会自发探索潜在利润更高的海外市场。这种自然发生的商业倾向好比水向下流，是软件出海的主要推动力。

在此基础上，出海经营还有分散风险、扩大市场影响力、加强领导者品牌等多重价值，但这些价值大多是附带优势，一般不作为决策出海的决定性因素。

8.6.2　出海的风险

随着全球经济增长乏力，各地区都会尽可能保障本国企业的发展优势，因此企业对国际市场的拓展可能受阻。在最近两年，诸多尝试产品出海的大厂均受到了政治因素影响，一些重要的合作关系因此永久丢失，高昂的前期成本也可能全部浪费。

世界上，正在推行软件国产化的国家不只有中国，不少其他国家和地区也与中国抱有类似的想法。外企入华时，我们会有企业软件在中国本土化的诉求，而放在全球的视野来看，中国软件出海时，也会遇到其他国家或地区软件的阻击，这是一体两面的表现。在一增一减之下，收缩阵地、深度经营本国的软件厂商可能反而比出海经营更为长久。

如果说过去 20 年是国际软件的黄金时代，那么接下来 20 年，国际化的风险可能会同样显著。因此，如果一家中国软件企业完全依赖于海外市场，即便当下克服市场差异取得了成功，也仍不可避免地存在由国际关系突变导致失败的风险，对于这一"黑天鹅"的到来，没有人会提前得知，从业者也无法承担后果。除非本身就是国际企业，否则企业应先以稳定经营的国内业务作为压舱石，然后才能具有扬帆出海的远望。

8.6.3 出海的顺序

在规划出海的时候，首要问题就是选择踏出第一步的国家或地区。每个地方都有着独特的市场因素，包括政治稳定性、社会工作文化、资源与人才成本、基础建设完备度、税收政策和合规条款要求等。当然，最重要的因素还是市场规模。这些因素决定了在市场中进行软件经营的收益和成本。在出海时，厂商应该综合考虑这些因素，结合自己的企业资源和偏好，确定潜在的适合的出海地区。

如果说中国市场的分散是决策性的（只来源于管理习惯和采购决策），那么海外市场的分散则是方方面面的，囊括了种族、语言、历史文化、发展阶段、思想偏好等。由于海外市场的多元化，国内企业软件在进行海外拓展时应避免大范围行动，而应聚焦于某个地区、某个领域进行集中突破。在某个地区可行的做法，换到邻国可能完全不合时宜。例如，很多人会假想欧洲是一片统一大市场，但实际上它是由十数个迥乎不同的主要经济体组成的，这些经济体之间差异很大，厂商需要为这些独立经济体单独提供服务。出海时逐个区域尝试、逐个区域优化是基本策略，切忌大范围覆盖火力。

因此，出海就有了地区的顺序选择。我们需要先选择最有可能发展的目标地区，优先集中资源尝试拓展该市场。

为了提供参考，在表 8-11 中，我将世界企业软件市场按照发展阶段和商业机会划分为 5 个大的层面，每个大层面内的国家具备相似的社会环境和软件应用环境，而各大层面之间又存在着明确、清晰的差异。

表 8-11 世界企业软件市场分层

分级	地 区	代表国家	说 明
第一层	欧洲、北美、大洋洲	美国、英国、德国等	主要为发达国家，具备全球大体通用的企业管理规范和很强的付费能力，是企业软件的最大市场
第二层	东亚	中国、日本、韩国等	高速增长的、具备区域性影响力的市场 普遍存在政府与企业的深度合作，且企业的社会影响力显著 企业软件发展处于上升阶段
第三层	东南亚、南亚	马来西亚、印度等	存在较高发展潜力的市场，在信息化层面大概落后中国 5～10 年，处于基础建设和消费互联网阶段，尚未进入企业软件高增长期
第四层	中亚、南美	阿拉伯联合酋长国、巴西等	信息化发展的起步国家，处于信息算力的基础建设阶段
第五层	非洲、其他	埃塞俄比亚、刚果等	待发展国家

由于企业软件的价值是企业本身在社会中价值的映射，所以市场经济发展越充分的地区，软件价值的天花板理应越高。根据表 8-11，对于企业软件出海，理论上应该在第一、二两层中挑选国家 / 地区作为目标；而更偏底层、更偏基础算力建设的 IaaS 厂商，则可考虑第三至五层作为目标。

对于缺乏出海经验的厂商而言，也可以不制定明确的出海目标，而是挑选几个可能合适的潜在市场先进行市场调研或广告投放，观察客户的反应后再做决定。

8.6.4 出海的成本

出海的成本非常高，首先是高昂的前期投入成本，因此企业在做出海决策时务必格外谨慎。

我将出海的前期投入成本分为 4 个大类，分别为策略、功能、合规、其他，并在表 8-12 中对每个大类包含的主要工作内容进行拆解和说明。

表 8-12　出海的前期投入成本

大类	小类	说　明
策略	销售模式调整	国内绝大部分软件厂商采用的是 SLG（Sales Led Growth，销售驱动增长）模式。为了规避出海后由语言、文化差异导致的弊端，企业可能需要考虑将产品改造为 PLG（Product Led Growth，产品驱动增长）模式，开放免费版或试用版，允许对产品进行自服务式的体验；或切换到渠道驱动模式，允许渠道在解决方案中将产品自主集成 策略调整必须是全局的，而非简单的功能调整，涉及范围广泛，所以单独列为一类
功能	语言国际化	需要对多语言进行支持与管理，早期大部分情况下使用英语就足够 在缺乏良好技术架构的情况下，语言工作的关键反而不在于翻译，而在于对错误信息、日志记录、短信通知等边角内容的国际化支持，可能牵扯到技术架构改造。企业最好能够搭建语言运营中心，以支持运营人员随时对语言进行补充和修复
	国际功能变更	国际客户对功能的期待与国内通常存在较为明显的差异，在部分能力和流程上需要扩展或变更（例如可能需要支持 Terraform 自动编排工具、Zapier 业务自动化工具等）。如果具备 PaaS 能力或插件化能力，企业在出海时应预置一些国际常用的模板，为潜在客户展示相关性
合规	数据安全规范	全世界有数十个国家 / 地区均采取了不同程度的数据出境限制，这意味着服务必须独立部署于该国家 / 地区。个别国家 / 地区对医疗、金融、政务数据等敏感信息处理有额外法规，厂商对此需要特别学习和遵守
	个人隐私管理	不同国家 / 地区对个人信息的拥有权、分享权、处理权均有不同程度的规定。其中，欧洲 2017 年执行的 GDPR（《通用数据保护条例》）最为出名，为欧洲公民提供软件服务必须符合 GDPR 的合规性要求，包含用户的被遗忘权、同意条款管理、网站 Cookie 管理等内容。GDPR 规定合规资质需要半年以上才能获取，很多情况下，厂商只有先具备资质，然后才能提供服务 2021 年《中华人民共和国个人信息保护法》出台后，中国也加入了拥有严格个人信息管理规范的国家 / 地区的行列
	知识产权保护	部分国家 / 地区对知识产权保护的要求非常严格，对公共图片、开源代码、商标等资源的使用，会专门进行合规性检查和整改
其他	技术架构	厂商需要搭建全球化多中心的部署、更新、运维架构体系。部分国家可能对云部署有更明确的要求，例如必须部署在其境内独立的云基础架构上

（续）

大　类	小　类	说　　明
其他	技术架构	为了便于大家直观感受到这里的风险，我举一个具体例子。2021 年底，德国莱茵曼应用技术大学采用了一家丹麦企业 Cookiebot 的技术以满足 GDPR 对网页 Cookie 的使用要求。Cookiebot 是欧盟企业，本不牵扯欧洲经济区（EEA）跨境问题，然而，这家丹麦企业底层 CDN 采用的是美国著名网络公司 Akamai 的服务。基于美国 2018 年的 CLOUD 法案，Akamai 作为美国公司有义务在美国法院传唤下提交客户数据信息，无论这些数据存储于美国境内还是在其他国家。德国法院最终判决这一行为不符合 GDPR 规范，因为欧洲公民的数据在公民并未授权的情况下可能披露给第三方，即便无法证明这一披露是否发生过 在提供海外服务时，由于这些盘根错节的地方要求，技术架构可能要调整或适配
	文档和销售材料	国际客户普遍会先尝试自服务，对文档说明的即时性、充分性以及接口文档的清晰度都有更高的要求。所有销售材料均需要提供英文版本，并保持更新
	支付与财税	需要与目标市场常用货币的结算系统进行对接为了满足目标地区的财税要求，可能需要特定的财务人才和专业知识，可能需要采用当地的财务软件进行结算

　　以上成本仅包含出海合规的准备成本，还未考虑实际的市场推广、销售、本土化团队搭建等问题，由此可见软件出海的复杂性和相对高昂的成本。当然，很多问题在初步试探阶段可以酌情跳过，以减少早期投入，但最终要在国际市场站稳脚跟并进一步发展的话，这些问题必须得到完整应答。

　　这些成本带来的最大问题是和中国本土业务纠缠在一起导致的财务混乱，可能会拉低本来经营健康的财务状况的评级，产生风险。对此可以有两种处理方案：第一种，进行企业重组，将专门针对国际市场的团队与国内分开，成立专门的国际业务公司，通过独立融资和注资，将这些早期成本、风险剥离；另一种，则是秉持科技创业的敏捷心态，用最低成本去逐步进行市场试探。例如，先不进行产品改造，就只做一个静态页面作为落地页，并在 Google 上针对目标客群投放 1 万美元试一试，根据拿到的反馈再决定下一步如何处理。除了 Google 外，还可以尝试通过 ProductHunt、Reddit、科技媒体、技术博主、SaaS 平台、Newsletter 等渠道宣发。这些渠道特性各异，感兴趣的读者可以自行搜索了解。

8.7 本章小结

随着行业进一步发展，企业软件厂商的核心竞争力将不再局限于产品矩阵、交付效率、行业知识、交付渠道等类型。随着专业性的增强和专业化的加深，必定会出现更多细化、深入、有竞争力的软件服务，以满足客户日益复杂、多元的需求。

软件厂商在参考本章中的实践方向完成跳跃后，很可能已经成为一家年入过亿、有数百人规模的明星企业了。

彼得·德鲁克说："在一个由多元的组织所构成的社会中，使我们的各种组织机构负责任地、独立自治地、高绩效地运作，是自由和尊严的唯一保障。有绩效的、负责任的管理是对抗和替代极权专制的唯一选择。"软件的最终目标是帮助企业实现其社会价值，从业者也当以此自勉。

商业社会是混沌的、复杂的，对其解释的结果则必定是多面的，甚至是相冲突的。对此，我们不应固守于单一解释的正确性，而应尽可能理解与包容其复杂性、多样性。对待本书内容，我也希望各位读者秉持客观的批判性思维和独立思考的精神，克服智识上的惰性，积极地对自己的不同见解进行发声、分享，通过思维碰撞创造更多机会，通过互相切磋向上成长。

期待明天。

8.8 扩展阅读

《管理的实践》《卓有成效的管理者》 彼得·德鲁克

我们普遍认为国内 SaaS 未充分发展的原因之一是企业管理缺乏规范。在抱怨企业客户领导不懂管理时，我们自己是否对此有深入的理解和感悟？彼得·德鲁克的这两本书是企业经营管理方面的基础读物，涵盖了现代企业管理的方方面面，字里行间充满了经验和力量，建议所有科技行业从业者（无论是不是管理者）阅读。

《人件》 Tom DeMarco、Timothy Lister

软件管理源于人，企业的效率、进展、文化都基于每个人发挥自己的作用，所以如何营造所有人都能和谐发展的工作氛围，就变得尤为重要。这一视角使本书偏向人力资源管理的范畴。近几年从海外火到国内的 OKR 管理方式、对无意义加班的意识觉醒，都能从本书中看到端倪。

《组织行为学》 斯蒂芬·罗宾斯、蒂莫西·贾奇

本书是一本管理学图书，但明显综合了心理学、社会学、政治学等多个学科的知识。本书前半部从微观角度出发，讲述了人的价值观和情感需要；后半部进入群体和企业的宽广维度，对权力与政治、冲突与谈判、文化与变革进行了充分阐述。整本书通读下来，对宏观行为现象的微观组成、组织与个人之间的关系会有更加深刻的体悟，对企业的社会定位和运作方式，也应能从更高视角来看待。

《设计中的设计》 原研哉；《设计与真理》 罗伯特·格鲁丁

设计可说是最为古老和原始的人类活动。企业软件行业的商业设计、组织设计、流程设计、产品设计，与工业设计、环境设计、服装设计等并无两样，虽然设计所用的材料和道具明显不同，但理念几乎完全相通。我建议有兴趣的从业者从设计中汲取灵感，感受设计理念的历史变化，并以此辅助我们对各方面事务的决策。

《态度改变与社会影响》 菲利普·津巴多、迈克尔·利佩

这是著名心理学家菲利普·津巴多的重要的社会心理学著作。在本书中，作者对服从、说服、辩解、偏见等行为的心理学原因进行了阐述。这些因素在软件行业的宣传营销、创造影响、管理组织、文化关系等关键工作上都存在很强的关联性和实践意义。本书的篇幅较大，建议从业者找时间精读。

《心理学与工作：工业组织心理学导论》 保罗 M . 马金斯基

绝大部分工作中的阻碍，来自交流不畅；绝大部分管理难点，来自没有良好地构建文化、建立预期。本书把几乎所有人力资源管理的工作内容按照心理学方法重新解构并讨论，让人对职场工作的行为动机有了深刻的认识。通读本书，能让每位管理者提高对周围发生的事情的认识力和敏感性，并保持同理心。

《精益招聘：打造最强悍创业团队》 张微

创新业务依赖每位员工的协同和投入，团队内人才的水平几乎决定了一切事务的成败。本书虽然名为"招聘"，但实则包含了招、育、用、留等人才全周期的内容。本书不厚，可帮助读者建立对完整、现代的科技创业公司人才管理

体系的认知。作者是中国的一位资深从业者，但却写出了硅谷企业的感觉，尤为少见。

《微服务设计》 Sam Newman

这是一本技术书，读者需要具备软件工程背景才能理解本书内容。产品灵活性依赖于技术架构灵活性，产品设计体验依赖于技术实现。在软件领域，产研必须高度协同，做出的产品才有灵魂。产品职能人员对软件技术架构逻辑有深入了解，能够让产品设计具备从外到内、从当下到未来的畅通性、合理性。我是在 2018 年阅读的本书，当时微服务架构仍最为流行，而后新技术层出不穷，但架构背后的理念不会过时。本书读后会令人长期受益。

《项目管理精华：给非职业项目经理人的项目管理书》 科丽·科歌昂、叙泽特·布莱克莫尔、詹姆士·伍德

项目交付的关键性在这一章中得到反复强调。企业软件从业者，包括销售和 HR，都必须对项目管理的方法论有基础的理解，这样团队内部在交流时才有共识基础。完整学习 PMP 体系非常费时，而通过《项目管理精华：给非职业项目经理人的项目管理书》这类小书，读者同样可以一窥究竟。另外，对于每个人而言，无论婚丧嫁娶、买房装修，项目管理的基本原则在生活和工作中几乎无处不在，对这类方法的掌握有百利而无一害。

《气候经济与人类未来：比尔·盖茨给世界的解决方案》 比尔·盖茨；《改变一切：气候危机、资本主义与我们的终极命运》 娜奥米·克莱恩

冷冰冰的污染数字摆在这些书中，却蕴含着原子能般的巨大能量，不知何时引爆。能够将人类社会从作茧自缚般的自我毁灭趋势下拯救回来的，只有我们自己。企业作为社会组织的关键一环，对此亦应责无旁贷。环保是社会责任的一种体现，如果我们每个人不培养公众责任心，那么维护公共利益的责任将无人承担。

《如何改变世界：社会企业家与新思想的威力》 戴维·伯恩斯坦

企业必然要向社会责任的方向发展，承担更多主动的社会职能。只有具备这样的发展理念，企业才能具备持久的价值。我一直对企业公益非常关注，对社会价值与企业利益之间的协同联动充满兴趣。本书讲述了全球各处的实践者故事，他们尝试为商业赋予社会价值，具备社会公益、未来社会组织模式探索的双重意义，我从中获益良多。

《艺术的故事》 E.H.贡布里希;《设计的故事》 夏洛特·菲尔、彼得·菲尔;《美的历程》 李泽厚;《谈美》 朱光潜

软件即艺术（Software as an Art）。所有人类的创造活动均有相似之处，均是思想与工程的结合、美学和理性的化身。敲下一行代码，修改一行提示，其本质与画家添加一道笔触，雕刻家调整一个弧度并无差异。艺术是人性的一部分，具有丰沛而又不加矫饰的原始魅力。人的所有创造都以结合机巧和美感为目标，软件也不例外。通过阅读此类书籍，我们可以获得宝贵的交叉学科知识，获得对这个世界更敏感、更深入的理解。

附录一　推荐书目

为了便于感兴趣的读者查阅，我将每章末尾的"扩展阅读"汇总于此。

第1章

- 《置身事内：中国政府与经济发展》　兰小欢
- 《国史大纲》　钱穆
- 《乡土中国》　费孝通
- 《道德情操论》　亚当·斯密
- "年代四部曲"　艾瑞克·霍布斯鲍姆
- 《中国哲学简史》　冯友兰
- 《信任：社会美德与创造经济繁荣》　弗朗西斯·福山
- 《中国是部金融史》　陈雨露、张忠恕
- 《浩荡两千年》　吴晓波
- 《跨越边界的社区：北京"浙江村"的生活史》　项飙
- 《逃不开的经济周期：历史，理论与投资现实》　拉斯·特维德
- 《货币、银行与国家：如何避免逃不开的经济周期》　理查德·M.埃贝林

第2章

- 《论人类不平等的起源和基础》　让－雅克·卢梭
- 《社会契约论》　让－雅克·卢梭
- 《权力与特权：社会分层的理论》　格尔哈特·伦斯基

- 《哥德尔、艾舍尔、巴赫：集异璧之大成》 侯世达
- 《中国文化的精神》 许倬云
- 《规训与惩罚》 米歇尔·福柯
- 《六论自发性：自主、尊严，以及有意义的工作和游戏》 詹姆斯·C.斯科特
- 《万历十五年》 黄仁宇
- "简史三部曲" 尤瓦尔·赫拉利
- 《枪炮、病菌与钢铁》 贾雷德·戴蒙德

第3章

- 《文化人类学》 卡罗尔·R.恩贝尔、梅尔文·恩贝尔
- 《历史意识与国族认同》 Prasenjit Duara
- 《社会学的邀请》 乔恩·威特
- 《景观社会》 居伊·德波
- 《文凭社会》 兰德尔·柯林斯
- 《社会性动物》 埃利奥特·阿伦森
- 《社会心理学》 戴维·迈尔斯
- 《企业 IT 架构转型之道：阿里巴巴中台战略思想与架构实战》 钟华
- 《华为数字化转型之道》 华为企业架构与变革管理部

第4章

- 《市场演进的故事》 约翰·麦克米兰
- 《市场本质》 周洛华
- 《为权利而斗争》 鲁道夫·冯·耶林
- 《策略博弈》 阿维纳什·迪克西特、苏珊·斯克丝、戴维·赖利
- 《博弈论平话》 王则柯
- 《合作的进化》 罗伯特·阿克塞尔罗德
- 《精英的兴衰：基于理论社会学的考察》 维尔弗雷多·帕累托

第 5 章

- 《中西文明根性比较》 潘岳
- 《文明的逻辑：中西文明的博弈与未来》 文扬
- 《新教伦理与资本主义精神》 马克思·韦伯
- 《论自由》 约翰·穆勒
- 《科学革命的结构》 托马斯·库恩
- 《加德纳艺术史》 弗雷德·S. 克莱纳
- 《区域优势：硅谷与 128 号公路的文化和竞争》 安纳李·萨克森尼安
- 《第 4 消费时代：共享经济的新型社会》 三浦展
- 《硅谷蓝图》 雅各·范德库伊、费尔南多·皮萨罗
- 《云攻略》 马克·贝尼奥夫、卡莱尔·阿德勒
- 《平台革命：改变世界的商业模式》 杰奥夫雷·G. 帕克、马歇尔·W. 范·埃尔斯泰恩、桑基特·保罗·邱达利
- 《游戏改变世界》 简·麦戈尼格尔

第 6 章

- 《发展心理学——人的毕生发展》 罗伯特·费尔德曼
- 《自卑与超越》 阿尔弗雷德·阿德勒
- 《超越极限：最受德国中小企业推崇的管理课》 史蒂夫·迈哈特
- 《创新与企业家精神》 彼得·德鲁克
- 《活出生命的意义》 维克多·弗兰克尔
- 《黑客与画家》 保罗·格雷厄姆
- 《有限与无限的游戏：一个哲学家眼中的竞技世界》 詹姆斯·卡斯
- 《控制论与科学方法论》 金观涛、华国凡
- "创新者三部曲" 克莱顿·克里斯坦森
- 《SaaS 创业路线图：to B 产品、营销、运营方法论及实战案例解读》 吴昊

第 7 章

- 《传播学概论》 威尔伯·施拉姆、威廉·波特
- 《销售转型：让战略直达销售》 弗兰克·V. 塞斯佩德斯
- 《销售加速公式：如何实现从 0 到 1 亿美元的火箭式增长》 马克·罗伯格
- *Sell More Faster* Amos Schwartzfarb
- 《客服圣经》 保罗·蒂姆
- 《龙卷风暴》 杰弗里·摩尔
- 《文化战略：以创新的意识形态构建独特的文化品牌》 道格拉斯·霍尔特、道格拉斯·卡

第 8 章

- 《管理的实践》 彼得·德鲁克
- 《卓有成效的管理者》 彼得·德鲁克
- 《人件》 Tom DeMarco、Timothy Lister
- 《组织行为学》 斯蒂芬·罗宾斯、蒂莫西·贾奇
- 《设计中的设计》 原研哉
- 《设计与真理》 罗伯特·格鲁丁
- 《态度改变与社会影响》 菲利普·津巴多、迈克尔·利佩
- 《心理学与工作：工业组织心理学导论》 保罗 M. 马金斯基
- 《精益招聘：打造最强悍创业团队》 张傲
- 《微服务设计》 Sam Newman
- 《项目管理精华：给非职业项目经理人的项目管理书》 科丽·科歌昂、叙泽特·布莱克莫尔、詹姆士·伍德
- 《气候经济与人类未来：比尔·盖茨给世界的解决方案》 比尔·盖茨
- 《改变一切：气候危机、资本主义与我们的终极命运》 娜奥米·克莱恩
- 《如何改变世界：社会企业家与新思想的威力》 戴维·伯恩斯坦

- 《艺术的故事》 E. H. 贡布里希
- 《设计的故事》 夏洛特·菲尔、彼得·菲尔
- 《美的历程》 李泽厚
- 《谈美》 朱光潜

附录二　英文术语表

为了方便不同类型的读者阅读，以下对书中出现过的专用英文术语提供说明，按字母顺序排列，以便索引。

- AIDA，Awareness、Interest、Desire、Action，即认知、兴趣、意愿、行动，指推销过程的 4 个阶段。
- API，Application Programming Interface，即我们通常说的接口，是软件系统开放能力的主要方式。
- ARPU，Average Revenue Per User，平均客户收入，SaaS 模式的统计口径之一。
- ARR，Annual Recurring Revenue，年订阅收入，SaaS 模式的统计口径之一。
- ASP，Application Service Provider，应用提供方。这是在 SaaS 出现前较为流行的应用提供模式，由服务提供商统一运维所有客户的软件，但每个客户均有自己的专属软件部署，客户之间并未共享，类似专有云模式。
- BANT，Budget、Authority、Needs、Timeline，即预算、权威、需求、时间线，客户需求阶段判断的 4 个因素。
- BI，Business Intelligence，商业智能。BI 软件包含数据采集、报表展示、分析、预判、告警等能力。
- CDP，Customer Data Platform，客户数据平台，在零售行业广为采用，用于分析客户消费特征、浏览行为，并有针对性地进行营销活动。
- ChAMP，Challenges、Authority、Money、Prioritization，即挑战、权威、

预算、优先级，客户需求阶段判断的一个常用模型。

- CLOUD 法案，指美国发布的 *Clarifying Lawful Overseas Use of Data Act* 这一法案，明确了美国公司在法院传票下需要上交客户数据，无论数据存储在美国境内还是海外。

- COGS，Cost of Goods Sold，销售单位产品的平均成本。

- CRM，Customer Relationship Management，客户关系管理系统，企业软件的一大类型。

- EDM，Email Direct Marketing，邮件直接营销。

- ERP，Enterprise Resource Planning，企业资源计划，指管理企业资源的系统，是企业软件的一大类型。

- GDPR，*General Data Protection Regulation*，即欧盟 2018 年出台的《通用数据保护条例》，是一部非常严格、领先的公民信息保护法案。

- HCM/HRM，Human Capital Management/Human Resource Management，人力资本管理 / 人力资源管理系统，企业软件的一大类型。

- Hype Cycle，技术咨询公司 Gartner 提出的著名的技术成熟度曲线。

- IaaS，Infrastructure as a Service，基础设施即服务，指将基础算力、存储、带宽等基础设施作为可租赁资源提供服务的模式。

- IDE，Integrated Development Environment，集成开发环境，即开发工具。

- JSON、XML，两种常见的数据传输格式。前者更现代、更简单，后者更严谨、更传统。

- LAN，Local Area Network，本地局域网。

- LTV，Life Time Value，全生命周期客户价值，指客户从新购到流失带来的软件总收益。

- MDR，Marketing Development Representative，市场开发代表。

- MQL，Marketing Qualified Leads，经由市场部门验证的有效线索。

- NPS，Net Promoter Score，净推荐值，衡量客户满意度的核心指标。

- OA，Office Automation，办公自动化，企业软件的一大类型。

- OEM，Original Equipment Manufacturer，即贴牌模式，以渠道的品牌名义销售三方产品。

- PaaS，Platform as a Service，平台即服务，基于云的平台提供方式。

- PLG，Product Led Growth，产品驱动增长。该模式注重用户体验，依靠产品设计实现大部分售前流程的自服务化，不强调逐个客户的销售。这是近 10 年以来在美国兴起的 SaaS 产品经营策略，通常从中小客群切入。
- PMF，Product Market Fit，产品市场匹配，意味着产品找到了市场契合点。
- PMP，Project Management Professional，项目管理专业资质，最通用的项目管理人员资质。
- PR，Public Relation，公共关系。
- RESTful，一种现代的接口定义方式。
- RPC，一种传统的接口调用方式。
- SAM，Serviceable Available Market，可服务市场总额，考虑市占率的软件规模上限。
- SCM，Supply Chain Management，供应链管理系统，企业软件的一大类型。
- SDK，Software Development Kit，软件开发工具包，由软件厂商提供的对接工具。
- SDR，Sales Development Representative，销售开发代表，负责将市场可信线索孵化为销售可跟进线索。
- SEM，Search Engine Marketing，搜索引擎营销。
- SEO，Search Engine Optimization，搜索引擎优化。
- Shadow IT，影子 IT，指在企业软件去中心化后，企业各部门使用的不在 IT 部门统一管控范围内的软件，会带来较高的管理成本和安全风险。
- SI，Software Integrator，软件集成商。
- SLA，Service Level Agreement，服务等级协议，制定客户购买软件所享受的对等服务类型和内容。
- SLG，Sales Led Growth，销售驱动增长，传统软件销售模式，提供面向重大客户的专属咨询和销售人员，这些人员以顾问的形式帮助企业完成软件采购。
- SOM，Serviceable Obtainable Market，可获取市场总额，软件模式可满足的潜在客户需求规模。

- TAM，Total Addressable Market，潜在市场总额，市场对特定问题的总需求规模。
- TPS，Transaction Per Second，每秒事务数，用于衡量软件系统性能，该值越高则性能越好。
- UCD，User Centered Design，以用户为中心的设计。

致创业者

出英

我站起身，风霜雨露和阳光一起，打在身上。

畏缩的蚯蚓退下，恐慌的猴子逃走远方。

这一天终于要来了。让我来挑战你吧！攀登未有人挑战之山。

山高万丈呀，看不到顶，前后彷徨，唯有脚下的路通往前方；冰宽千尺呀，望不到边，上下求索，终将破除假象。

兔子与我道别，她以紫菀编制花环，系我腕上。

苍鹰面带讥嘲，他已看清半途坎坷，老翅仍然带伤。

但听吧，森林间传来满足的低吟。我要这低吟变为绝唱，雷电为其鼓点，用大雨荡涤污浊。

但看吧，大地堆积着春秋的迟暮。而我要将这肥沃通通点燃，火焰是超人的狂欢！

若是担心饥渴，就即刻出发吧！沿途必有路栈，不至渴死痴人。

若是担心迷失，就让我头前带路吧！我有身躯意志，用来破旧寻新。

我的腿脚坚实有力，我的头脑饥饿愚蠢。

我的精神掠过原野，我的灵魂悠悠成群。

前路昏暗，却独属于我。轮毂吱呀震动，这是大地的进行曲。

迷途者！如果期望与我同行，踏上背井之路，那就出发吧！难道还在等观众就座吗？

林叶挡不住火焰，泥土掩盖不了芬芳。

振臂高呼你的名字吧！

你脚下的光辉道路将以此为名，其名将被传颂千年。

偶遇

路边人呀，你我本为旅途偶遇，为何要对我叽叽呐喊，呱呱喧道？

看我布衣黑袍，像是祈求者吗？怜我思绪涣散，轮歪齿斜，需要指针和拐杖吗？

别急着喷吐毒液，先听我说吧，你耳聋目盲。

迷失者值得怜悯，但却有自己的喉舌和头目。又需要你这寻得道路的，横加指责、替我传道吗？

你想要引人上你的道，却是歧路。你想与人言的善因，只能造就恶果。

我学会了走路，现在我要学会奔跑。我学会飞，但我不想借有外力，才能启航。

离开吧！鹰鸶本就孤独，方圆怎能周全。

下山吧！从我这你寻求不到慰藉。去找鬣狗、绵羊吧！他们才能为你取暖。

不要白费口舌。你若有必胜之计，又何必故弄玄虚？

不要蛊惑人心。唯残缺之心，方有残像之念。我不当任何人的有缘人。

哪七情？哪四方？

我坚定地迷失，我果敢地消亡。

长路

盘盘山路，青青路墙。

已走多远？饥渴还要多久，前路多长？

耳边呢喃，蝎爬蚁走。歌已唱尽，头巾沾满冰霜。

我的眼神涣散，我的精力消茫。

家乡的小猴呀，为何要离我而去？因那蜃楼高耸，必定垂满枝果？

强壮的头狼啊，别被妖狐骗去，让脑中野兽歇息吧！别去喝土中流黄。

你让我暂缓脚步，想想家乡的热糕？是呀，热糕，热糕。

他让我抬头看天，回忆森林的清凉？前途灼灼烈日，雨雪风霜。

步步踌躇，声声喑沉。暂停下车，复又前航。

抬头山谷，尾后悬崖。疯疯傻傻，慌慌张张。

突然，曙光在脑海中浮现，姿态妖娆，抚平旧衣烂衫的褶皱。

我的脉搏接连地动，血液开始奔腾烧灼，直至沸腾滚烫。

既然车子太颠簸，就先停靠山脚。如果背负太沉，就把责任卸在路旁。

喝干最后一滴水，剪断衣袍，束起杂发。

看呐！有人目空一切地奔跑，狂野凌乱在大地上！

决战

来对决吧！这是彷徨者的修行，是迷茫者的飞升。

无能的风，别在树后躲藏吧！让我感受狂暴，因痛苦得成长。

恐惧的影，蒙蔽我的视听吧！让我摒弃嘈杂，因真诚得愿光。

狡猾的狼，来撕咬我的血肉吧！我的骷髅仍要向前走，因挣扎即力量。

做那棋盘上横冲直撞的苹果、寂静月夜的流光。

朋友们，点燃火柴吧，让手指间弹跳的火焰升腾，听那隐隐雷音，如大化之法。

升腾！这是燃烧的时代！

病痛拦路吗？断肢残臂亦要奔跑。

困倦当头吗？些许光芒就足以暖心。

因没有未来，所以只看脚下？

因没有归属，所以困顿囹圄？

我说那困顿者、迷茫者、悔恨者，看向中央！看向中央！

中央是钢铁的国度，是火焰的乐园！拥抱闪电的意志吧，破除幻雾的迷俗，做那圆中之方！

媚俗者因梦想而不能眠，而我唾弃莺莺碎碎、冠冕堂皇。

权柄因虚伪而高歌，那就让歌唱者来到我面前吧！我用大地的力量让其暗哑暗淡，用鹰隼的角钩让它清醒！

舞蹈是严肃的情绪，愤怒是动情的诗歌。

若无所依，就无顾忌吧！肆无忌惮，让愤怒燃烧，点燃冷漠，再添一百把干柴。

等待红海也分割起舞，跛脚者叫喊着走向彼岸。

不量力的巨人跨过禺谷，白河蒸腾之时。

随行折兰茝，回首望彭咸。

后　记

　　我们这些活在世上的人真是奇怪！每个人来到世上都只是匆匆过客。目的何在，无人清楚，虽然人们有时自认为有所感悟。不用做过深的思考，仅从日常生活的角度看，有一点我们是清楚的：我们是为其他人而活着的——首先是为了那些人，他们的欢乐与安康与我们自身的幸福息息相关；其次是为了那些素昧平生的人，同情的纽带将他们的命运与我们联系在一起。我每天都会无数次意识到，我的物质生活和精神生活很大程度上建立在他人的劳动成果之上，这些人有的尚健在，有的已故去。对于我已经得到和正在得到的一切，我必须竭尽全力做出相应的回报。我渴望过简朴的生活，常常为自己过多地享用他人的劳动成果而深感不安。我不认为社会的阶级划分是合理的，归根结底是靠强制手段维系的。我还相信，简朴而平易的生活，对每个人的身心都是有益的。

　　　　　　　　　　　　　　　　——阿尔伯特·爱因斯坦《我的世界观》

　　10年前从海外归国，期盼一方热土，以我漂洋过海的热情滋养。而后在企业软件行业的10年，是我在理想和现实之间、精神与物质之间跌宕起伏的10年。

　　我看到：

　　有太多步伐拙劣的"执行人"，只长了手脚，却没有自己的耳目和脑袋，只学会了执行和抄袭，却没有健全的人格，不能进行思考。

　　有太多见多识广的"聪明人"，成为体系漏洞的投机者，汲汲于短视私利，雁过拔毛，罔顾行业长效运转的前提。

　　有太多垂头丧气的"可怜人"，在变革的困难面前轻易地败退了，失去了后面尝试的勇气，身形佝偻，等待宿命。

有太多阴阳怪气的"嘲讽人"，可能缘于自己的失败，所以嘲讽、打压所有的后来者，以维持自己因失败而飘忽不定的自尊心。

当时代的浪潮扑面而来时，我看到人群分为了两半：一半站在岸边嬉皮笑脸，对所有事情指指点点，但无半分有益的行径；另一半缩成一团、皱起"老脸"，指望着挺过一劫，熬过冬天。我站在浪潮中央，身旁却空无一人。

我似乎能看到行业的模样：它像是个庞大的、生锈的内燃火车，喷着浓烈的黑灰蒸汽，沿着现有方向，在铿锵声中挣扎前行。先行者为我们扫清了障碍，历史为未来铺设好轨道，惰于观察和思考使我们无休无止、听命前行。

然而，这些轨道和规则都是过去的遗物，几乎没有半点未来的气息。旧时代的沉积物会成为新时代的沼泽。因此，从业者应该秉持"未来原生"的理念，工程师应该"面向未来"编程。我们应该培养跳出框架的思维方式，有勇气向深质问原因、向广开阔视野、向高思考答案。

当风气深沉和保守时，行业将缺乏变革的力量，为此，我们要有更多的勇气在未知中摸索实践；当变得短视或焦躁时，企业将无法跨越周期、背弃真正的价值，为此，我们应培养更高的社会责任感，与迷茫进行面对面的抗击。

漫漫长路，行走到越深处，就越能看清社会的本来面目，千行万业，最终都在一套体系中贯通融会；高耸山峰，攀到山腰往上，才发现千难万难，都旨在诱惑攀登者偏离路线，最难不过坚守本心。

"包治百病"的多是毒药，事必躬亲方知知易行难。

用我们拙劣的双手，可能永远画不出完美的圆，但这不意味着完美的圆不存在，也不意味着我们的精神可因此而坦然懈怠。大衍之数五十而缺一，正因现实不完美而追求完美，所以一代代人才要自强不息。

创新者们、企业家们、从业者们、未来世界的工程师们，忽视所有世俗的声音，不断反思和完善吧。

这正是我们的时代机遇，也是我们一代人的责任。

于云南上雨崩⊖正值三十满岁

尚书

⊖ 在雨崩徒步时，跑马溜溜的团长、副领队和一起前行的伙伴们为我提供了额外照顾，使我在神瀑之行后提前安全回到客栈，让本书如愿在我三十岁当天完成。我向他们表示感谢！他们是团长李亮、副领队心心、队员李子、琳琳、元宝、李艺、飞儿、闫shuo、李寒和橙子。